U0623891

全国教育科学"十三五"规划教育部重点课题"高职学生学习效率的调查研究"
（课题批准号：DJA190345）阶段性研究成果

高职生
"全人发展"的路径探索

李传刚 著

江苏大学出版社
JIANGSU UNIVERSITY PRESS

镇 江

图书在版编目（CIP）数据

高职生"全人发展"的路径探索／李传刚著. —镇江：江苏大学出版社，2021.8
ISBN 978-7-5684-1566-8

Ⅰ.①高… Ⅱ.①李… Ⅲ.①高等职业教育-大学生-学习效率-研究 Ⅳ.①G715

中国版本图书馆 CIP 数据核字（2020）第 270079 号

高职生"全人发展"的路径探索
Gaozhisheng "Quanren Fazhan" de Lujing Tansuo

著　者／李传刚
责任编辑／吴小娟
出版发行／江苏大学出版社
地　址／江苏省镇江市梦溪园巷 30 号（邮编：212003）
电　话／0511-84446464（传真）
网　址／http：//press. ujs. edu. cn
排　版／镇江文苑制版印刷有限责任公司
印　刷／广东虎彩云印刷有限公司
开　本／718 mm×1 000 mm　1/16
印　张／16. 25
字　数／350 千字
版　次／2021 年 8 月第 1 版
印　次／2021 年 8 月第 1 次印刷
书　号／ISBN 978-7-5684-1566-8
定　价／46. 00 元

如有印装质量问题请与本社营销部联系（电话：0511-84440882）

目　录

第十章　高等职业院校社招学生学习效率提升的策略研究

第一章

我国高等职业教育的人才培养问题

教育是一种培养人的社会活动，是人类所特有的有意识地传递社会经验、培养社会所需要的人，以及积极适应社会需要的人的社会实践活动。教育不是与生俱来的，它是人类社会发展的产物。马克思关于教育的劳动起源说告诉我们，教育源于生产劳动过程中经验的传递，其中，口耳相传和简单模仿是最原始和最基本的教育形式，生产劳动的变革是推动人类教育变革最深厚的动力。生产劳动是人类生存、繁衍和发展不可或缺的最基本的实践活动，具有明显的目的性。教育的实现不是自发和盲目的，是在一定理性指导下有目的的追求，因此，源于生产劳动的教育，其目的性不可避免。

简单来讲，目的指的是主体想要达到的最终归宿或预期实现的结果。"目的是人类对活动结果的一种指向和规定。人的全部活动所表现出来的本质特征就是目的性。目的具有明确的引导性。教育作为培养人的一种社会活动，明显地具有一定的社会目的性。教育作为培养人的社会活动，培养什么样的人，都要有相应的教育目的加以确定。"①

联合国教科文组织国际教育发展委员会出版的《学会生存》，提出"使他作为一个人，作为一个家庭和社会成员，作为一个公民和生产者、技术发明者和有创造性的思想家，来承担各种不同的责任"②，将"学会生存"作为人类的教育目的。

教育目的是对所有受教育者提出的总体要求，具有总体性。具体而言，教育的目的具有广义和狭义之分，"广义的教育目的是指人们对受教育者的期望，即人们希望受教育者通过教育在身心诸方面发生什么样的变化，或者产生怎样的结果。狭义的教育目的是国家对把受教育者培养成为什么样人才的总的要求"③。

中华人民共和国成立以来，我国教育被赋予鲜明的社会主义性质，反映社会主义需求，对社会主义的人才培养发挥了根本的指导作用。自1957年，毛泽东主席在国务会议上指出，我们的教育方针应该使受教育者在德育、智育、体育几方面都得到发展，成为有社会主义觉悟的、有文化的劳动者。《国家中长期教育改革和发展规划纲要（2010—2020）》提出，我国的教育目的是：全面贯彻党的教育方针，坚持教育为社会主义现代化建设服务，为人民服务，与生产劳动和社会实践相结合，培养德智体美全面发

---

① 柳海民. 教育学概论［M］. 北京：北京师范大学出版社，2015：137.
② 联合国教科文组织国际教育发展委员会. 学会生存［M］. 北京：教育科学出版社，1996：2.
③ 陈理宣. 教育学原理——理论与实践［M］. 北京：北京师范大学出版社，2010：122-123.

展的社会主义建设者和接班人。我国的教育目的几经修订，但是其精神实质依然保持不变。

教育就其类型而言，可以分为普通教育和职业教育两种类型。两种类型的教育虽然在教学方式方法上有所差异、学习方法方式上有所不同，但彼此相互联系，彼此交融，遵循教育的一般规律，两者不可或缺，相互补充，共同组建我国各种不同类型人才培养的两大方阵，合力实现我国的教育目的。

职业教育作为一种教育类型，符合教育发展的基本规律，同时也具有其自身特殊而有别于普通教育的发展规律。高等职业教育作为职业教育的高层次，承担着高层次应用型高等职业人才培养的重任，是推动我国高等教育发展的重要生力军，在实现我国教育目的的过程中起着不可或缺和不可替代的重要作用。

本章从我国高等职业教育的人才培养目标的定位、人才培养的规格及人才培养的途径等方面对我国高等职业教育的人才培养展开研究，有利于高等职业教育深化改革，实现长远发展，有利于推动我国高等教育的良性发展。

我们知道，教育目的的实现依赖于其下位概念培养目标的执行。培养目标是指各级各类学校或专业根据具体领域或特定需要而制定的人才培养质量与规格。培养目标有具体性，针对特定的对象。高职院校人才培养目标是面向生产、建设、管理、服务第一线岗位，培养具有一定理论知识、较为丰富的实践经验、良好的职业道德和一定创新能力的发展型、复合型、创新型技术技能人才[①]。

第一节　我国高等职业教育人才培养目标的定位

一、我国高等职业教育人才培养目标的定位基准

高等职业教育既属于高等教育的组成部分，又是职业教育的重要组成部分，具有高等教育和职业教育的双重特点。作为高等教育的组成部分，

---

① 刘士祺. 浅析高职院校人才培养目标的内涵、特征与构成 [J]. 黑龙江教育·理论与实践，2017（2）.

高等职业教育培养的各类人才必须具备高等教育人才所具备的各类基本知识、基本理论，并熟练掌握一定的新知识、新技能、新技术。作为职业教育的重要组成部分，高等职业教育培养的各类人才必须具备熟练的实践操作技能，具有较强的动手操作和实践能力。由此可见，高等职业教育培养的人才具有双重性的特点。

目前，我国高等职业教育的办学主体主要为原有的普通高等专科学校、职业大学及成人高校，这导致高等职业教育的一些政策与普通高等专科教育相类似，不具备高等职业教育的特殊性，混淆了高等职业教育与普通高等专科教育的区别。

高等职业教育不仅仅是专科层次的职业教育，反过来，专科职业教育只是高等职业教育体系中的一个层次。不同层次的高等职业教育应该有不同的人才培养目标定位基准。高等职业教育不仅包括专科层次的职业教育，还包括本科及本科以上层次的各种职业教育。高等职业教育体系中的本科及本科以上层次高等职业教育的人才培养目标的定位是"培养不但能够从事职业教育教学任务，而且能够承担科技成果、专利设计、应用、推广等创新和转化工作，具备一定的动手操作能力的复合型、技能型人才"。普通高等教育体系中本科及本科以上层次的人才培养目标的定位是"培养能够从事教学与研究工作，具备丰富的理论知识和一定技能的学术性研究型人才"。承担专科层次高职人才培养的高等职业教育办学的人才培养目标的定位是"培养能够从事技术应用和操作的高级技师"。由此可见，高等职业教育人才培养目标的定位不同于普通高等教育人才培养目标的定位。

二、地方特色与我国高等职业教育人才培养目标的定位

我国地区经济结构性的差异性及经济发展的不均衡性决定了我国高等职业教育具有区域性的特点。首先，不同区域具有不同的经济结构，具体表现在资源状况、行业结构等方面均存在差异，因此，不同地区所需的人才类型及对人才的岗位要求也会存在差异性；其次，由于地区经济发展的不均衡性，不同地区的经济基础、经济发展速度、经济发展水平及生产力水平等都会存在差异性，势必决定其所需各类人才能力结构的不同性。因此，我国高等职业教育的人才培养目标的定位必须着眼于区域经济社会发展对各级各类不同人才的实际需求。具体而言，即不同地区、不同时期的高等职业教育的人才培养目标应有所不同。由此可见，我国高等职业教育的人才培养目标不但具有相对性、动态性，呈不断上移之趋势的特点，而且具有"地方特色"。

三、价值取向与高等职业教育人才培养目标的定位

我国高等职业教育坚持开放办学、面向社会、依靠社会、为社会所接纳、为社会服务的办学思想，要求其必须实行以社会需要为导向，以行业、企业为依托，走出校门走向社会、走进企业走向市场、走产学研结合之路的人才培养方式①。

1. 在确定人才培养的规格类型上，要不断地定期深入企业和行业开展人才需求情况的实地调研，改变过去不按照人才需求进行人才培养的盲目性办学方式。

2. 在培养人才的能力定位上，坚持从企业等用人单位对人才的实际要求出发，培养企业需要的人才。通俗地讲，即企业等用人单位负责点菜，学校负责配菜，高职教师负责炒菜，炒出的菜合不合胃口，最终由企业等用人单位来评判。

3. 在培养人才的能力（岗位能力）认定上，要改变过去"一旦认定，终身拥有"的僵化体制，这就要求高职院校和相关教育主管部门要抓好职业教育的后续培训和学习教育，积极推进继续教育的终身化，定期对职业资格（即职业能力）重新认定，使高等职业教育培养的各类人才的岗位能力不断更新，不断促进地区经济社会的发展。

四、高等职业教育人才培养目标

我国高等职业教育的多层次性及我国社会发展对各级各类人才需求的多样性，要求不同阶段高等职业教育应该有不同的培养目标②：

1. 高专职业教育：培养能够从事技术操作与应用及管理等生产一线工作的高级"技能型"专门人才。

2. 本科职业教育：培养能够从事科技成果转化、专利发明、产品设计、推广、科技应用等工作的或能够从事技术操作与应用、管理等生产一线工作的高级"技能工程型"专门人才。

3. 研究生职业教育：培养能够从事科技成果转化、专利发明、产品设计、推广、科技应用等工作的高级"工程型"专门人才。

---

① 张静. 高等职业教育人才培养模式改革刍论［J］. 贵州师范大学学报（社会科学版），2004（2）：23-26.

② 甘秀林，王金明，郑树清. 试论高等职业教育人才培养模式的构建［J］. 唐山学院学报，2005（2）：43-46.

第二节　我国高等职业教育人才培养的规格

一、我国高职人才规格的构成要素

1. 劳动素质要素。劳动素质包括劳动知识、劳动观念及劳动能力，是高职人才规格的基本素质之一。通过对高职人才进行劳动素质教育，有利于其树立爱劳动的观念，养成吃苦耐劳的习惯，了解劳动知识，掌握劳动技能和本领。

2. 身心素质要素。健康的身心素质是高职人才从事未来职业的前提和根本，主要包括健康的身体和良好的心理状态。高职人才只有具备健康的身体，才能承担本专业岗位的工作任务；只有具备健康良好的心理素质，才能在工作中不怕困难、奋力进取、克服挫折，形成较强的心理承受能力，不断地激发其从业热情。

3. 能力素质要素。能力素质是人才规格中最核心的要素，能力素质状况是衡量高职院校为社会培养人才是否有用的重要标准，主要指胜任本专业职业岗位的技术能力、工作能力及创新能力。高职人才不仅要具备熟练的本专业技术操作能力，还应在其工作岗位上具备较强的工作能力和创新能力。

4. 知识素质要素。知识素质是高职人才的基本素质，包括文化基础知识、专业基础理论知识、科学技术知识及专业知识[①]。文化基础知识和科学技术知识是最基本的知识，也是高职人才必须具备的基本知识。专业基础理论知识是进行专业学习的基础。专业知识是高职人才从事本专业或与本专业相关的工作应具备的专业性知识。不同于专业基础理论知识，专业知识更强调知识的专门化和专业化。随着科技的不断发展，不同领域的知识呈现出相互交叉、渗透和组合的特点，出现了许多跨专业、跨学科的新的职业岗位。因此，高职人才必须具备跨学科性多样化的知识，才能适应新的岗位需求。

二、高等职业教育人才培养规格

依据不同的高等职业教育层次，我国高职人才培养规格可分为三类：

---

① 刘太刚. 关于高职人才培养模式的思考［J］. 湖南师范大学教育科学学报，2003（1）：14-16.

技能传授型（高等职业专科教育）、技能工程型（高等职业本科教育）及工程型（高等职业研究生教育）。

技能工程型、工程型大学人才培养规格的实现途径为：

1. 将现有的普通农学院、工学院、医学院等改造成技能工程型、工程型的高职大学。

2. 对现有一些综合性大学进行结构性重组和调整，使其转化为真正的技能工程型、工程型的高职大学。

3. 将现有的办学较好的高职高专中部分学校升格成"技能工程型"的高职院校。

通过以上途径，在我国逐步形成高等职业教育占高等教育主要组成部分的教育布局，为我国的经济建设培养更多的实践性人才。

第三节　高等职业教育人才培养的途径

一、建立开放的高等职业教育体系

高等职业教育必须建立开放的、与各类教育相同的立交桥式的教育体系，实现与普通高等教育、企业行业等的联动。在职业教育与普通高等教育之间建立联动：对已接受过高等普通教育的从业人员进行专项职业技能、从业能力、职业意识等培训，增强其职业竞争力；对于高职与普高之间的一些重复性课程，应实行互认学分制度，为学生重新选择更多课程、重新设计其职业目标提供机会。与此同时，高等职业教育的人才培养必须紧密结合社会需求：高职院校的教学任务安排和培养方案规划，以及人才培养目标的确定等都必须严格参照特定的行业标准；同时，高职院校还必须密切关注企业的转型、结构的调整、产品和工艺设备的更新等，将其作为办学导向。

二、建立特色鲜明的课程体系

基于高等职业教育人才培养目标的特殊性，高等职业教育在其课程体系设置特别是教学内容、课程结构、专业设置等方面都应服务于其特定人才的培养要求。

1. 教学内容要科学。教学内容科学是指开设的课程、教学的环节都能有效地服务于人才培养目标的实现。实训类、实践类课程要占有一定的比例；文化课程要科学选配，课程内容要紧密结合学生的从业需求；专业课程内容要体现不同层次人才规格的实际要求。

2. 专业设置要具有超前性。高等职业教育的宗旨在于服务社会经济建设，因此，其专业设置必须密切反映社会经济发展的趋势、社会行业结构的变化及新兴行业的发展趋势，具有一定的预见性，培养能够适应经济发展趋势、行业机构变化及新兴行业发展趋势的高级技能型、技能工程型及工程型人才。就目前而言，高职院校迫切需要解决其目前专业设置与社会经济发展不相适应的矛盾，做到按社会需求办学。

3. 课程结构要具有行业性。高等职业教育不同于普通高等教育，在专业结构上，高等职业教育更应贴近于行业。因此，高职院校必须按照培养对象未来从事职业岗位的实际需要来规划课程结构、安排专业课程与内容。

三、建立合理的课程结构

合理的课程结构是实现高等职业教育人才培养目标的必备条件，在课程结构的设置和选择上应坚持以下原则：

1. 根据专业的培养目标设置课程。专业培养目标是高等职业教育课程设置的依据。高等职业教育课程设置要依据培养目标的具体要求，打破学科界限，对课程进行优化重组，减少课程类别，提高教学效益。在编制课程教学大纲和教材选择时，要深入研究各课程对不同能力的要求，科学确定相关教学内容的难易度，科学选择教授内容。

2. 实行实训性项目课程化。高等职业教育作为职业教育的重要组成部分，注重对培养对象能力的培养。高职院校的学生不仅需要掌握生产技术的相关原理知识和程序步骤，还必须具备精湛的技艺能力。因此，在对学生进行高等职业教育的过程中，要强化实际操作训练环节，按课程方式安排实训教学内容。

3. 注重开发学生的创造力。在设立专业选修课时，要根据学生未来就业岗位的不同，注重对学生创造力的培养。

四、课程模式的科学转变

21 世纪的劳动者是需要具有开拓精神、善于合作的全面发展的复合型人才。所以，高等职业教育理应关注高职学生的可持续发展能力的培养。注重培养学生的自主性、独立性、适应性和创造性，使他们在掌握普通教育知识和专业知识及人类优秀文化的基础上学会学习、学会竞争、学会创造、与人合作，从而促进人的健康可持续发展。高等职业教育的课程模式应该由"能力本位"向"人格本位"科学转变，坚持以"人"为中心，从培养人格素质高度出发的高职课程模式，包括"知识本位"课程的"知识"和"能力本位"课程的"技能"。

五、产学研相结合

产学研相结合是我国高等职业教育发展的有效途径，包含两层内容：一是指高职院校、企业单位和科研机构三者联合办学或协议办学。产学研相结合的培养途径能够促使高职人才尽快适应职业岗位的发展变化和地方经济社会发展的要求。而且，此培养途径便于高职院校采取"走出去""引进来"的办学模式，大力吸收各类社会资源，增强高职院校的办学实力和发展活力。二是指在产学研相结合的人才培养过程中，高职院校要把自身的教学活动与科学研究、产品开发、技术服务及人才培训等活动紧密结合，形成按照实际需求进行人才培养的有效途径①。

六、弹性学制和学分制相结合

高等职业教育实行弹性学制或学分制是坚持以人为本科学发展观的必然要求。弹性学制或学分制不但适用于进行学历教育的高中等职业院校，而且适用于高职院校举办短中期培训。我国有大量的农村劳动力需要转移，有大量的下岗工人需要安置，为谋求职业岗位，他们需要掌握一定的职业技能，因此，大部分人选择进行短期职业技能培训，高等职业教育实行弹性学制、学分制为他们通过短期培训掌握一定的职业技能提供了便利条件。

七、"订单式"人才培养

"订单式"人才培养类似于定向培养的模式，但又不同于定向培养，是指高职院校从企业等用人单位对人才的实际要求出发，与企业和用人单位共同制订培养方案、签订人才培养和就业的订单，在技术、师资、设备等办学条件方面相互合作，直接为用人单位培养并提供能够胜任相应岗位的人才培养途径。"订单式"人才培养模式以就业为导向，以服务为宗旨，以培养企业需要的一线高技能型人才为主要任务，是高等职业教育走产学研相结合道路的有效途径。

---

① 赵金昭.我国高等职业教育体系与培养模式研究 [D].天津：天津大学博士学位论文，2006：143-146.

第二章

高职生学习评价问题研究

第一节　高职学生学习评价现状研究综述

一、学习评价理论概述

（一）学习评价内涵与功能

学习评价主要是指对学习者学习情况的综合判断。比如对学习过程和结果进行评判，进而可以改进学习者的学习方式方法与教师教学，还可以为教学管理部门提供科学依据，推动教学改革。其功能表现在五个方面：可以将学生的学、教师的教乃至其他有关活动导入一定的方向；可以及时发现学习过程中的成败得失，发现学习进程和方法上存在的问题，探明产生这些问题的原因，寻求解决这些问题的方法，从而达到改进学与教的效果；可以对学生起到重要的激励作用；可以采用一定的方式对学生进行各个层次的选拔；可以对社会各类人员的活动进行一定的社会控制；对研究学生学、教师教起到重要的作用。

（二）学习评价的发展趋势

随着教育领域和现代社会的新发展，学习评价出现了许多新的发展趋势，产生了一些体现新理念、具有强大生命力的评价方式，例如多种形式的真实性评估。学习评价由过去的游离于学习活动过程之外发展到成为学习过程本身的一个有机组成部分，越来越具有教育功能与形成性特征，越来越重视学生的发展，即以学生身心发展为基本取向，而不再是以社会选拔与控制为基本取向；日益注重作为评价对象的学生对评价的参与；质性评价与量化评价相结合；学习评价日益为学生的个性化发展服务。

二、目前我国高职院校学习评价状况与存在的问题

职业教育培养高素质技能型专门人才，侧重学生实践能力的培养，让学生掌握相关职业的知识与技能。因此，职业教育必须坚持"理论够用、实用为主"的原则，同时也更加注重对实践能力的评价。

（一）现行国内学习评价现状

近几年，我国高等职业教育倡导培养目标要立足于培养高素质技能型专门人才，大多采用工学结合的模式。如英国 BTEC 教育模式在北京、天津

等部分职业院校进行了应用并使其"国产化",主要采用以任务为引领,观察学生运用知识等能力的学习评价模式;广东地区的相关职业院校通过建立以"将素质教育观念内化于考试,促进能力培养"的学习质量评价体系,评价模式为"综合项目型"+"简单组合型"相结合;德国"双元制"职业教育模式主要在江苏、浙江地区的一些职业院校得以应用并改良,"工学结合、校企合作"的人才培养模式得以运行,学生的学习内容为实际的工作任务,学校采取过程性考核评价模式。不难看出我国的职业教育在对学生学习评价体系的研究与实践上还不够成熟与完善,有的只是理论与实践的简单融合,评价的主体多以教师为主,评价方式单一化,没有来自企业与用人单位的评价,一般多以总结性评价为主,缺乏对学生实习实训的过程性评价。

(二)现行学习评价存在的主要问题

1. 考核理念比较陈旧,与现代职业教育观点不协调。现行学习评价方法存在的问题,究其根源,教师考核观念落后、陈旧是主要原因。现代科学教育缺乏理论指导,具有主观性、随意性、盲目性等特点,不能从学生的特点、心理出发,评价缺乏科学性,与现代职教人才观、质量观、教学观不符,甚至违背促进学生主体性发展的教育的根本宗旨。

2. 考核环节理论脱离实践,与职业教育人才培养目标相偏离。目前,技能的培训与考核在高职院校中已受到广泛的重视,实操考核结果在总成绩评定中占有一定比例。很多院校中专业性、实践性较强的课程已实现了与资格证书、技能等级鉴定接轨。但是,无论是学校内部的实操考核,还是职业资格证书的取证,往往都是将理论与实践分离独立进行的。因此,经常出现有些学生理论知识掌握得很好,但操作技能很差;有些学生在实验操作上表现很熟练,但不注重过程的研究与结果的分析,只是机械性地操作工具,这与应用型高技能人才的培养目标显然是偏离的,将来会很难适应岗位的要求。

3. 评价内容比较片面,很难实现教学目标的全覆盖。以"认知、情感和运用技能"构成的教学目标,在考核教程中对应的是"应知、应会、应是"。笔试和实践操作考核分别是考核学生应用知识解决问题的能力与实践技能掌握的情况。但是,这两种考核方式很难诠释教学目标中蕴含的丰富内涵,虽然在课程设计过程中较为全面地体现其考核教学目标,然而在课程的应用上却十分有限。

4. 评价方式以总结性评价为主,没有充分发挥学习评价的主要功能。教学评价的功能主要体现为诊断、反馈、证明、决策导向、激励等。但是长期以来，我们主要把卷面成绩看作能力的具体外在表现，在现行的课程评价体系中，仍然存在以"笔试"为主的现象，而且期中、期末考试成绩占很大比重，其反馈、激励作用无法在考核评价中得以发挥，难以促进学生的全面发展。

5. 传统学习评价方法的局限性阻碍了素质教育的实施与深入。素质教育提倡的是激励和促进学生主动学习，发扬个性，具备创新能力、合作能力等关键能力。现行的期中、期末考试结果对学生影响很大，同时也影响着教师的职称或晋级考核。因此，这种过分夸大分数价值的做法严重阻碍了素质教育的实施与深入。

三、发达国家职业教育学习评价方法的学习与借鉴

欧美发达国家职业教育起步早，在学习评价方法方面有许多值得借鉴的经验。其成功经验告诉我们，职业教育要想有大的发展，必须转变教育观念，把培养学生的能力作为教育的主要目标，建立以能力考核为核心的高职课程学习评估制度。例如，德国以"双元制"为主的职业教育模式使职业教育与生产实践紧密结合，企业参与度高，合作领域广泛；英国以"BTEC"为主的职业教育模式的考核方法是课程成绩采用等级制，改变了以传统试卷定成绩的方法；澳大利亚以"TAFE"为主的职业教育模式主要由劳动部门牵头负责，强调就业能力与技能水平的提高，大力推行"能力本位"的教育，尤其把"关键能力"的培养当作主要任务来抓；加拿大以"CBE"为主的职业教育模式主要以职业的综合能力为基础，以岗位胜任高要求为起点，凸显个性化教育方式。

纵观发达国家职业教育的考核与评价方法，有一些共同的特点值得我们学习与借鉴。

1. 学习评价的标准尺度统一，由国家教育主管部门统筹管理，协同企业共同开发与统一制定，其标准都按照现行岗位所需能力来制定，使培养学生职业技能与社会岗位需求相接轨。

2. 学习评价的目标主要以体现学生实际能力为主，把专业能力与通用能力有机结合，在考核方法上按照能力为主的统一标准去评价，突出"能力本位"思想。

3. 学习评价方法较为丰富，大多采用现场操作、第三者评价、面谈、观测口试、自我评价、进行书面答卷或提交案例分析报告等，对学生的学习情况进行全面而科学的考察。

4. 学习评价的手段多样，对学习评价的内容大多以任务或项目的方

式进行，评价的重心多以实践技能的掌握与个人创新精神的培育等方面为主。

5. 观测或考核的结果注重充分性、一致性、有效性、领先性和权威性等特点，使评价方法的科学运用得以充分体现，学生的实际能力得到充分表现。

四、我国高等职业教育学习评价改革的思考

发达国家职业教育的学习评价的实质就是真实性评价。这应当成为我国高等职业教育类课程学习评价的改革方向。

（一）发挥学习评价在教学改革中的导向作用

目前，我们的考试考核工作的作用主要还是停留在"证明"和"改进"两个方面。面对高等职业教育的课程体系和教学工作的改革创新，课程的学习评价工作也要在制度上实现创新。高等职业教育的课程学习评价工作，其功能不能仅仅定位在常规教学管理的"证明"和"改进"。课程建设千头万绪，评价方法的改革创新是其重要方面，我们可以利用学习评价的引导功能，让评价成为带动和促进课程改革强有力的手段，强化和发挥评价环节的导向作用。

（二）突出"能力本位"，在专业实践活动中评价职业能力

职业教育是以就业为导向的教育，因此其课程改革和学习评价改革必须贯彻"以就业为导向"的方针，突出"能力本位"。各门课程都要为培养学生的职业能力和可持续发展能力服务。课程学习评价也要以职业活动所需要的实践能力和创新精神为内容，这就决定了高等职业教育的课程学习评价内容是以实践为导向的。因此，正如后现代课程理论专家多尔所说，这种评价"是创造性的而不是总结性的。其重点在于学生运用获得的知识能做什么而不是获得的知识如何适应他人设定的框架"。所以，我们评价专业能力应该以工作任务的方式来组织，培养学生的通用能力。

（三）学习评价应具备开放性，推行开放性评价方式

传统教育评价制度下的学习评价具有封闭性的特征。我们今天处在飞速变化的环境之中，需要一个开放的、能够带来活力和变革的教育，让学习变得富于创造而不是机械地传授。因此，课程学习评价的内容要有开放性，学习过程和评价过程要有开放性，评价标准要有开放性，评价主体要多元化，只有开放的才可能是有活力的、生成性的、创造性的。

第二节　高职院校教育评价体系的建设思考

教育评价是评价者对教育活动或行为主客体价值关系、价值实现过程、结果及其意义的一种认识活动，其核心内容是揭示教育活动或行为中的客体对主体的需要、目标的价值意义。

一、高等职业教育评价的现实价值

（一）精神价值引领

高等职业教育评价不只是一个概念、虚化的事物，而是一项生存着的有灵魂、有价值的实践活动。高等职业教育评价是一种文化性的实践活动，其评价主体（评估组织者、评估实施者、高职院校）在现有的既定条件下，结合自身的实际能力与被评价者的个体差异，通过一套科学、合理、人性化的教育评价模式，最大限度地激发学校的教学潜力和活力，以帮助和改善教育教学成果，使之更好地适应与满足社会及自身生存发展需要，造就一种新的教育价值关系。

（二）文化价值驱动

高校是精神文明的圣地，高等职业教育评价也应有自己的精神与文化。高等职业教育评价不同于其他社会实践活动，其教育价值核心在于"自由"。正是源于对"教育自由"的孜孜追求，为了促进人的自由发展和高校自身的主动发展，以达到自我创生、自我超越、自我解放的这种对自身最大价值的发掘和发挥，教育评价必须遵循教育的内在规律，建立基本的规范秩序，充分落实和保障教育过程中对精神文化的追求和发展。因为教育自由只有通过教育秩序或在教育秩序中才能体现。只有当教育秩序得到健康稳定的发展，教育自由才可能逐步展现。

（三）社会价值辐射

理想的社会应是适合不同个体自由发展的社会，所以更应首先创造一个适合受教育者自身发展的教育模式。高等职业教育评估的实践宗旨要求通过评估最大限度地激发高校自身的潜能，使高校自主创新、自由发展的能力在现有条件下尽量充分地施展出来，保证高校作为教育性学术组织在实践中能够时刻保持创造能力和创新能力，从而充分发挥其培养个性独特的人才、传承和创新学术的本体职能，以满足教育主体的内在需要。

高等职业教育评价关系到个人和整体社会的全面发展，对被评客体进行简单的分级鉴定是一种肤浅、片面、简单而粗暴的评价方式。教育评价不仅是对其现实价值进行简单判断，也不仅是为未来的教育决策提供信息，而是必须以有利于其未来长远发展为首要因素，以能否实现高等职业教育的价值增值为最高评价标准。通过这种评价，充分挖掘学生未来发展的潜力，开拓未来发展的空间，切实保护未来发展的多种可能性，以达到实践主体与被评客体同步、综合、全面持续发展。

二、高等职业教育评价的意义评估

高等职业教育评价是运用一系列指标对高等职业教育发展的价值和优缺点做出判断，对高等职业教育各个部分实现价值增值的可能性及其条件进行研究，以期认识高等职业教育发展过程与状态、诊断分析高等职业教育发展问题和进行高等职业教育发展决策参谋，建立高等职业教育发展评估常驻机制，并最终实现高等职业教育价值增值，以更好地满足社会和个体需要，从而达到高等职业教育发展价值增值和掌握高等职业教育发展未来。在此定义基础上理解的高等职业教育评价，是以价值判断为核心，以与高等职业教育直接或间接相关的事物和人为对象，主要目的不在于价值判断本身，而是通过价值判断，科学地利用其判断结果，优化高等职业教育，使其功能充分发挥。

这里有三点需要注意：一是价值定位。评价只是一种对事物的认识、分析和判断的手段，评价本身不是控制活动，同教育评价的本质一样，高等职业教育评价也是对高等职业教育的价值做出判断的过程；二是服务意识。高等职业教育评价是为高等职业教育教学和学术发展服务的管理手段，要从保护高等职业教育学术自由的原则出发，并形成尊重学术规律的评价意识；三是意义增值。这是高等职业教育评价的本质。高等职业教育评价的根本目的在于改善教育，评价本身不是目的，只是促进教育教学提升成果的方式。

三、当前高等职业教育评价存在的问题

（一）价值客体与工具理性

总体看来，国内学界普遍认同高等职业教育评价是对高等职业教育的价值进行判断的过程。但这种认识多局限于主客二分的认识框架，把教育现象看作客观的事实，将高职学校作为价值客体，忽视了高职学校作为价

值主体时主动发展的价值，体现了评价的工具理性。在这种"实体化"和社会工具取向的高校评价观的支配之下，高等职业教育评价成了一套实实在在的既定方向体系，而教育者和评价者均在遵循体系准则时进行定点、定向培养。依照这样的思维逻辑，在评估实践领域，人们刻意追求教育的社会成果，迷恋于加工厂形式的功利性教育产出模式，评价将失去终极关怀和长远追求，失去教育最本质、最朴实的核心价值，导致整个高等职业教育运行和发展中"责任主体"的缺席。

（二）科学主义与实证主义

在高等职业教育评价实践过程中，评价的存在绝不是现成存在的。注重素质教育培养、重视创新能力孵化、关注学生个性发展，是现阶段高等职业教育改革与发展的必然趋势。但从目前已有的实践效果来看，学生综合素质评价的理论及方法还具有很大的改进和完善空间。由于大多数高职院校在建立学生学习评价标准时，内容空泛、结构欠缺、体系不够完善，使得所培养的高职学生在知识、能力和素质三方面难以达到统一，致使在日常教育教学环节中缺乏客观的衡量标准。

四、理想评价标准构思

建立高等职业教育评价标准的当务之急是亟待建立一套科学、完整、公正并具有可操作性的综合素质评价体系。评价的内容与结构也应同高等职业教育背景下学生的发展方向与发展目标相吻合，全面评价学生的综合素质。综合素质的涵盖面非常宽广，它是由思想素质、政治素质、法律素质、道德素质、职业素质、科学素质、人文素质、创新素质、生活能力、学习能力、组织能力、信誉水平、公德水平和知识水平等多方面构成。显而易见，制定这种教育评价标准，并不可能面面俱到，所以应甄选出对学生健康成长、价值形成、社会认知有明显帮助的，而且可以进行量化操作的内容和指标作为评价元素。

（一）建立学生职业能力的评价标准

职业能力是高职学生需必备的本领。较强的职业能力能够使高职学生在职业、社会和私人情境中科学思维，对个人、社会负责任，行事热情，科学工作和有效学习，是高职学生未来发展的基础。职业能力可分为专业能力、方法能力和社会能力三部分。专业能力以高职学生的专业岗位知识、工艺流程掌握程度、工艺熟练程度、实践操作能力、检查维修技能、新材料、新工艺、新技术及新设备的应用能力和推广能力等作为评价标准。方法能力和社会能力又称关键能力，应以高职学生综合素质能力为评价标准，其中包括沟通能力、合作能力、独立分析、处理问题的能力、创新意识和创新精神等。

（二）建立学生人文素养的评价标准

高职学生多存在人文素养不容乐观的状况。有些高职学生虽然有扎实的专业技能，但人文素养薄弱，缺乏基本的社会责任感和使命感，难以创造社会价值和实现自我价值。因此，建立高职学生人文素养学习评价标准，从自强自信精神、爱岗敬业精神、职业道德修养、诚实守信品质、辩证审美能力、耐挫意志能力全方面培养高职学生的人文素养，对他们的可持续发展尤为重要。

第三节　高职学生学习评价体系的构建

高等职业教育作为一种特殊类型的高等教育，肩负着培养面向生产、建设、服务和管理第一线需要的高技能人才的使命，在我国推进高等教育大众化和加快社会主义现代化建设进程中具有不可替代的作用。但是由于高等职业教育在我国起步较晚，在专业设置、人才培养模式、教学质量等方面存在很多值得探索的问题。提高高等职业教育的人才培养质量，将其作为一项系统工程，需要多方面的密切配合与协作，其中，学生综合能力评价体系的构建是保障高职人才培养质量的重要环节。

一、当前高职院校学生能力评价体系中存在的问题

由于多种因素的影响，目前我国高等职业教育的学生能力评价体系存在一定的滞后和偏差，而评价模式也沿袭了传统的闭卷考试做法，考试的题目仍然以标准化为主，考点也侧重于知识的记忆。这种总结性的评价在大部分高职院校仍然"一统天下"，很少有过程性等其他考核形式。对于这种评价机制来说，达不到全面考查学生水平及能力的要求，也反映不出学生的综合能力及素质。

（一）评价方式单一

绝大多数院校还是依靠考试成绩来作为评价学生的标准。就考试题型的设计而言，存在的问题也比较突出。在内容设计上，深受标准化考试的影响，既不利于考查学生思考问题、分析问题和解决问题的能力，也不利

于考查学生的语言表达能力和写作能力。

（二）评价内容片面

以往的能力评价主要集中在学生对书面知识的掌握程度，关注的是对认知目标或学业成就的评价，对素质教育要求的综合能力关注较少，难以反映学生的发展状况，展示不了人才培养质量的高低。

（三）评价功能缩水

现在多数高职院校对学生学习的评价多放在学生的各种量化积分，要的只是一个结果。结果出来后，就意味着评价功能的结束。而实际上评价结果的出炉，只是完成评价功能体系中的前一部分，重要的应该是评价后的反馈、指导等相关内容，而这些却往往都被评价者弃之脑后，使得学习评价功能的发挥大打折扣。

高职院校学生能力评价以专业培养目标为参照系，是对学生知识掌握、能力形成、素质培养等方面学习水平的考核与评定。学生能力评价是一把双刃剑，如果我们的评价体系科学合理，就能有效地提高人才培养质量；反之，则会给高职院校的科学发展及大学生的健康成长带来负面效应。所以构建科学的能力评价体系是促进和引领高职院校健康发展的重要环节。

二、高职学生综合能力的主要内容

大学是人生的重要阶段，是锻炼一个人能力的最佳舞台。作为一名大学生，走出了忙碌的中学时代，开始了丰富多彩的大学生活。当今社会是一个以市场经济为主体的竞争社会，其实质是知识和人才的竞争，归根结底是个人能力的竞争。面对社会形势，大学生不得不提高自己的综合能力，以适合当前市场经济体制的要求。高职学生应具备的综合能力主要包括：

（一）学习理论知识能力。任何工作都需要丰富的理论知识，所以，作为一名大学生，就应该把课堂知识学好，同时，要博览群书，扩大自己的知识面，充实自我，最终形成自己的知识体系。

（二）动手能力。通过创造思维把实际的物质用生动形象的过程呈现出来，这就叫创造性思维的转化能力。高职学生对于这种能力的掌握尤为重要，既能在实际工作中讲出科学道理，又能动手操作，这也是大学生提高自身动手能力的一种方法。

（三）表达能力。这是一种能够通过语言或者其他的形式展示自己的思想感情的一种能力，也被称作语言文字沟通能力。这种能力包括两种，一种是口头表达能力，一种是书面表达能力。两种能力的要求有所不同，对于口头能力来说，要求能够做到语言流畅，富有灵活性及艺术性；书面表达能力则要求文字富有逻辑性、艺术性及条理性。

（四）适应能力。根据客观情况变化能随机应变地适时调节择业行为的能力。现代社会是复杂多变的，要适应这种状况，保证自己从学校到社会顺利过渡就应该提高自己的社会适应能力。

（五）创新能力。通过不断探索研究，用已积累的知识在脑中创造出新的思维方式，提出新的见解和做出新选择的能力。它包括发现问题、提出问题、找出规律的能力，创造性地分析问题和解决问题的能力，发明新技术、创造新产品的能力，以及提出新思想的能力等。

三、高职学生综合能力评价应坚持的原则

合理的测评体系应将学生学习的所有课程合理分类，给每类课程确定一个测评的基本原则。

（一）定性分析与定量分析结合

比如公共文化基础课，这类课程主要是培养学生的人文基础知识，树立正确的世界观和人生观，教学生如何做人。故对于这类课程的测评应以笔试为主，同时，可根据课程的特点再辅以其他的测试方法。考试的方式可开卷也可闭卷，一学期的学习内容通常分成若干单元，每一单元的内容分为若干个知识点，可对各个知识点提出具体的考察要求和标准。

（二）过程与结果并重

从重结果向结果与过程并重转变，关注学生不同阶段的成长。评价以鼓励为主，和学生自己的过去进行比较，只要有进步就表扬，让学生自觉去执行，不把评价看成负担。我们的考核应体现过程，让学生能从中看到自己进步的轨迹，从而激发他们学习的兴趣，鼓励他们克服困难。

（三）主观评价与客观评价结合

既重视教师评价，又尊重学生的自我评价。学生自我评价的过程就是自我检查、提高的过程，引导学生开展自我评价，可以增强责任感，调动学生作为学习主体的主动性，同时由于学生在评价中得到了充分的信任和尊重，也容易与评价者产生心理相融和共鸣，还可以在自我评价的基础上引导学生相互评价，取长补短，促使学习上的相互竞争。

第四节　基于 BP 神经网络的高职学生学习评价模型构建与实现

本节在构建高职院校学生学习评价体系的基础上，提出一种基于 BP（Back-Propagation）神经网络的学习评价模型，以此来排除主观因素对学习评价效果的影响，以期获得客观满意的评价结果，提高学习评价的质量。

一、BP 神经网络原理及拓扑结构

BP 神经网络是一种多层前馈神经网络，该网络的主要特点是信号前向传递，误差反向传播，具有很强的非线性、自适应学习能力。在前向传播中，输入信号从输入层经隐含层逐层处理，直至输出层，相邻两层神经元之间有连接，各层内神经元之间没有任何连接，并且输入与输出之间有一种非线性映射的表现关系。如果输出层得不到期望输出，则转入反向传播，根据预测误差调整网络权值和阈值，从而使 BP 神经网络预测输出不断逼近期望输出。三层 BP 神经网络拓扑结构见图 2-1。

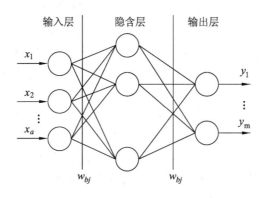

图 2-1　三层 BP 神经网络拓扑结构

二、基于 BP 神经网络的高职学生学习评价模型与实现

（一）构建高职学生学习评价指标体系

经笔者多年教学经验及调查研究发现，学习质量的评价必须通过学习过程、学习结果、学习能力等方面中的一些关键因素来建立评价指标体系，每项指标的权重神经网络通过自适应学习训练之后得以确定（见表 2-1）。

表 2-1　高职学生学习评价指标体系

学习评价指标体系	一级指标	二级指标		
	学习过程	课堂表现（x_1）	学习态度（x_2）	实践过程（x_3）
	学习结果	实践过程情况（x_4）	考试分数（x_5）	综合表现情况（x_6）
	学习能力	综合运用知识能力（x_7）	创新能力（x_8）	实际操作能力（x_9）

（二）评价等级确定。根据实际需要，我们将学习质量评价等级集合划分为：优秀、良好、中等、及格、不及格五个等级。

（三）BP 神经网络学习评价模型确立。一个神经网络模型结构选择是否科学，将会直接影响网络训练次数和网络学习的精度，因此，科学网络模型的确立十分重要。

1. 输入层神经元个数。由表 2-1 指标体系可知，共有 9 个主要指标影响学习质量，因此假定输入层神经元个数 $n = 9$。

2. 输出层神经元个数。评价结果是网络的输出，因此假定输出层个数 $m = 1$。

3. 网络层数选取。理论上早已证明，具有至少一个 Sigmoid 型隐含层加上一个线性输出层的网络，能够逼近任何的有理函数。而且实践也表明，增加层数未必能降低误差与提高精度，然而却使网络更加复杂，增加了网络的训练时间。另外，预测的效果也不一定能增强。误差精度的提高可以通过调节隐含层中间的神经元节点数目来获得，其训练效果也比增加层数更明显。因此在实践运用中将采用相对简单的三层 BP 神经网络。

4. 隐含层神经元个数。在 BP 算法的神经网络中，各层节点数目的选择对于网络的性能影响是很大的，如果隐含层节点过多，那么对网络的概括推理能力将产生不利影响，即影响网络对于新输入的适应性。而过少的隐含层节点数目也会影响网络学习的精确度并且使网络学习出现局部极小的情况增多，所以层内部节点数需要进行恰当的选择。因此对于隐含层单元数目的问题至今没有一个完全统一的方法来解决，目前大部分还是以经验为主要依据。根据经验公式，得隐含层神经元个数为 5。

5. 合理确定神经元转换函数。一般均采用 S 型函数作为 BP 神经网络神经元转换函数，其具体函数形式为：$f(x) = \dfrac{1}{1+e^{-x}}$。

（四）BP 神经网络学习评价模型的实现。建立三层 BP 神经网络，选用高性能的数值计算可视化软件 MATLAB，隐含层神经元 5 个，输出层神经元

1个，输入层神经元9个，误差精度设为1e-8（误差平方和），训练函数选择 trainlm，学习率 1r = 0.3，训练目标误差 err-goal = 1e-6，最大迭代次数 max_ epoch = 100。3个输出节点表示5种状态类别：t_1优秀表示为（0，0，1）；t_2良好表示为（0，1，0）；t_3中等表示为（0，1，1）；t_4及格表示为（1，0，0）；t_5不及格表示为（1，0，1）。本文选取14组样本数据，数据做归一化处理，采用MATLAB神经网络工具箱对前12组专家打分的样本数据进行学习训练网络（见表2-2），训练步骤及误差见图2-2所示。由图2-2可得，样本数据经过10次反复迭代训练，实际输出与目标输出拟合度非常高（见图2-3），得到的平方差 SSE = 9.7562e-06，误差非常小，基本上都在0附近徘徊，再通过对后两组测试数据进行验证发现（见表2-3），预测结果与专家评价结果一致，表明网络训练结果很准确，因此认定此学习评价网络的模型是非常成功的，同时也印证了此模型在高职学生学习评价指标体系中应用的科学性。

表2-2　学习质量专家打分样本

样本序号	学习过程			学习结果			学习能力			学习质量等级			
	X_1	X_2	X_3	X_4	X_5	X_6	X_7	X_8	X_9	输出值	状态表示		
1	0.63	0.45	0.60	0.63	0.65	0.81	0.77	0.60	0.61	4	1	0	0
2	0.80	0.71	0.78	0.81	0.90	0.83	0.91	0.66	0.67	2	0	1	0
3	0.39	0.45	0.50	0.59	0.46	0.51	0.39	0.47	0.41	5	1	0	1
4	0.71	0.53	0.68	0.69	0.82	0.88	0.72	0.64	0.67	3	0	1	1
5	0.61	0.71	0.66	0.50	0.57	0.83	0.61	0.60	0.58	4	1	0	0
6	0.85	0.96	0.92	0.86	0.96	0.90	0.87	0.94	0.88	1	0	0	1
7	0.82	0.71	0.79	0.81	0.91	0.84	0.85	0.76	0.72	2	0	1	0
8	0.77	0.75	0.81	0.86	0.91	0.91	0.86	0.70	0.82	2	0	1	0
9	0.71	0.62	0.61	0.70	0.81	0.86	0.70	0.66	0.70	3	0	1	1
10	0.75	0.76	0.81	0.80	0.95	0.72	0.88	0.74	0.82	2	0	1	0
11	0.80	0.71	0.92	0.79	0.69	0.87	0.68	0.75	0.83	2	0	1	0
12	0.86	0.58	0.62	0.71	0.89	0.82	0.78	0.67	0.95	3	0	1	1
13	0.40	0.45	0.60	0.53	0.39	0.41	0.57	0.33	0.45	5	1	0	1
14	0.87	0.91	0.93	0.85	0.99	0.92	0.86	0.93	0.89	1	0	0	1

表 2-3 学习质量评价输出

样本序号	理论输出（专家评价）	实际输出（模型预测）	误差
13	5	5.02	0.02
14	1	1.15	0.15

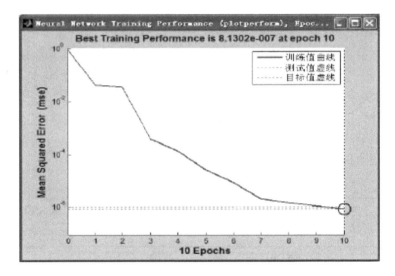

图 2-2 训练误差与步骤

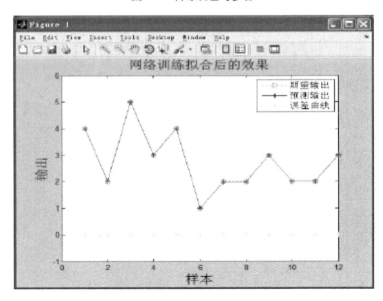

图 2-3 网络优化拟合后的效果

三、结束语

本书采用 BP 神经网络方法，以某门课程为例对高职学生学习质量进行评价，通过科学构建学习评价指标体系，建立 BP 神经网络学习评价模型，其中选用 14 组专家打分作为样本数据，此 BP 神经网络学习评价模型具有很强的泛化能力，达到了预测高职学生学习质量评价的要求，提高了评价高职学生学习质量评价的科学性和准确性，能够为高职学生学习评价提供科学的依据。

第三章

高职生学习效率影响因素的调查研究

第一节　高职生学习效率影响研究的内容及思路

一、选题依据

（一）国外相关研究的梳理及研究动态

目前国际上比较有影响力的关于大学生学习情况的调查研究主要有：高等教育的"国际学生评估项目（PISA）"、经济合作与发展组织（OECD）于 2008 年着手开展的研究高等教育学习成果评价（AHELO）、美国的"全国大学生学习性投入调查（NSSE）"、英国的"全国大学生调查（NSS）"、澳大利亚的"大学生课程体验调查（CEQ）"。这些调查成为高等教育质量评估的一种重要方式，在提高高等教育质量方面发挥了重要的作用。

国外众多专家学者开展了与学习效率相关度较高的研究，主要体现在：

1. 学习效率的影响因素研究

澳大利亚学者比格斯在对学生学习过程深入研究的基础上，提出"3P 理论"，认为前置因素（Presage）和过程因素（Process）是影响学生学习结果（Product）的两个因素；Rajinder M. Gupta 和 Peter Coxhead 论述了文化差异与学习效率之间的关系；Moyer-Packenham 和 Patricia S. 指出，当儿童获得帮助或遇到阻碍时，儿童的学习成绩和效率会发生变化；Fattinger S. 认为，深度睡眠可以有效保持人的学习效率。

2. 学习效率与教学方法的关系研究

Ljubojevic 和 Milos 认为，在多媒体教学中使用补充视频，可以提高学习效率。利用辅助视频片段对教材进行分割，可以改善课堂的组织和呈现，从而实现有效的教学和学习；Jing Liu 设计并修改了翻转课堂的方法，利用在课堂上的时间，提高学生学习效率的教师课程模式；Cook 和 David A. 认为，基于因特网的教学比非计算机方法更能提高学习效率。

3. 学习效率与学习方法的关系研究

Robinson 提出，提高学习效率的 SQ3R 法，即纵览（Survey）、提问（Question）、阅读（Read）、背诵（Recite）、复习（Review）；Blandin 和 Bernard 探讨了将互助学习作为一种系统手段来提高学习效率的可能性；

Cigdem Hursen 探讨情境学习与反思性学习方法在教师教育中之成效；Hsiung 和 C. M. 通过实验研究比较了合作学习方法与传统学习方法的效率。实验结果表明，合作学习比个人主义学习方法具有更高的效率。

（二）国内相关研究的梳理及研究动态

以高职学生学习效率为主题，通过知网进行文献检索，共有 1988 条结果。整理发现，国内对学生学习效率和学习质量的研究很多，但大多数都是针对中小学学生的研究，或者是针对某个学科的学习效率进行探索。针对高职高专学生学习质量和效率的研究相对较少。通过对检索资料的进一步筛选分析，与学习效率相关度较高的研究主要体现在课题研究与文献研究两个方面：

1. 影响学生学习效率的因素研究

纵奇志通过学生生理、心理、家庭环境、教师等诸多方面，分析研究影响学生学习效率的各种因素，探讨适合个性发展、积极主动的学习方法，提高学习效率，从而提高学习成绩，提出相应的解决策略；殷剑平认为，影响学生学习效率的主要因素不是智力水平，而是学习兴趣、学习动机、学习毅力、学习风格和学习策略等非智力因素，其中，学习策略是关键因素；郭俊梅从教师积极的心理有利于师生合作探究、教师积极的心理教会学生创新、教师积极的情感激励学生学习的进取心三个方面探讨了教师的积极心理对学生学习效率的影响；李江滨对课时安排影响大学生学习效率进行调查研究，结合调查结果，课题组分析大学生对不同课时安排的态度及对其学习的影响，总结出了合理的课时安排方式，为高等院校合理安排课时提供了参考。

2. 提高学生学习效率的相关研究

《教育学概论》通过不同的教学模式，包括传递—接受、自学—指导、引导—发现、程序、发现学习、非指导性、掌握学习、合作学习、多媒体"人机结合"等教学模式来提高学生的学习效率；《教育学基础》通过科学的教学设计，包括教学目标、教学内容、教学时间、教学措施、教学评价等方面来提高学生的学习效率；《教育心理学——献给教师的书》通过有效的课堂教学，包括以教师为中心的教学、以学生为中心的教学、运用技术的教学等多个层面来提高课堂教学的有效性，进而提高学生的学习效率。

喻穹根据桑代克的学习规律理论（准备律、练习律和效果律）提出教师应该怎样引导学生进入最佳学习状态、激发他们的学习动机和兴趣，并在教学过程中恰当地运用表扬和批评的手段来强化学生的学习效果，从而达到提高学生学习效率的目的；阮震定认为，预习是一种科学的学习方法，教师必须讲究预习的方法指导，引导学生认真踏实地去实践，并持之以恒，最终才会使学生养成预习的好习惯，形成有效预习，并最终提高学习效率；滕勇通过问卷调查，找出对职业院校学生学习效率影响较大的一些干扰因素，通过关联树分析产生这些干扰因素的主要原因，并提出了政策关注、校规干预、分层教学、弹性选修、效率培训、持之以恒等相关对策来提高高职学生的学习效率；战忠丽从信息技术对高职学生学习兴趣和效率影响、信息技术使高职学生的学习状态发生根本的改变、信息技术使高职教师的教学过程发生改变三个方面阐述了信息技术对高职院校学生学习效率的影响；李振芳通过对某高职院校学生英语学习现状进行分析，从教育心理学角度提出了解决高职学生英语学习现状的对策。

3. 相关课题研究

国内针对大学生学习情况开展大规模课题研究的主要是高校。厦门大学由史秋衡组建的课题组，自主设计问卷及开展了首次国家大学生学情调查，涉及大学生学习观、学习环境感知观、学习动机、学习策略、学习方式、学习收获、学习满意度的现状及影响因素分析，以及学习过程对学习成绩、总体学习收获、总体学习满意度等的影响。通过研究获得一些启示并提出相关建议。清华大学引进美国全国大学生学习性投入调查问卷（NSSE）对中国大学生展开调查，北京大学教育学院开展了首都高校研究生发展状况的调查研究。

（三）相关研究评价

通过国内外对学生学习效率相关度较高的研究内容的归纳分析可以发现，对于影响学生学习效率的诸多因素和提高学生学习效率的方法策略等均有所涉猎，学者们站在不同的视角，基于不同的方法对学习效率进行了相关研究，提出了诸多建设性的建议，对于提高学生的学习效率具有重要的指导价值。综观研究现状，目前对高职学生学习效率的研究呈现出"三多三少"现象：研究本科学生学习效率的多，研究专科学生学习效率的少；定性研究学生学习效率的多，定量（实证）研究学生学习效率的少；宏观论述学生学习效率的多，提出提高学生学习效率的可操作性对策少。

（四）研究问题的提出

学习效率直接影响学生学习能力的提高。本书在对国内外研究成果进行深入分析的基础上，针对前期研究存在的"三多三少"现象，以高职学生学习效率为研究对象，对影响高职学生学习效率的因素进行全面、系统、深入的研究，涉及学习方法、学习环境、教师教学水平等诸多方面，以期发现其内在规律，提出有针对性的解决高职学生学习效率的有效策略，用于指导教学改革和学生发展实践。

（五）学术价值和应用价值

1. 学术价值

高职人才培养质量的提升、培养目标的实现，取决于教、学、环境等多种因素。其中，就学的方面而言，高职学生的学习效率直接影响着学生的综合素质，影响着数以亿计的技术技能型人才这一培养目标的实现。本书针对影响高职学生的学习现状进行网络问卷调查和学校调查，其学术价值在于分析影响学生学习效率的学习方法、学习环境、教师教学水平等诸多因素，探寻它们之间的联系和内在规律，研究提高高职学生学习效率的有效策略。

2. 应用价值

本书主要针对高职学生学习效率低下的原因及影响因素进行深入调查分析，研究提高学习效率的路径和方法，将其运用到高职教学改革过程中，对提高高等职业教育教学质量、提升高职学生学习效率、培养学生的学习能力具有重要的价值。

二、研究内容

（一）研究对象

本书的研究对象为高职学生的学习效率。本书紧扣高职学生学习效率这个主题，通过文献检索，梳理国内外相关度较高的研究资料，设计调查问卷，实施网络调查，根据调查结果寻求内在规律。

（二）总体框架

1. 高职学生学习效率的相关理论研究

研究要点：

（1）从教与学辩证统一的关系出发，探讨教师如何通过改变"教"来提高学生"学"的效率。

（2）从心理学角度，包括学生学习的行为主义观、学习的认知观、学习的社会认识观和建构主义观等层面，探讨通过非智力因素的影响来提高学生学习效率。

（3）从学生科学的学习方式方法入手，根据高职学生的认知发展、社会和情感发展规律、智力和创造力等方面，探讨科学的学习方式对学习效率的影响。

2. 高职学生学习效率的现状调查研究

研究要点：

（1）全方位、多视角进行调查问卷的设计，包括教师的教、学生的学、非智力因素、外界环境等多项指标，力求问卷调查内容全面、客观、能够反映显性和隐性的问题，便于后期总结，发现规律。

（2）根据问卷调查进行分析、研究、判断，试图从高职学生学习的内外部环境、学习方法、教师教学水平等方面分析研究影响高职学生学习效率的各种因素。

3. 高职学生学习效率与学习环境之间的关系研究

研究要点：

（1）学习环境可以分为硬件环境和软件环境。本书重点研究软环境对学生学习效率的影响，包括校园文化、环境装饰布置、教室环境、食堂环境、宿舍环境等。

（2）通过对学习环境的调查、分析、研究，发现学习环境对学习效率的影响因子，寻求二者之间的内在关系。

4. 高职学生学习效率与学习方法之间的关系研究

研究要点：

（1）通过调查，归纳总结高职学生的学习方法，研究学习方法与学生的年级、专业、课程等之间存在的共性特征和个性特征。

（2）在调查的基础上，研究高职学生学习方法对学习效率的直接影响和间接作用，深入挖掘学习效率与学习方法之间的规律。

5. 高职学生学习效率与教师教学水平之间的关系研究

研究要点：

（1）调查研究高职教师的职业理想、职业责任、职业情感、职业奉献等对学生学习效率的影响和作用。

（2）调查研究教师教学内容、教学设计、教学模式、教学方法、教学环节、教学组织形式等对学生学习效率的影响和作用。

（3）在调查分析的基础上，发现教师教学水平对学生学习效率的影响因子，探究高职教师教学水平与学生学习效率之间的内在规律。

6. 提高高职学生学习效率的策略研究

研究要点：

通过对高职学生学习效率的调查、分析、研究，得出相应的研究发现与结论，主要回答高职学生学习效率的共性特征、个性特征及影响因素，为高职院校教学改革政策的提出、学生学习效率的提高提供借鉴，揭示学生学习效率与学习方法、学习环境、教师教学水平之间的内在联系，提出科学、合理、有效、可行的策略与建议。

（三）重点难点

1. 重点

要解决问题，就需要了解问题的现状。因此，调查问卷以高职学生学习效率的现状为突破口，内容设计科学、合理、全面，有利于后期的总结分析和对策研究。调查问卷的设计、对象的选择、结果的分析和判断是本书研究的重点所在。

2. 难点

找到问题根源，研究并提出高职学生学习效率提高的具体策略是本书研究的难点。通过对高职学生学习效率的调查，分析影响高职学生学习效率的诸多因素，探寻其内在规律，研究如何通过改善学生的学习环境、优化教师的教学方法、提升教师的教学水平等途径来提升学生的学习效率。

（四）主要目标

通过问卷调查，厘清当前高职学生学习效率的现状，挖掘高职学生学习效率与学习方法、学习环境、教师教学水平等之间的内在规律，探讨提高学生学习效率的方法、原则，以及操作层面的对策、措施等，从多角度、多渠道，全面系统地训练学生的学习能力，培养高质量的技术技能型人才。

三、思路方法

（一）研究思路及技术路线

本书从理论和实践层面展开。理论层面主要从教育学、心理学等视角探讨高职院校学生学习效率提升的规律；实践层面从高职学生学习效率的现状及调查问卷的分析研究入手，发现高职学生学习效率高低的原因及影响高职学生学习效率的因素。针对相关影响因素，研究其与学习效率之间的内在关系，分析产生的原因，提炼提高高职学生学习效率的策略（见图 3-1）。

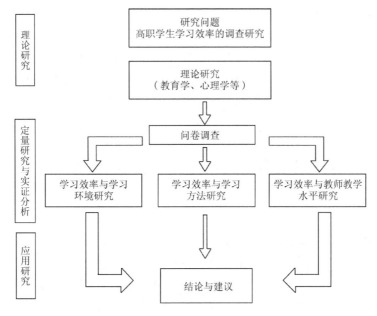

图 3-1　本书研究的基本思路

（二）研究方法

1. 文献研究法

通过知网、万方等网络电子资源，以及期刊、杂志、报纸等，搜集、整理国内有关高职学生学习效率的相关文献资料，通过全面、系统的梳理，为研究奠定基础。通过前期研究资料分析，寻求本书研究的切入点及创新之处。

2. 调查分析法

采用问卷调查、网络调查、实地考察、与学生交谈、召开座谈会等方式，抽样选取 10000~12000 名学生进行网络问卷调查、50 个典型调查、考察 10~12 所高职院校、访谈高职院校学生 30~40 名，深入分析影响学习效率的诸多因素，研究提高学习效率的具体策略。

四、创新之处

（一）学术思想、学术观点的特色与创新

本书认为，进入新时代，我国高等职业教育呈现出一系列新变化和新特征。本书运用教育学、心理学的理论，试图揭示高职院校学生学习效率的本质特征和影响因素，尝试发现学习效率与学习环境、学习方法、教师教学水平的内在关系和基本规律。这些研究在一定程度上能够丰富我国高等职业教育的理论体系和学术思想。

（二）研究方法的特色与创新

本书主要运用调查研究的方法，对全国高职院校学生进行问卷调查和访谈，将定量研究和实证研究运用到高职学生学习效率的提升上，体现了理论的交融性、实践的操作性，研究方法有一定的创新。

第二节　学习方法影响学习效率的调查分析

众所周知，我国高等教育处于整个教育金字塔的顶端，在培养德智体美劳全面发展的社会主义事业建设者和接班人这一重大任务的过程中起着关键性作用，其发展水平是一个国家发展水平和发展潜力的重要标志，是增强国家核心竞争力、实现伟大复兴"中国梦"的中坚力量。作为我国高等教育的重要类型，高等职业教育的任务是面向生产、建设、管理、服务第一线岗位，培养具有一定理论知识、较为丰富的实践经验、良好的职业道德和一定创新能力的发展型、复合型、创新型技术技能人才。作为高等教育的重要组成部分，高等职业教育在高等教育大众化进程中做出了不可磨灭的贡献，为我国经济社会发展培养了众多急需的高素质技术技能人才，有效推动了我国经济社会的健康发展。

高等职业教育人才培养质量的高低直接影响着高等职业教育及高等教育的发展质量。在影响高等职业教育人才培养质量的诸多因素中，学生的学习效率是重要因素。

一、学习效率的概念

学习效率是人才培养质量的重要影响因素之一。在此，我们先厘清学习、效率等相关概念。首先，学习有广义和狭义之分，"广义的学习是人和动物后天习得的行为方式的相对持久的变化过程。狭义的学习指的是人类的学习，是人类自觉主动地以语言为中介而实现的，是掌握社会和个体的经验的过程。"① 其次，就效率而言，如果从管理学的视角来考虑，效率是指在特定时间内，组织的各种投入与产出之间的比率关系。效率与投入成

---

① 陈幼芳，戚颖. 大学生学习方法概论［M］. 北京：中国铁道出版社，2015：19.

反比，与产出成正比。也就是说，效率是指单位时间内完成的工作量。针对上述对于学习及效率的理解，并借鉴众多教育专家学者的意见，我们认为，学习效率是指学生在学习上投入的时间和精力等与所取得的结果或成效之比。

二、学习方法是影响学习效率的首要因素

学习效率在提高人才培养质量中起着至关重要的作用，那么，如何提高高职学生的学习效率，就成为我们必须关注和研究的对象。影响学习效率的因素纷繁复杂，其中学习方法是影响学生学习效率的首要因素。

（一）学习效率调查的数据分析

为了科学地研究当前高职学生的学习效率状况，笔者通过腾讯网络问卷调查，对在校高职大学生进行了网络问卷调查。调查问卷共设计了 12 个问题，包括："您认为影响学习效率的因素有哪些？""您认为自己的学习效率如何？""您认为学习方法对学习效率的影响如何？"等。通过网络汇总统计，共有 793 名高职学生参与调查，调查问卷有效率和回收率均达 100%。

针对问卷调查的结果，我们进行了针对性的总结分析。在"您认为自己的学习效率如何？"这一问题的调查中，问卷调查结果显示：自认为学习效率高效的仅占 6.7%，一般的占 83.2%，低效的占 10.1%（见图 3-2）。

"您对自己的学习效率满意吗？"的调查结果显示：对自身学习效率满意的仅占 31.1%，不满意的占 64.2%（见图 3-3）。

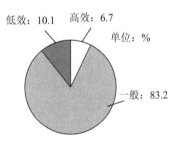

图 3-2　学习效率状况调查

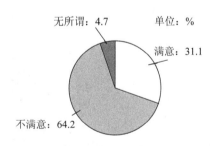

图 3-3　学习效率满意度调查

从以上两个问题可以看出，学生对于自身学习效率的评价和满意度均处于较低的比例，所以提高学生学习效率有很大必要性和重要性。

（二）影响学习效率的因素分析

总体而言，影响学生学习效率的因素可以分为内部因素和外部因素两大类。内部因素主要指学生的自身因素，主要包括个人学习方法、兴趣、

态度，个人智力、能力、毅力，学生的生理、心理等学生自身诸多的内部主观因素；外部因素主要包括社会环境、家庭环境、学习环境等各类教育环境，以及教师教学水平、其他教育影响等外部客观因素。

为科学调查影响学生学习效率因素的现实状况，我们把影响学习效率的主要因素具体细化为学习方法、学习环境、教师教学水平、智力因素、非智力因素、其他等六个指标，通过腾讯网络进行问卷调查。调查统计结果显示，六个指标中学习方法、学习环境和教师教学水平分别占 88.4%、85.6% 和 55.1%，其他指标占比明显下降，其中，学习方法高居各种影响因素的榜首（见图 3-4）。

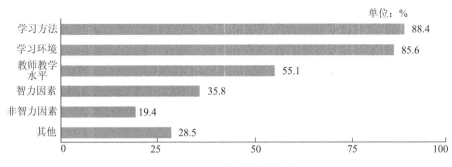

图 3-4　影响学习效率的因素

"您认为学习方法对学习效率的影响如何？"的调查结果显示：84.5% 的学生认为非常重要（见图 3-5）。可见，学生认为学习方法在提高学习效率方面很重要。

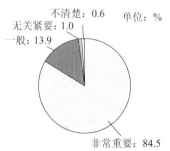

图 3-5　学习方法对学习效率的影响

三、高职学生学习方法的选择

（一）学习方法的概念与种类

学习方法主要是指学生为完成学习任务、达成学习目标而采用的手段、途径、工具和方式的总和。由于学习知识内容的不同、个人的个性特质的差异，学习方法也呈现出多样性。笔者根据多年的教学经验并借鉴众多专家学者的总结提炼，现对学习方法的种类做简要的汇总。总的来讲，学习方法主要包括：（1）结构学习法（通过掌握学科的基本结构，以便有效地从本质上理解、记忆学科内容的方法）；（2）比较学习法（就某一个问题，尽量集中各种有关的材料进行对照学习的一种方法）；（3）SQ3R学习法（纵览、提问、阅读、背诵、复习）；（4）六步读书法（试读、回忆、发问、研读、理得、复读）；（5）循环学习法（学习—复习—学习）；（6）分配学习法（脑力劳动分配、学习内容分配、学习时间和体育锻炼分配）；（7）案例学习法（根据一定教学要求，围绕一定的问题，用已发生的事例，在教师指导下学习的一种方法）；（8）跟踪学习法（就某一专题的内容"顺藤摸瓜"，逐步展开并层层深入的一种学习方法）；（9）四结合学习法（学与思结合、学与问结合、学与习结合、学与行结合）；（10）四环式学习法（精读材料、编写提纲、尝试背诵、有效强化）；（11）积累学习法（剪贴法、卡片法、复制下载、收集整理法）；（12）四轮学习法（预习，查出障碍；听课，破除障碍；复习，扫除障碍；作业，学会应用）；（13）快速阅读法；（14）发现学习法（通过学习主体的独立学习，独立思考，自行发现知识，掌握原理原则）；（15）超级学习法（把音乐引入学习过程，边听音乐边学习，用音乐来平静人的大脑，采用特殊的有节奏的音乐，把精神引导到松弛状态，使学习者在呈 α 波状态时最大限度地提高学习效率，使人的记忆力大幅度提高）；（16）团队学习法（为了完成共同的任务，有明确责任分工的互助性学习）；（17）网络学习法（主要是借助网络进行学习的方法）。

（二）课程设置影响高职学生的学习方法

高职院校人才培养目标是高职院校科学发展的行动指南。宏观培养目标的实现，需要依靠微观层面的教学来组织实施。高职学生需要采取合适有效的学习方法来提高学习效率，进而实现高等职业教育的人才培养目标。

高职学生如何选择适合自身的学习方法？首先，我们需要审视高职学生的课程设置模式。我们以高职院校市场营销专业的课程设置为例（见图3-6）：

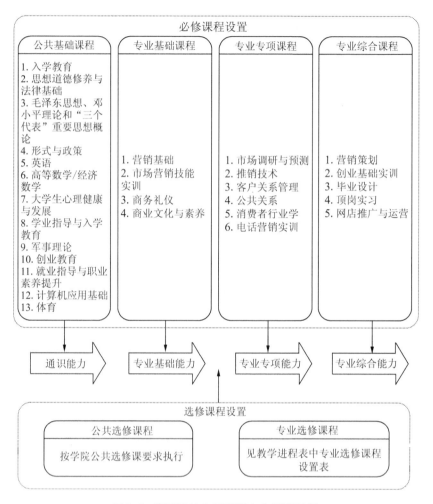

图3-6 高职院校市场营销专业课程设置

从上图可以看出，高职课程设置通常涵盖必修课程和选修课程两大类，其中必修课程包括公共基础课程、专业基础课程、专业专项课程和专业综合课程；选修课程包括公共选修课程和专业选修课程。再仔细分析下来，高职生的课程设置主要为理论课程和实践课程两大类，两类课程的内容和特点在人才培养过程中都起着不同而又不可或缺的作用。对高职学生来讲，只有合理运用既适合自身又适应课程特点的学习方法，才能更有效地提高学习效率。

1. 高职理论课程的学习方法

高职课程中的公共基础课程和专业基础课程多以理论课程的形式呈现，

适合采用理论课程的学习方法。在网络调查中，我们发现，学生采用的各种学习方法所占比例呈现明显不同的态势。其中结构学习法所占比重为25.2%，居首位，其次是循环学习法，占14.5%（见图3-7）。

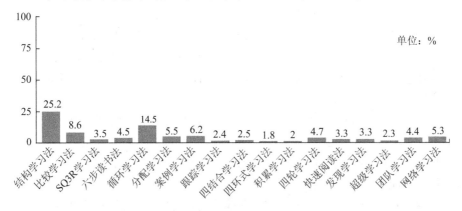

图 3-7　高职学生学习方法调查

　　教育者要想促使学习者有效学习或高效学习，就必须在把握学习者共性的同时，花大力气把握他们彼此之间不同的个性[①]。针对理论课程的学习方法多种多样，我们认为，最好的方式是"三结合"，即学习的课程内容、学生自身的个性特点、学习方法的科学匹配三者有机融合，实现学习效率最大化。

　　2. 高职实践课程的学习方法

　　高等职业教育实践课程主要包括实训和实习课程。实训是指学校按照人才培养规律与目标，对学生进行职业技术应用能力训练的教学过程。通过模拟实际工作环境，教学采用来自真实工作项目的实际案例，教学过程理论结合实践，更强调学生的参与式学习，能够在最短的时间内使学生在专业技能、实践经验、工作方法、团队合作等方面有所提高。实习是"指学生在教师和技术人员的带领下，到工厂、工地等其他场所从事一定的实际观察或实际工作，以获得与书本知识相联系的大量有关的实际知识和实际能力，并学会运用理论知识分析和解决实际问题，培养独立的工作能力"[②]。

　　针对高职学生实训和实习课程的特点，高职学生需采用相应的学习方法应对。比如项目课程，采用"团队学习法"不失为一种好的方法选择。根据调查了解，结合实训教师、教学专家的教学经验，进行理论分析，提

[①]　全国十二所重点师范大学联合编写. 教育学基础［M］. 北京：教育科学出版社，2014：6.

[②]　王中华. 大学生学习方法与指导［M］. 北京：中国财富出版社，2017：139.

出"POAC"的学习方法。

（1）P（prepare）：意指在参加实习、实训之前需要做好各项充分准备工作，包括复习所需的专业理论知识、预习实习实训课即将讲授的内容，以及上课期间必须穿工作服、戴安全帽的安全设施等。

（2）O（obey）：意指在实习、实训期间，务必要遵守实习、实训场所的各项规章制度，动手操作过程中务必要严格按照生产的各项操作流程实施，熟悉产品生产的操作流程，严格遵守各项生产、工作纪律，时刻注意生产安全。

（3）A（attitude）：意指在实习、实训期间，需要明确学习目的，端正学习态度。同时，需要保持虚心好学的态度，在学习过程中遇到问题，要及时虚心、诚恳地向老师求教，弄懂过程中的每个环节，提高理论知识的实际运用能力。

（4）C（conclude）：实习、实训课是对所学专业理论知识的实践运用，目的是提高学生的动手操作能力，课后需要做好操作流程的梳理与整理，进一步总结分析实践中的问题与经验，撰写实践报告，日积月累，逐步提升自身的实际动手操作能力。

3. 教师应加强对学生学习方法的指导

对于学习方法的选择和运用，高职学生具有主动权，但是基于多种原因，学生在学习方法的认识和把握上存在认识不足、把握不准的现象，因此，掌握和运用适合的学习方法，需要教师的指导。"授人以鱼不如授人以渔"，进一步说明教师在教授学生知识的同时，更要指导学生采取合适的学习方法。

"教师授课期间有无进行学习方法的指导？"的网络调查结果显示：进行学习方法指导的占 72.4%，没有进行学习方法指导的占 27.6%（见图 3-8）。可以看出，大多数教师都认识到学习方法指导的重要性，但仍然有近 28% 的教师未能对学生进行学习方法的指导，这是一个需要重视和亟待解决的问题。

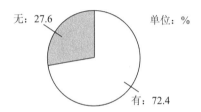

图 3-8　教师授课期间有无进行学习方法指导

　　林毓锜指出，"所有伟人首先是学习上的伟人，他们在学习上是出类拔萃的，他们之所以学习上出类拔萃，是因为他们摸索到一套既与普遍规律不矛盾，又适合他们各自情况的学习与成才的战略与方法，养成优秀的学习品质"①。科学的"学习指导能够调动学生学习的积极性，督促学生完成学习任务，帮助学生掌握正确的学习方法、克服学习上的困难、养成良好的学习习惯，使学生体验到学习上成功的快乐"②。

　　教师在指导学生学习方法的过程中，不能简单停留在浅表层的方法、技巧层面，更重要的是要在深层次上培养学生正确的学习动机、浓厚的学习兴趣、积极的学习情绪、坚韧的学习意志、稳定的注意力、敏锐的观察力、高超的记忆力、敏捷的思维力和丰富的想象力，尤其是指导培养高职学生较强的动手操作能力、自学能力和创新能力等。

　　高等职业教育需要顺应时代和社会对人才培养规格的发展要求，采取科学有效的方法和策略来提高高职学生的学习效率，以便更有效地提高高职学生的培养质量。

案例导引 ━━━━━━━━━━━━━━━━━━━━━━━━━━━━━━━━━━ ■

学生最喜欢的七大学习方式③

一、基于合作的学习

　　合作的意识和能力是现代人所应具备的基本素质。推动现代科学发展的一个重要因素就是人与人之间的相互协作。对传统的学习方式进行反思，我们发现学生在学习中很少有合作互助的机会，合作的意识和动机显得十分淡薄。通常情况下，绝大多数学生表现出一种学习的"个人主义"。这种学习方式使他们缺乏合作的愿望和冲动，甚至不愿与他人分享学习成果。久而久之，造成了学生之间的相互嫉妒、疏远和对立。

　　建立在合作基础之上的学习方式，要求学生将自身的学习行为有机融入小组或团队的集体学习活动之中，在完成共同的学习任务时，展开有明确责任分工的互助性学习。在合作学习的场景中，不仅学生，而且家长、老师、社区人员都可以参与学生的学习，同学之间、师生之间、学生与家

---

　　①　林毓锜. 大学学习学 ［M］. 西安：西安交通大学出版社，1999：2.

　　②　全国十二所重点师范大学联合编写. 教育学基础 ［M］. 北京：教育科学出版社，2014：303.

　　③　https：//mp. weixin. qq. com/s？__biz=MzU2MTU3NjAwMQ==&mid=2247487116&idx=2&sn=4d86bbf69385399d7f7d24fbde9c712e&chksm=fc77efa2cb0066b4de547143d07122d344ab3fdc482de00b065c4a7164e9b05528fd78da53cd&scene=21#wechat_redirect.

长之间、学生与社区人员之间可进行广泛的合作与交流，每一位学生都可以积极表达自己的意见，与他人共享学习资源。这样的学习方式能有效转化和消除学生之间过度的学习压力，有助于引导学生在学习中进行积极的沟通，形成学习的责任感，培养合作的精神和相互支持、配合的良好品质。

二、基于问题的学习

传统的学习方式是一种被动接受的学习方式，主要表现为老师讲学生听，老师问学生答，老师出题学生解答。新课程改革将把培养学生的问题能力作为提高学生主动学习能力的一个重要方面来研究，努力营造多种问题情境，引导学生掌握和确立一种基于问题的学习方式。

所谓基于问题的学习方式，就是要求学生以问题作为学习的载体，自觉以问题为中心，围绕问题的发现、提出、分析和解决来组织自己的学习活动，并在这样的活动中逐步形成一种强烈而又稳定的问题意识，始终保持一种怀疑、困惑、焦虑、探究的心理状态。纵观人类社会发展的历史，科学上的突破、技术上的革新、艺术上的创作，无一不是从发现问题、提出问题开始的。学生学习的过程就是一个由发现新问题为起点，到解决新问题为终点的过程。衡量学生的学习重要的不是看学生掌握了多少，而是看学生发现了多少；重要的不仅是要学生解决问题，而是要让学生善于发现问题，主动提出问题，有勇气面对问题；重要的不是学生提问的正确性、逻辑性，而是在于学生发问的独特性和创造性。只有学生以自己敏锐的洞察力发现了问题，学习才有强大的动力，才能真正开启心智的大门，才能真正激发学习的热情，也才能真正领略到学习的乐趣与魅力。无疑，这种感受的获得比解决一个问题更重要，更有意义。这正是基于问题的学习方式最终所追求的。

三、基于实践的学习

实践活动既是认识的源泉，又是思维发展的基础，学生学习知识的获取、学习技能的培养、学习素质的提高，无不是在实践中得以实现的。在这个意义上，我们说学生的学习是以实践为基础和生长点的，学习与实践是相辅相成、相互依存、互为统一的有机整体。

传统的学习方式割裂了学习与实践辩证统一的关系，过分甚至仅仅强调书本知识的学习，忽视了学生的社会生活实践，结果造成学生高分低能、厌学、逃学等不良后果。学生学习书本知识固然很重要，但仅局限于此是不够的，也是很危险的。因为现成的书本知识，是他人的认识成果，对于学生来说，并不是他们亲自得来的，而是一种间接知识，一种偏于理性的尚未和感性认识结合的不完全的知识，学生要把这些知识转化为自己的东西，转化为理解的和能够运用的东西，还必须有一定的直接经验和感性认识为基础。这就必须在学习过程中加强实践活动的开展，如以认识事物、获取知识、发展能力为目的的认知实践，以处理自身日常事务的生活实践，以处理与他人相互关系、与他人交流合作的交往实践等。

学生生活在火热的社会实践中，诚然，作为其生活的重要部分的学习活动也应深深地根植于实践。学习不是一种封闭在书本上和禁锢在屋子里的机械识记的过程，在某种意义上，学习与生活、与实践是有着相同外延的，是"合一"的。只有在多姿多彩的社会实践中发掘学习资源，学习才是生动的、鲜活的、真实的；只有在丰富多样的社会实践中展开学习过程，学习才是完整的、详尽的、美妙的；只有在绚丽多姿的社会实践中体验学习感受，学习才是亲近的、深刻的、诗意的；只有在变化多端的社会实践中评价学习成果，学习才是高效的、智慧的、灵动。由此我们认为，新的学习方式是基于实践的，它定然以实践为依托。

四、基于探究的学习

学生的学习过程是一个永无止境的探究过程。传统的学习观片面地将学生的学习理解为一种特殊的认识过程：在认识条件上，学生的学习是依赖教师的，是在成人的控制下进行的；在认识对象上，学生的学习以人类积累的知识经验，特别是以书本知识为主的；在认识方式上，学生的学习主要是"接受"和"掌握"。在这种观念指导下的学习是一种满足于被动接受知识传输的学习，是偏重机械记忆的学习，这样的学习方式使学生的主体性与能动性丧失。

从能动的反映论来看，学生的学习总是以自己现有的需要、价值取向，以及原有的认知结构和认知方式为基础，能动地对所要学习的内容进行筛选、加工和改造，最终以自身的方式将知识吸纳到自己的认知结构中去。这表明学生学习不是被动接受和认同，不是对现有知识的直接占有，而是带着"个人的自传性经验"独立分析、判断与创造的活动，这是一种基于自己与世界相互作用的独特性经验之上的"继续不断的构建"过程，是一种积极主动的探究过程，有着浓重的创新色彩。

由于多种原因，人们对探究学习常出现一些误解。一是对探究学习的神化，二是对探究学习的泛化。学习过程中必须有学生自主探究的活动内容，但又不能机械理解为整个学习活动必须完全由学生自己提出、研究和解决每一个问题。其实，探究学习关键在于激发学生独立思维，无论是直接还是间接地接触所要解决的问题，只要真正调动了学生独立思考的积极性，就可能形成一种探究式的学习。我们倡导探究学习，主要是要求学生经历与科学工作者进行科学探究时的相似过程，从中掌握有关知识与技能，体验科学探究的乐趣，学习科学探究的方法，领悟科学的思想和精神。注重的是过程，而不是追求其结果。

五、基于个性的学习

个性是在一定历史条件下，通过社会实践活动形成和发展起来的，个体是在社会实践中作为主体而表现出来的思想和行为的总体特征，我们把能够充分体现学生个性特征，最有利于发挥学生个性特长，并取得最佳学习效果的学习方式，简单地称为"基于个性的学习"。

基于个性的学习方式是多层次、多维度的复合体，概括起来它有三个方面的规定性：

一是学习的自主性。学生在一定条件下，必须能够对自己的学习活动具有支配和控制的权利与能力。在学习过程中，学生要善于摆脱对他人的依赖，合理确定学习目标，主动规划学习进程，科学制定学习策略，主动调节学习情绪，客观评价学习效果。要逐步确立主体意识和观念，培养独立思考和解决问题的能力，不断增强自我学习、自我发展的内在动力。

二是学习的独特性。由于遗传、家庭背景、成长环境的不同，每一位学生个体都有着与众不同的独特品质。正是这种差异和独特性，构成了他们自己的个性，使这个学生与其他学生区别开来。我们在指导学生学习时要最大限度地尊重和利用这种独特性，引导学生根据自身状况和实际需要，选择和采用自己喜欢并有效的学习方式。在学生学习过程中搞"一刀切""标准化"，让不同的学生在同样的时间内，根据同样的条件，运用同样的方法，按照同样的速度，掌握同样的学习内容，并达到同样的水平和质量，这是违背规律的，也是愚蠢的。

三是学习的创造性。创造性是个性的核心品质，帮助学生学会创造性地学习，是最可贵的，也是最困难的。这需要我们在学生的学习中加强"趋异""求新""自信""冒险""进取"等品质的训练和培养，指引学生敢于认识和研究自己所不知道的问题，善于将新的学习内容灵活变通地纳入已有的认知结构，从而改变自己已有的知识经验和认知发展水平，实现对自身的超越。

我们提倡个性化的学习方式，但不是推崇"个人主义""自由主义"。在集体与组织中，有时学生的学习不能不受到一定的制约。对于一个班集体或组织，要保证其学习的整体性、有序性和高效性，成员之间就得遵守最低限度的规则。必要时，还要统一步调、统一行动。

六、基于对话的学习

对话，在日常生活中是个极其平凡的字眼，原指人与人之间的谈话，现已成为当代社会使用频率较高的关键词之一。从国际事务到人与人之间的关系，从政治领域到学术研究，对话已成为人们追求的一种状态，或已成为人们为达到某种目的而采取的有效策略。人类社会正在步入一个对话的时代，深入研究对话的实质，我们发现对话是对话主体在彼此交往过程中认知、情感、态度及价值等方面进行交流与碰撞、沟通与合作、激发与感染的过程，是一种致力于相互理解、相互协作、相互共生、相互促进的过程，是对话双方从各自的经验出发所达成的一种认知视界的融合。这种对话主体可以是人与人，也可以是人与物；可以是个体与个体，也可以是个体与群体、群体与群体；可以是口头形式的，也可以是文本形式的。从不同视角深入剖析学生的学习，并将之与对话的实质相比照，我们似乎可以得出这样的结论：学习，即对话。换言之，不呈对话的形态，或不发生真正的对话，就不是学习；不在对话中发生和推进的学习，就不是有意义的学习。

长期以来，我们并未从对话的高度来认识和指导学生的学习，这导致学生学习中对话精神、对话意识的淡化与失却。在传统的学习过程中，教师作为知识传播者闻道在先，术业专攻，将一种称为教学内容的东西传输给学生。由于师生知识、年龄、地位上的不平等，使得学生的学习被迫成为一种"注入式""接受式"的学习。虽然在这样的学习过程中，也有形式上的对话，但几乎是机械的问与答，是一种浅层的语言活动，而不是真正意义上的作为一种学习方式或精神状态的对话。

我们所倡导的对话式学习强调主体间的平等交往，双方都应以对对方的承认和尊重为前提，不存在关系上的尊与卑、主与次。每一个学生都与教师、同学或其他任何人一样，在人格上是独立的，都有着自己丰富的内心世界和独特的情感表达方式。建立在这种前提之下的学习，是一种面对面的、民主的、舒适的学习，才能真正走进"你""我"的世界，才会发生各自向对方的精神敞开与接纳，才会促进彼此心灵深处的沟通与交流，也才会引发双方自由的探究、交往和碰撞。与传统的学习方式相比，基于对话的学习是一种自觉、自愿的学习，是一种和谐、融洽的学习，是一种民主、互动的学习，也是一种共享、共进的学习，它更强烈地突出了学习的主体性、交互性、协调性和生成性，它超越单纯意义上的信息传递，具有重新构建的意义。我们认为这是一种崭新的学习理念与学习方式，必将在新课程改革中得到充分的体现和较好的落实。

七、基于网络的学习

如今，网络已越来越广泛地渗透到社会的各个领域，引起了整个社会生产、生活方式的深刻变革。在教育领域，网络信息成了教育的重要资源，计算机辅助教育正走向普及，教育信息化、现代化的进程正逐步加快，网络技术对现行教育的优化和生产力的开发起到了重要作用。建立于网络技术和网络信息基础之上的学习方式将越来越显示出其强大的生命力。

第三节　学习环境影响学习效率的调查分析

高等职业教育作为高等教育的重要类型之一，在我国高等教育大众化发展进程中起着不可替代的重要作用。高等职业教育作为培养高级技术技能型人才的生力军，其人才培养质量的高低直接影响高等教育的整体发展质量。众所周知，提高高等职业教育的人才培养质量是一项系统工程，取决于多种因素的通力合作，协调发展。其中学习效率的高低对于高职学生的人才培养质量来说至关重要。滕勇认为，"开展职校学生学习效率研究是一项艰巨的任务，又是一项具有现实意义的有益工作。职校学生的学习效率问题，关系到职业教育的成败，也关系到能否顺利完成党和国家赋予职业教育的培养数以亿计的技能人才的光荣任务。"①。高职学生学习效率的高低，既是高职学生自身综合学习能力的体现，对学生的学习成绩和结果有直接的影响，也是影响高等职业教育发展质量的重要因素之一，对高等职业教育的人才培养质量具有重要的现实意义。

当前，我们生活在学习型社会和终生学习的时代，学习效率的话题一直是大家探讨的重点。实际上，学习效率的重要性不仅体现在上学期间，一旦大学生离开高校，踏入社会，依然需要在未来的工作岗位中不断学习新的知识和技能，其学习效率的高低会直接影响其工作成绩，继而影响他们事业和前途的发展。因此，学习效率的问题在高职人才培养过程中是一个不可忽视的重要环节。

一、学习效率的概念

谈及学习效率，首先要理解效率的要义。管理大师彼得·德鲁克认为，

---

① 滕勇. 影响职校生学习效率的原因与对策［J］. 职教论坛，2005.5（中）：64.

效率是以正确的方式做事。《当代青少年心理与教育大辞典》提出：学习效率是既定学习目标的实现程度与所耗费时间和精力的比率关系。简单来说，学习效率是学习者学习的投入（包括时间、精力等）与学习的产出（学习的成果、个人的收获）之比①。

二、影响学习效率的相关因素

人类的成长离不开环境，脱离了其生存环境，人类的发展就成了无源之水、无本之木，环境为人类的发展提供了资源和保障。高等职业教育的人才培养目标的实现，不能仅仅依赖于高职学生自身内发式的自我完善，还有赖于高职学生所处的周围环境。当然，任何事物都有两面性，环境也是一把"双刃剑"，优良的环境和有效的利用有利于高职人才培养目标的实现，不利的环境和不当的使用也会阻碍、限制高职学生的全面健康发展。

美国学习效率研究专家戴维斯认为，学习是学习者在一个"场"里进行的，"场"对于学习会造成一定的影响。学习者在学习时的心境，就是内部的"场"，而学习时所处的环境，就是外部的"场"。学习者要善于选择、调节学习的"场"，使之有利于学习②。这里讲述的"场"就是我们所说的学习环境。简单来说，影响高职学生学习效率的因素可以归结为主观因素（心境）和客观因素（环境）两大类型。

就学习环境而言，既包括稳定、和谐、健康的社会宏观大环境，也涵盖干净、整洁、舒心的学习微观小环境。根据影响学习效率因素的调查分析图，学习环境位居第二，可见学习环境在影响学生学习效率中的重要地位（见图3-9）。

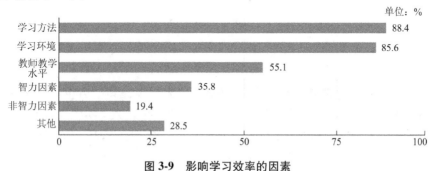

图 3-9　影响学习效率的因素

① 陈昕阳，沈佳佳，郭鹏伟.浅谈如何提高大学生的学习效率 ［J］.东方教育，2012（3）：135.

② 戴维斯.这样学习最有效 ［M］.海口：南海出版公司，2001：3.

三、学习环境在高职学生学习效率中的影响

提高教育质量始终是教育事业永恒的话题，是教育事业改革发展的核心任务和有效发展的路径之一。教育质量的提升不能仅仅依靠"教"的综合因素的改善提升，更要注重与教学方式方法相适应的学习环境的完善与改变。就学习环境而言，还可以细分为诸多子因素。陈巧云认为"环境是学习进行的物质基础，影响学习环境的因素主要有社会环境、校园文化环境、学习场所环境等，这些因素都对学习产生正面或者负面的影响。具有优良校风、学风、教风的学校能够培养高质量的优秀人才，在适宜的声、光、色、温、湿环境，以及优雅、安静的学习场所学习，学习效率定会提高"[①]。

为进一步深入分析学习环境对于高职学生学习效率的影响，我们针对学习环境的诸多因素进行了分解细化，通过网络问卷的形式对高职学生群体进行问卷调查。参与本次问卷调查的学生人数达 1667 名，回收有效问卷 1240 份，回收率达 74%（见图 3-10）。

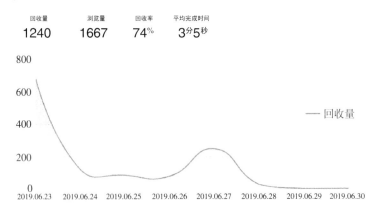

图 3-10　调查问卷回收概况

参与本次问卷调查的全部是高职学校的大学生，其中男生 62.9%，女生 37.1%，大一大二学生居多，分别占 52% 和 46%，大三学生仅占 2%。

针对众多影响因素，我们先概要地从高职院校的校风、班风、学风、学习氛围、宿舍文化布置与氛围、教室文化布置与氛围、校园文化氛围、父母教育、教师教育与指导、家庭环境、社会环境、学习环境的湿度、学习环境的温度、学习环境的亮度、噪音、卫生、教室教学设施设备、课程

---

① 陈巧云. 高等院校高效率学习空间的设计研究［D］. 哈尔滨：东北林业大学，2014：8.

安排、教育制度、考试制度、学生就业共 21 个方面进行网络问卷调查，全面深入了解各种因素对学生学习效率的影响程度。

总体来看，认为上述因素对学习效率有影响的比例分别为：86.6%、87.3%、88%、90.2%、80.3%、78.1%、88.1%、83.5%、89.6%、85.7%、81.5%、86.9%、81.8%、88%、92.8%、90%、82.7%、84.8%、88.5%、86.8%、85.6%；认为没有影响的比例分别为：8.4%、8%、7.3%、6.2%、14.7%、16.5%、7.3%、11.9%、6.7%、10.6%、13.1%、8.8%、11.8%、7.3%、4.6%、6%、12.9%、11.4%、8%、8.9%、8.7%（见图 3-11）。

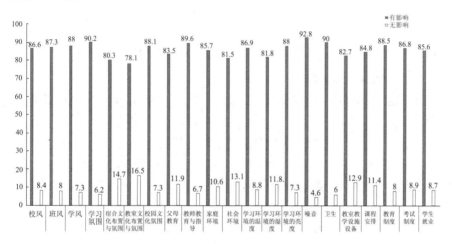

图 3-11　环境因素对学习效率的影响

调查结果显示：21 个环境因素中，认为对学习效率有影响的均达到80%以上（除教室文化布置与氛围 78.1%），尤其是噪音影响高达 92.8%。由此可见，学习环境因素对学习效率有着明显的影响。

同时，我们还针对学习环境的座位安排、学习环境的颜色、组班方式与课时时间、班级人数、学习环境的光线、学习环境的声音、不同季节、时间段与天气状况、不同地点及通风状况等影响因素进行调查。

（一）学习环境的座位安排

高职院校的授课内容和形式有所不同，学习环境的座位安排也各有所异。目前，我国多数高职院校的教室座位安排还是主要以"排排坐、圆桌式、U 型、圆弧式"四种方式排列为主。针对这四种座位的排列方式，我们在高职学生群体中进行调查。调查结果显示，认为四种方式对有利于提高学习效率的比例分别为 48.2%、24.6%、16.1%、11.1%（见图 3-12）。

由此可见，排排坐的传统方式最被学生认可，认为最有利于提高学习效率。当然，在高职教学过程中，需要根据学生不同的课程类型、特点和需要，进一步实地了解学生的内心感受和需求，针对学生的有效诉求，采取相应灵活的座位安排，以便更有效地提高学生的学习效率。

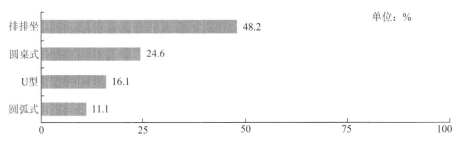

图 3-12　座位安排对学习效率的影响

（二）学习环境的颜色

不同的颜色给人的感觉是不一样的，对人的影响也是明显不同的。比如红色能给人一种激情、活跃、兴奋等积极的情绪感染；同时，也会给人一种浮躁、愤怒、疯狂等消极的情绪影响。因此，学习环境的颜色，包括墙体的颜色、课桌座位的颜色对学习者都会产生不同程度的影响。针对"您认为教室内哪种墙壁颜色最有利于提高学习效率?"，我们分白、红、橙、黄、绿、蓝、靛、紫八种颜色进行调查，结果显示，认为白色有利于提高学习效率的比例为61.6%，比例最低的靛色为1.5%（见图3-13）。从调查结果比较而言，学生还是喜欢传统的白色环境。

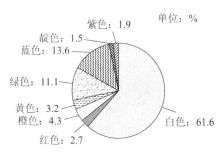

图 3-13　不同颜色对学习效率的影响

（三）上课组班方式与课时时间安排

高校扩招，高校学生数量逐年剧增，部分高职院校教师资源不足，针对某些课程，尤其是基础课程，学校往往采取合班上课。此外，对于授课时间的设置，一般为40分钟/节或45分钟/节。哪种方式更加有利于提高学习效率，通过调查发现，认为单独组班和 40 分钟/节对于提高学习效率的认可比例为 39.5%；而认为合班，45 分钟/节认可的比例最低，仅占 10.8%（见图 3-14）。调查的结果足以表明，学生对于合班上课认可度较低，每节课设置的最佳时间为 40 分钟。

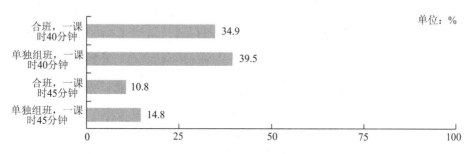

单位：%

图 3-14　班级上课方式与时间安排对学习效率的影响

（四）学习环境的人数

学生数量的多少对于学生的学习效率是否会产生影响？我们针对"不同班级人数对学习效率的影响"进行调查，调查结果显示，班级人数超过 50 人以上，学习效率认可度最低，仅为 6.5%，这个结果也验证了学生对于组班上课的认可度。此外，并不是班级人数越少，学习效率就越高，1～5人的认可比例为 15.8%，6～10 人的认可比例为 7.3%（见图 3-15）。结果说明，学生数量过多或过少都不利于提高学生的学习效率，21～30 人的最佳人数组合最有利于提高学生的学习效率。

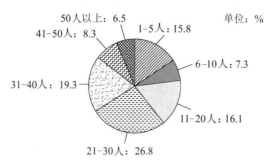

单位：%

图 3-15　学习人数对学习效率的影响

（五）学习环境的光线

陈巧云认为，"室内的光环境设计是室内空间设计基础的因素之一，也是校园学习空间设计中最容易被忽略的问题，适度的光源照度及良好的光照设施能营造一个最舒适的光环境，不仅能保护学生和作业者的视力，还能提高学习效率。"①

学习环境的光线、亮度对于学生学习效率会产生一定的影响,针对"什么样的光线有利于提高学习效率",我们从柔和的浅黄色护眼灯、教室里常用的日光灯、夏季中午的自然光、冬季中午的自然光等四个方面进行调查。调查结果表明,认为最有利于提高学习效率的是柔和的浅黄色护眼灯,比例为56%,其次就是教室里常用的日光灯,占28.9%,最差的是夏季中午的自然光,仅占6.9%(见图3-16)。

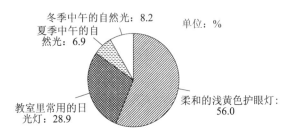

图 3-16 不同光线对学习效率的影响

(六)学习环境的声音

学习环境的声音大小对学习效率会产生影响。我们从绝对安静、有说话声、有轻音乐、大声音乐、嘈杂声、其他等六个方面进行调查,发现选择绝对安静的环境占50.6%,紧随其后的是有轻音乐的学习环境,比例为39.9%,最不喜欢的就是嘈杂声,仅占0.4%(见图3-17)。可见,嘈杂的学习环境对学习影响之大,安静的学习环境十分重要。

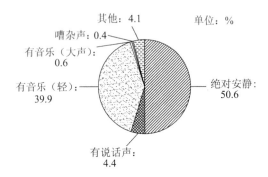

图 3-17 学习环境声音对学习效率的影响

---

① 陈巧云,高等院校高效率学习空间的设计研究 [D]. 哈尔滨:东北林业大学,2014:14.

（七）不同季节、时间段与天气状况

在不同的季节，不同的气候对学生学习效率会产生一定的影响。为此，我们就"您认为在哪个季节学习效率更高？"这个问题进行调查，结果发现，认为学习效率由高到低的次序为春、秋、冬、夏，所占比例分别为：47.3%、39%、7.8%、5.8%（见图3-18）。从这个结果可以看出，春秋两季的学习效率较高，相对而言，冬夏两季的学习效率则较差。因此，教育者和学习者应该抓住春秋两个季节，合理、充分、有效地加以利用。

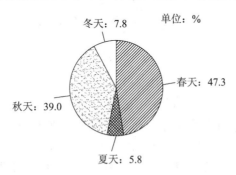

图3-18　不同季节对学习效率的影响

进一步调查分析，一天中不同的时间段，学生的学习效率也是有所不同的。我们就一天中的早晨、上午、中午、下午、晚上、深夜、其他等七个时间段进行调查，结果表明，认为学习效率由高到低次序为：早晨46.5%、上午20.8%、晚上13.8%、下午9.0%、深夜6.7%、中午1.7%、其他1.5%（见图3-19）。由此再次验证"一年之计在于春，一天之计在于晨"这个谚语的科学道理。

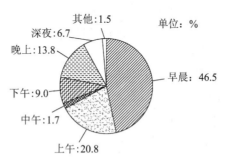

图3-19　不同时间段对学习效率的影响

此外，不同的天气对于学生的学习效率也会产生一定的影响，我们就"您认为在什么样的天气下学习效率会更高？"这一问题进行调查，结果表明：晴天 67.4%、阴天 14%、小雨 11.9%、雪天 3.9%、大雨 2.8%（见图 3-20）。很明显，晴朗的天气有利于提高学生的学习效率，而阴雨雪等天气相对有碍于提高学生的学习效率。

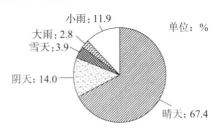

图 3-20 不同天气对学习效率的影响

（八）不同学习场所及通风状况

不同的学习地点对学生的学习效率会产生一定的影响。在学校内部，学习的地点主要分布在图书馆、宿舍、教室、实验室、其他等不同地方，针对这几种学习环境，我们通过"您认为在哪个地点学习效率更高？"这个问题进行问卷调查，结果发现：认为在图书馆学习效率高的学生比例为62.8%，认为在教室学习效率高的学生比例为 20.9%，认为在宿舍和实验室学习效率高的学生比例分别为 7.7%、4.9%（见图 3-21）。可见，图书馆是学生学习的最佳环境。

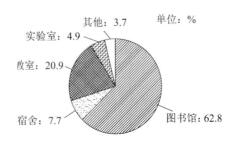

图 3-21 不同地点对学习效率的影响

针对"通风透气与否的学习环境，对学生学习效率是否有影响？"的网络调查，71.8%的学生认为开门开窗有利于学习，28.2%的学生认为关闭门窗有利于学习（见图 3-22）。可见，学习环境的通风透气不可轻视。

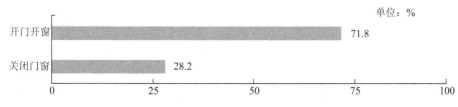

图 3-22　通风状况对学习效率的影响

四、学习环境氛围的科学构建与营造

"教育是在一定社会背景下发生的促进个体的社会化和社会的个性化的实践活动。个体的社会化是指根据一定社会的要求，把个体培养成为符合社会发展需要的具有一定态度、情感、知识、技能和信仰结构的人；社会的个性化是指把社会的各种观念、制度和行为模式内化到需要、兴趣和素质各不相同的个体身上，从而形成他们独特的个性心理结构。"[1] 字里行间凸显"教育"与社会政治、经济、文化等环境之间的密切联系，体现出整体"大环境"对于教育的重要影响。每个人生活在一定的现实环境中，在环境的影响下生存与成长。我们常说，近朱者赤，近墨者黑，环境对人的影响显而易见。习近平总书记在 2018 年全国教育大会上指出，办好教育事业，家庭、学校、政府、社会都有责任。

通过影响学习效率诸多环境因素的问卷调查分析，不难看出，学习环境氛围营造与构建的科学合理，对提高学生的学习效率有着重要的影响。综上所述，我们试从学习环境硬件的构建与软件的营造两个层面入手，针对高职学生的学习环境提出相应的建议。

（一）"软件"的营造

1. 校园文化的隐性熏陶

在高职院校的整体软环境里，需要深入营造良好的人际关系、正确的舆论风气、健康的心理环境；营造浓厚的校园文化和班级文化，形成良好的校风、班风、学风及学习氛围，让学生时时刻刻、随时随地"浸泡"在特有而浓厚的文化氛围中，潜移默化、润物无声地影响着身处其中的每一位大学生，久而久之，外化在他们日常的言谈举止和行为实践中，进而内化渗透到大学生的思想和心灵深处。可以说，一旦这种环境文化深入大学生心灵深处，无论在校园内，还是未来走出校园，踏入社会工作岗位，依然能够体现、展示出那种独到的文化气质与魅力，促进学生健康可持续

---

① 全国十二所重点师范大学联合编写 . 教育学基础［M］. 北京：教育科学出版社，2014：4.

发展。

2. 家庭中父母的教育跟进

家庭是人生的第一所学校，家长是孩子的第一任老师，要给孩子讲好"人生第一课"，帮助扣好人生第一粒扣子。家长是孩子一生的影响者，家庭是影响孩子一生的环境。学生在成长的过程中，品行的养成尤为关键。从某种意义上来说，道德可以弥补能力的缺陷，而能力却难以掩盖道德的缺陷，品行的养成与家庭教育、父母的言传身教密切相关。东晋著名宰相谢安曾说过，最好的家庭教育，就是父母要做最好的自己。作为孩子的第一任老师，大学生的健康成长依然需要父母一如既往不间断地科学教育，在提高高职学生学习效率的过程中，家长教育一直有着不可替代的重要作用。与其一直向学生灌输好好学习的重要性，倒不如家长自身好好学习，营造一个温馨和谐的学习型家庭环境，做好榜样示范作用，一以贯之地做好大学生的"成人"教育，做好针对性的"成才"教育。因此，作为家长，率先垂范，博学多识，尤其在教育孩子方面，注重学习教育学相关理论知识，掌握科学的学习方法和技巧，对学生进行针对性的指导教育，显得尤为重要。

拓展阅读

最好的家庭教育：父亲是榜样，母亲有温度①

经常有人说，孩子什么样，父母就是什么样。其实反过来也依然成立，父母是孩子的镜子，而孩子则是父母的影子。

一个人品德、修养、习惯、素质、原则、三观等的形成离不开父母的教育。而最好的家庭教育，莫过于：父亲是榜样，母亲有温度。

父亲是榜样，家才有方向

网上看到过这样一则新闻：一位父亲带着3岁的女儿在广场的台阶上认真地读书，大大的身影和小小的人儿，远远看上去，画面格外温馨。

当接受记者采访时，这位父亲说，他是一名中学老师，女儿在自己的影响下喜欢上了读书。

"她现在能认识500多个字了，对玩手机没什么兴趣，反而更喜欢读书，而且现在是她自己想读书，不是我要求她去读。"

孩子才3岁，就已经养成了自我阅读的好习惯，这位父亲，功不可没。

---

① https：//www.sohu.com/a/386778933_99897509.

这条新闻下看到了这样一句评论：很多父母都要求孩子多读书，可自己却根本做不到放下手机。如果一个家庭没有可以作为榜样的人，那出生在这个家庭里的孩子95%的可能也不会有多优秀。

相比母亲似水般的温柔，父亲如山似的威严更容易让孩子模仿和跟随。

童话大王郑渊洁曾写过一本书，名《父亲的含义是榜样》，书中提到了他父亲对他的教育方式及他自己作为父亲对儿子的教育方式。

郑渊洁的父亲名叫郑洪升，在郑洪升看来，对孩子最好的教育就是身教。

"关键看父母当着孩子做什么，而不是说什么。对孩子说得再多都不一定有用，有时还会起到反作用。"

一个好父亲胜过一百个好老师。在郑洪升的影响下，郑渊洁对自己儿子郑亚旗的教育，也沿袭了"身教法"。

"我以为，父亲的身教，比要求孩子考一百分管用。"

"为人父这么多年，最深刻的体会就是：闭上你的嘴，抬起你的腿，走你的人生路，演示给孩子看。"

一位合格的父亲，不一定要多么有钱、多么有本事。而是让自己和孩子一起成长，当自己成了孩子眼中憧憬的榜样，又何必担心他会走上人生弯路呢？有父亲以身作则，带头领路，家庭的未来才有方向。

母亲有温度，家才不会散

前不久读到一句关于母亲的句子：母亲是暖暖的人，像个太阳，她走到哪里，哪里就是亮堂堂的、暖和和的，空气里的温度都要跟着上升几度。我想，最好的母亲，就该是如此吧。

母亲，是一个家的温度调节器，母亲微笑的时候，全家都是暖洋洋的，母亲暴躁的时候，所有人都会小心翼翼。母亲的情绪就是家里的指南针。

很久之前，还看过这样一则新闻：一位母亲带着女儿去面试找工作，奔波了一整天，却没有一家公司想要录用她。

就在这时，女儿饿了，母亲给女儿买了根儿烤肠，但女儿不知怎么了，吃了一口就吐掉了。

母亲瞬间暴躁，对着自己的女儿又打又骂，很多路人都看不下去了，纷纷上来劝解。没想到路人这样一劝，更加激怒了母亲，她马上朝着女儿一脚踢去……

这种事不是个例，总有些母亲习惯性把自己的孩子当作私有物品，一旦遇到什么不开心的事，负面情绪涌上头，就会把孩子当作出气筒。

遭到反对，还会理直气壮地说："都是孩子不懂事。"

然而她们却从来没想过，母亲的焦虑、暴躁、不耐烦、冷淡、敷衍、鄙夷等负面情绪，都会对孩子的心灵造成无形的伤害。等到发现时，再改，已为时晚矣。

孩子天生就对母亲有说不出的依赖

谁都希望家里有个慈母：她能原谅小错误，能宽容不完美；她偶尔会软弱，又时常一个人坚强；她特别爱唠叨，但很少乱发脾气。

她普通却又不普通，她伟大却又不伟大。有这样的她，家才不会散。

"最好的家庭教育，就是父母要做最好的自己。"

父亲是父亲，不过分夸大自己的优点，也不故意隐藏自己的缺点，而是坦然地用行动给孩子做最好的榜样。我们可以有不足，但绝对不能不进步。

母亲是母亲，不会因为一点小事就影响自己的情绪，也不会随意就把自己余生的期望全部寄托在孩子身上。无论遇到什么事，尽量心平气和地说话，而不是声嘶力竭地爆发。

如此，孩子才能是一个健康优秀的孩子。家长好好学习，孩子才能天天向上，家庭也才能蒸蒸日上、兴旺发达。

3. 高校教师的教育引导

教师是通过师范教育、入职辅导、在职培训、同伴传帮带、自我教育等一个科学系统的专业发展过程而成长起来的，具备专业的教育教学理论基础和实践经验。教师对于大学生学习的教育与指导更具专业性、科学性和实效性。高职院校教师在高职学生成才成长过程中交往最为密切，作用最为明显，影响最为重要。作为专职教育工作者，高职院校教师除了应该具备爱国守法、敬业爱生、教书育人、严谨治学、服务社会、为人师表的职业道德，还应具备广博的专业知识、精深的专业能力和崇高的专业精神等，在培养高职学生的教育教学工作中起着最为直接有效的影响。尤其是教师传授给学生针对性的学习指导，对提高学生的学习效率，会起到立竿见影的效果。

4. 社会环境的氛围营造

学生是在一定的环境中生活和成长的，教育是环境中的重要元素。我们知道，教育主要包括学校教育、家庭教育和社会教育，除了良好的学校环境和家庭环境，整体的社会大环境对大学生的学习也有着重要的影响。整个社会环境的和谐稳定，尤其是学习型社会的构建、终身教育理念的深入，能给高职学生营造一个良好的学习环境氛围，更有利于大学生学习积极性的提高和学习效率的提升。

5. 教育制度的导向激励

在外部环境中，还有一个重要的影响因素，那就是相关的教育制度。针对高等职业教育的各类制度的科学规范，譬如相应的教育管理制度、考试考核制度、就业创业制度等政策的正确导向，对高职学生的学习具有积极的引导和重要的激励作用。

（二）"硬件"的构建

提及学习环境硬件的建设，首先要明确学习场景的概念。所谓学习场景，简单来说，就是大学生学习的场所和背景。学习场景构建的科学与否，直接或间接地影响着高职学生的学习效率。

高职院校是高职学生接受职业教育和大学学习生活的主要场所，如学生集中居住的公寓宿舍环境、上课的教室环境及整个校园的环境，这些都需要进行科学规划，合理布局，积极营造浓厚的物质文化氛围和环境文化氛围。譬如，"智能教室"的创建，依托5G、AI等信息技术，室内配置物联网设备，实现设备和场景结合，依托移动网络、基础网络覆盖，充实移动教学场景，满足全地域、全场景、全过程学习。方便大学生在图书馆、体育场、公寓、校外等不同场所随时开启一门课程，享受"沉浸式"学习。学校的整体建筑布局应实现空间、功能和配套的突破，为学生的学习、活动、交流创设更加便捷的平台和环境。

同时，需要进一步深入细化，针对高职学生学习环境的湿度、教室教学设施设备、课程安排、学习环境的座位安排等方面进行多层面、全方位的综合考虑，在提高高职学生学习效率的过程中发挥应有的作用。实现学习的泛在性，学习场景的科学设计与实施至关重要，高职院校的校园需要重构空间功能、空间技术、空间内容，以及组织师生走出教室、走出校园，进入大自然等场景中，用全然不同的"触摸方式"进行学习。总之，在这些硬件环境的设计上要充分考虑诸多影响因素的合理构建，为有效提高高职学生的学习效率做好坚实的保障。

我国战国时期思想家、文学家荀子在《劝学》中论述，"蓬生麻中，不扶而直；白沙在涅，与之俱黑……故君子居必择乡，游必就士，所以防邪辟而近中正也。"充分体现出环境在人的成长中的重要性。针对高职院校的大学生来说，学习环境的诸多因素直接或间接地影响着高职学生学习效率的提升，必须及时查找影响学习效率的环境短板与不足，总结经验教训，积极构建和营造科学的学习场景。因此，实现高职人才培养目标，提高高职人才培养质量，需要在学习环境的科学规划、合理布局和积极营造等方面做进一步的思考和实践。

第四节　教师影响学生学习效率的调查分析

　　教育作为一定社会背景下发生的促进个体社会化和社会个性化的实践活动，是一个相对独立的社会子系统。这个子系统包括三个基本要素：教育者、学习者和教育影响。教育者作为实施与促进个体社会化和社会个性化实践活动的重要人群，需要掌握学习者个体发展、教育发展和社会发展的内在规律，具备高尚的专业精神、广博的专业知识和高深的专业能力。学习者是相对于教育者而言的，在教育实践活动过程中，教育者和学习者的接触最为密切，产生的影响也就最为直接。毋庸置疑，人是教育的产物。捷克教育家夸美纽斯在《大教学论》中提出，"我们已经知道，知识、德行、虔信的种子是天生在我们身上的；但是实际的知识、德行与虔信却没有这样给我们。这是应该从祈祷，从教育，从行动去取得的。——实际上，只有受过一种合适的教育之后，人才能成为一个人"。[①] 夸美纽斯在这里论述的"人"，不只是一种生物意义上的人，而是一个德智体美劳全面发展的完整意义上的"人"。

　　本书讨论的学习效率，不是仅仅站在高职学生所谓"学习成绩"或者"成才"的视角来考量学生的学习效率，而是以培养高职学生德智体美劳全面发展的"人"的视角来审视高职学生的学习效率，让学生在尽可能短的时限内迅速成长成为全面发展的完整意义上的"人"。

一、高职教师在学生成"人"过程中的重要性

　　古今中外，对于教师在培育人才和社会发展中作用的论述不胜枚举。韩愈提出"师者，所以传道授业解惑也"；苏联教育家加里宁称教师是"人类灵魂的工程师"；英国哲学家培根称教师为"科学知识的传播者，文明之树的栽培者，人类灵魂的设计者"；捷克教育家夸美纽斯称"教师是太阳底下最崇高的职业"，这些论述足以说明教师是人才培养和社会发展中的重要担当。"教师既指一种社会职业，又指这一职业的承担者。作为社会职业的承担者，从广义看，教师是泛指传授知识、经验、技能的人；从狭义看，

---

　　① 夸美纽斯. 大教学论［M］. 傅任敢译. 北京：教育科学出版社，1999：24.

教师专指学校的专职教师，是指接受一定社会的委托，受过专门教育和训练，在学校中以对学生的身心施加特定的影响，把学生培养成为一定社会所需要的人为主要职责的专业人员。"① 众所周知，百年大计，教育为本；教育大计，教师为本。教师在传播知识、思想、真理，在塑造灵魂、生命和人的工作中的重要作用是毋庸置疑和不可替代的。高职教师的教育教学活动影响高职学生学习生活的全过程、全方位，他们的思想政治素质和道德情操直接或间接地影响着高职学生世界观、人生观、价值观的养成，关系着国家和民族的未来与希望。

（一）培养学生成"人"是教师的职责与使命之所在

《国家中长期教育改革和发展规划纲要（2010—2020）》指出，我国的教育目的是：全面贯彻党的教育方针，坚持教育为社会主义现代化建设服务，为人民服务，与生产劳动和社会实践相结合，培养德智体美全面发展的社会主义建设者和接班人。在践行我国教育目的、实现高职人才培养目标的过程中，高职院校教师的重要性不容置疑。在高等职业教育教学实践过程中，教育者与学习者，也就是教师与学生互动接触最为直接和密切，直接或间接地影响着高职学生的学习效率。高职教师作为从事高等职业教育教学工作的专职人员、专业人士，承担着教书育人、传承民族文化、提升民族素养、培养高素质技术技能型后备建设者的神圣职责和使命，对高职学生的思想教育、知识传播和技能传授起着显著的影响。

（二）国家对教育重要性意识的增强与科学举措的实施

伴随人类社会的发展，教育早已成为推进社会健康可持续发展的关键动力源，众多国家都把教育事业放在国家战略和优先发展的层面。2014年9月9日，习近平总书记同北京师范大学师生代表座谈时指出，一个人遇到好老师是人生的幸运，一个学校拥有好老师是学校的光荣，一个民族源源不断涌现出一批又一批好老师则是民族的希望。2017年10月18日，习近平总书记在中国共产党第十九次全国代表大会上的报告指出，建设教育强国是中华民族伟大复兴的基础工程，必须把教育事业放在优先位置，深化教育改革，加快教育现代化，办好人民满意的教育。在教育事业健康发展的过程中，作为从事教育工作的一线人员，教师的作用与功能更加凸显。国家发布各级各类优先发展教育的政策措施，更好地推进了教育的发展。譬如《国家职业教育改革实施方案》明确指出，把发展高等职业教育作为优化高等教育结构和培养大国工匠的重要方式，使城乡新增劳动力更多地接

---

① 柳海民．教育学概论［M］．北京：北京师范大学出版社，2015：314．

受高等教育。诸多惠教政策的出台，给高等职业教育创造了更宽广的发展空间和机遇。

（三）教育规律和经济发展使然

"培养什么人、怎样培养人、为谁培养人"是教育探讨的根本话题，教育应以"完善人格、开发人力、培育人才、造福人类"为目标，致力于培养德智体美劳全面发展的建设者和接班人。20世纪90年代，顺应我国经济社会和区域发展的现实需求，高等职业教育逐步发展并日益凸显其在经济发展中的重要作用。事实表明，高等职业教育的蓬勃发展有力推动了我国高等教育的大众化进程，为我国经济社会输送了大批量的技术技能型人才，有力地推动了经济社会的稳定健康发展。作为高等教育的一种类型，高职院校主要培养面向生产、建设、管理、服务一线，具有一定理论知识、较为丰富的实践经验、良好的职业道德和一定创新能力的发展型、复合型、创新型技术技能人才。高等职业教育除了遵循教育发展的基本规律之外，由于其培养人才的特殊性，高等职业教育又有别于普通教育而独具自身特色的教育理念和发展之道。万变不离其宗，高等职业教育目标的实现主要还是要依赖高职院校教师的"教书育人"。

（四）高等职业教育的现状有待提高与革新

现实情境下，部分高职院校的教师多在关注所教学科的"书本内容"、学科知识的更新，以及如何提高自身的学历和职称，所以把教学工作仅仅充当知识的传播器，局限于完成教学任务，把"书"教好，做好"教书匠"，仅仅停滞在"教书"的层面，"育人"的功能未能有效发挥。习近平总书记曾说，没有理想信念，精神上就会"缺钙"，就会得"软骨病"。高等职业教育不仅要培养技术技能的"智者"，更要培养有坚定理想信念的"强者"。高职院校的教师在做好知识传递和技能传授的基础上，重在培养学生远大的理想信念，树立正确科学的人生观、价值观和世界观，适应日新月异的时代变化，学会求知、学会做事、学会共处、学会做人，沿着既定的人生目标不懈努力追求，实现自我人生价值，成为一个理想信念坚定、责任意识强烈的社会主义建设者和接班人。

二、高职教师对高职学生学习效率的影响

为精准了解高职教师对高职学生学习效率的影响程度，证实高职教师在高职学生成"人"方面的重要影响，我们从高职教师的专业精神、专业知识、专业能力等维度，通过网络调查问卷，在高职院校的学生中调查分析高职院校教师对学生学习效率的影响程度。

共有 1270 名高职院校的大学生参与本次网络问卷调查，男生 877 名，占 69%；女生 393 名，占 31%，其中大一学生占 43%，大二学生占 31%，大三学生占 26%。

（一）教师的专业精神

教师的专业精神是指教师所应具备的理想信念、价值操守、道德情操等综合素质，主要包括正确的教育理念、崇高的敬业精神、高尚的职业道德、健康的个性品质。专业精神是教师从事教育工作必备的基本素质，教师专业精神的优劣对学生起着潜移默化的积极或消极影响。

根据问卷调查结果，教师的专业精神中，正确的教育理念、崇高的敬业精神、高尚的职业道德、健康的个性品质四者对于学习效率都有重要的影响。相比而言，正确的教育理念影响最大，达 89%，足以表明教师的教育理念在教育教学工作中的首要性和重要性。其次，教师崇高的敬业精神影响达 80%，高尚的职业道德影响达 79%，教师的个性品质影响达 73%，表明三者在教学过程中均有一定的影响，都不可忽视（见图 3-23）。

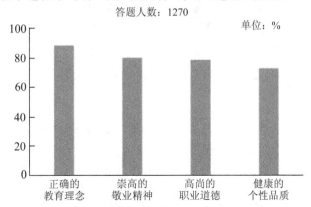

图 3-23　教师的专业精神对学习效率的影响

1. 教师的教育理念

高职教师的教育理念是指高职教师在对高等职业教育本质理解的基础上形成的理性认识和价值观念，主要包括学生主体观、教学交往观、教学评价观、创造人才观、人本管理观等。"教师在肩负教书育人使命的同时，首先应该对教育的原理有深刻的领会和理解，在此基础上形成自己正确清楚的教育观念、教育理想与信仰及教育价值取向，这样才能有正确的教育态度与合理的教育行为，才能在发挥学生的主体性和能动性、组织教育教学活动、培养学生人格和才能等方面发挥恰当而有效的主导作用。"① 教师在教育教学工作中，首先要树立正确的教育理念，做好教育教学工作的科学引领。

就教师的教育理念，我们从学生主体观、教学交往观、教学评价观、创造人才观和人本管理观等五个层面做进一步深入调查，结果显示，学生主体观影响最大，为79%；其次是教学交往观为76%（见图3-24）。调查表明，教师在教育教学中需要充分发挥学生主体地位及师生之间的交流互动。

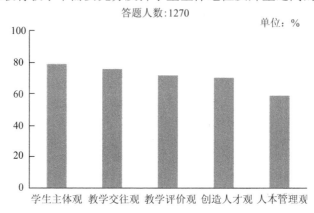

图 3-24　教师教育理念对学习效率的影响

2. 教师的敬业精神

教师的敬业精神表现为教师忠于教育职业的热爱，全身心忘我投入教育事业，享受教书育人的成就感与幸福感，实现自我的人生价值。"表现在教育实践中，一是具有以师为乐的人生态度生活方式，即把为师从教作为终生追求并乐在其中的生活方式，而不是简单的谋生手段；二是以师为荣的人生价值实现方式，即有为师从教的光荣感和自豪感，把教育工作当作人生价值的重要体现；三是以师为贵的生命意义存在方式，即把为师从教作为人生的全部意义和生命价值的重要体现。"②

针对教师的敬业精神，我们从以师为乐的人生态度生活方式、以师为荣的人生价值实现方式、以师为贵的生命意义存在方式三个层面做进一步深入调查，结果显示，以师为乐的人生态度生活方式影响最大，为85%，其次两者分别为83%、72%，足以说明三者的重要性（见图3-25）。

① 柳海民 . 教育学概论［M］. 北京：北京师范大学出版社，2015：328.
② 柳海民 . 教育学概论［M］. 北京：北京师范大学出版社，2015：328.

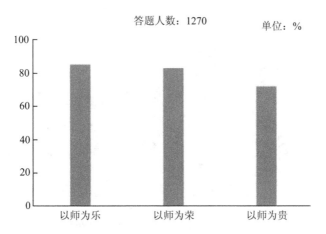

答题人数：1270　　　　　　　单位：%

图 3-25　教师敬业精神对学习效率的影响

3. 教师的职业道德

生活中我们经常听到"医者仁心""为人师表"等话语，这些是对医护人员、教育行业人员职业道德的真实写照。在现实生活中，无论从事哪个职业，除了要具备该职业的职业技能，更为重要的是要具备该职业的道德规范。教师的职业道德是指教师在教育教学活动中应该遵守的道德规范和行为准则，根据《高等学校教师职业道德规范》，高校教师的职业道德主要包括爱国守法、敬业爱生、教书育人、严谨治学、服务社会、为人师表。习近平总书记在 2016 年 12 月全国高校思想政治工作会议上强调，要加强师德师风建设，引导广大教师以德立身、以德立学、以德施教。我们说，桃李不言，下自成蹊，教师的职业道德会对学生产生潜移默化的影响。从某种意义上来说，职业道德比职业技能更重要。可以想象，一个职业技能高超的 IT 人员，若把技术技能运用到电信诈骗等违法乱纪的活动中，会对社会造成严重的后果和恶劣的影响，就完全违背了教育的初衷。

针对教师的职业道德，我们从爱国守法、敬业爱生、严谨治学、服务社会、为人师表五个维度进行调查比较。结果显示，敬业爱生影响最大，为 88%，为人师表为 83%，严谨治学为 83%，爱国守法为 80%，四者影响都比较明显，相对而言，服务社会为 69%，影响偏小（见图 3-26）。

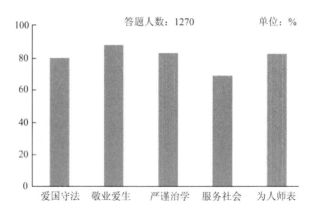

图 3-26　教师职业道德对学习效率的影响

4. 教师的个性品质

教师是人类灵魂的工程师，是学生成长的引路人。教师不仅仅传授知识，重要的是给学生心灵的感化，培养德智体美劳全面发展的完整意义上的人。教师是通过教育教学活动给学生施加影响，学生通过接受、理解文化知识，逐步内化升华为自身的文化精神特质。我们常说，上行下效，教师的个性品质对学生有着潜移默化的影响，对学生个性品质的养成起着润物细无声的作用。因此，教师健康健全的个性品质是培养学生优良个性品质的前提和基础。

就教师的个性品质，我们从乐观的人生态度、积极的工作动机、正确的自我意识、稳定的自我调控四个层面做进一步调查，结果表明，乐观的人生态度在教师的个性品质中最为重要，为 87%，其次，积极的工作动机为 85%，正确的自我意识为 80%，稳定的自我调控为 71%（见图 3-27）。可见，教师的个性品质对学生的影响很重要。

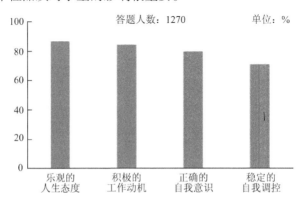

图 3-27　教师个性品质对学习效率的影响

（二）教师的专业知识

师者，所以传道授业解惑者也。的确，教师主要通过教育教学活动向学生实施积极的干预和影响。"教学是教师的教和学生的学所形成的一种双边活动。通过这种活动，教师有目的、有计划、有组织地引导学生积极自觉地学习和加速掌握文化科学基础知识和基本技能，促进学生多方面素质全面提高，使他们成为社会所需要的人。"①

教师的专业知识是教师从事教学工作的基础和前提，根据调查结果，教师的教育学知识和心理学知识对学习效率影响较高，分别为 86% 和 79%，教学法知识为 71%，学科知识 72%、管理学知识 70%（见图 3-28）。可见，掌握教育学知识和心理学知识是教师做好教学工作的前提和基础。

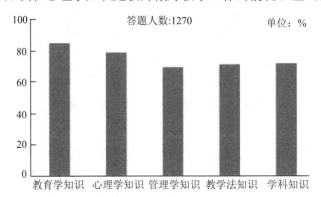

图 3-28　教师专业知识对学习效率的影响

就教学法方面的知识，我们分别从教学原则、教学方法、教学环节、教学组织形式等四个层面做进一步深入调查。

1. 教学原则

如同世上万物的发展都要遵循一定的规律和原则一样，高职教师在开展教学活动之初必须遵循相应的教学原则。有关教学原则的概念见仁见智，王策三认为，教学原则作为教学中隐藏的一种规律，不仅规范着教育者的行为，更统领着教学活动的全局，它以一种"要求"的形式，让教育者和受教育者共同遵循。通常认为，教学原则是根据一定的教学目的和教学规律，为教学活动制定的要求、规范等基本准则。比较常见的教学原则有科学性与思想性相结合原则、理论联系实际原则、直观性原则、巩固性原则、启发性原则、循序渐进原则、因材施教原则等。高职教师遵循不同的教学

---

① 柳海民.教育学概论［M］.北京：北京师范大学出版社，2015：222.

原则，对学生的学习效率会产生不同的影响。

调查结果显示，科学性与思想性相结合的教学原则对学习效率的影响最大，比例为85%；直观性原则最低，比例为57%（见图3-29）。

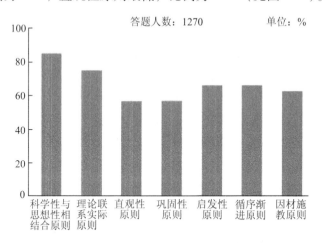

图 3-29 教师教学原则对学习效率的影响

2. 教学方法

高职教师教学活动的开展需采用科学的教学方法。方法是指为实现活动目的而采取的路径、手段等。教学方法是指教师和学生在教与学的过程中，为实现教学目标、完成教学任务而使用的各种途径、手段或方式。教师在实施教学活动中必须掌握运用科学的教学方法，结合教学状况及相关因素，才能保证教育教学任务的顺利完成。国外有影响的教学方法主要有布鲁纳的问题教学法、斯金纳的程序教学法、瓦·根舍因的范例教学法等，国内主要有讲授法、讨论法、演示法、参观法、练习法、实践法等（见图3-30）。

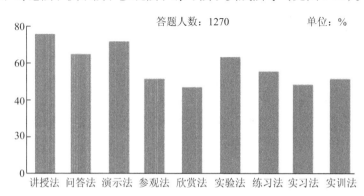

图 3-30 教学方法对学习效率的影响

3. 教学环节

高职教师根据课程内容选择适当的教学方法，通过相应的教学环节组织实施教学活动，对学生进行文化知识与技能的传授。教学环节指教师在实施教学活动过程中采用的一系列步骤，主要包括备课、上课、作业、辅导、考核等，教学中的每一环节的精准设计与科学实施，对学生的学习效率都会产生一定的影响。

调查结果显示：在教学环节中，上课对学习效率的影响最大，占比87%；考核影响最低，仅占54%（见图3-31）。可见，抓住课堂是提高学生学习效率的关键所在。

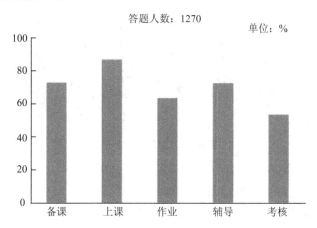

答题人数：1270　　　　　　　　　　　单位：%

图 3-31　**教学环节对学习效率的影响**

4. 教学组织形式

对于教学组织形式的界定也是见仁见智。裴娣娜认为，"教学组织形式是指为完成特定的教学任务，教师和学生按照一定的制度和程序相互作用的结构形式，或者说，是师生的共同活动在人员、程序、时空关系上的组合形式。"① 通常来讲，我们认为教学组织形式就是师生在教学活动中按照一定的原则和方法，为完成特定教学任务而组成的组合结构。一般包括个别教学制、班级授课制、分组教学制、现场教学、设计教学（由学生自发决定学习目的和内容，在学生自己设计、自己负责实行的单元活动中，获得有关的知识和解决实际问题的能力）、道尔顿制（学生个人自学代替课堂讲授，由教师把各科学习内容制成按月划分的作业大纲，规定应完成的各项任务）等。

---

① 裴娣娜. 教学论 ［M］. 北京：教育科学出版社，2007：223.

调查结果显示，设计教学法的组织形式最高，达64.4%；其次是班级授课制，为63.8%；个别教学的认可率最低，为39%（见图3-32）。可见，对于高职学生来说，相对而言更易于接受设计教学法和班级教学的组织形式。

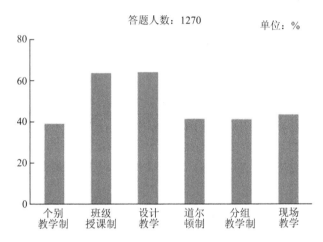

图 3-32　教学组织形式对学习效率的影响

（三）教师的专业能力

教师的专业能力指教师将专业知识运用到解决教育实际问题中的技能，主要包括教育能力、教学能力、教育管理能力、教研能力等（见图3-33）。

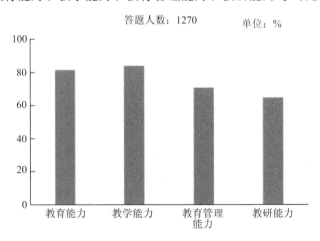

图 3-33　教师专业能力对学习效率的影响

1. 教育能力

教育家苏霍姆林斯基曾指出，只有教师的知识面比学校教学大纲宽广得多，他才能成为教学过程的精工巧匠。教师不仅应精通所授专业学科扎实而广博的知识，还需要通晓社会学科、自然学科知识，以及教育学、心理学、教学法等教育科学知识。高职教师需要博学多才，能够在学科教学中有效融入思想教育，寓教于学，加强理想信念教育，引导学生形成正确的世界观、人生观、价值观。调查结果表明，教育能力对学习效率影响的比例为82%，在教师的专业能力中仅次于教学能力。

2. 教学能力

教师的教学能力作为专业化教师必备的完成教学任务的专业能力，调查结果显示，教学能力对学习效率影响最大，为84%。教学能力和教育能力的调查结果验证了教师的工作——"教书育人"的重要性。

针对教师的教学能力，我们从教学设计能力、教学组织能力、教学实施能力、教学应变能力、教学反思能力、教学评价能力、教学交往能力、教学创新能力和教学媒体能力等九个层面做进一步深入的调查。结果发现，教学设计能力、教学组织能力、教学实施能力、教学应变能力影响相对高一些，分别为：76%、75%、71%、70%（见图3-34）。教学设计能力、教学实施能力、教学媒体能力、教学反思能力、教学评价能力具体如下：

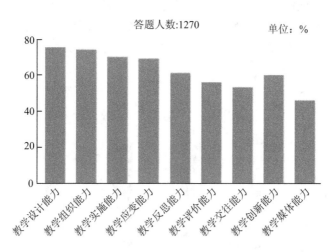

图3-34 教师教学能力对学习效率的影响

（1）教学设计能力

教学设计是根据教学对象和教学目标，确定合适的教学起点与终点，能够对教学目标、教学内容、教学媒体、教学策略、教学评价等教学要素和教学环节进行分析、计划并做出具体安排，形成教学方案的过程。它以学习理论、教学理论和传播论为基础，运用系统论的观点和方法，分析教学中的问题和需求，从而找出最佳解决方案。[①]

教学设计能力是在教学内容和学生水平全面精准考虑的基础上，设计总体教学计划、教学进程、教学方法和教学组织形式的能力。简言之，就是教师在课前对教学过程中的各要素进行最佳优化组合的能力。主要包括课堂教学目标设计的能力、教学计划构建的能力、教学内容设计能力、教学方法选择与设计能力、教学模式组织与设计能力、教学问题解决的设计能力等。

就教学设计能力而言，教学方法的选择影响最大，为79%，足见方法选择的重要性。其次，教学计划构建为77%，教学形式安排为74%，教学问题解决为65%（见图3-35）。

（2）教学实施能力

教学实施是实现教学目标的中心环节。教学实施能力是指教师在教学过程中有效执行教学方案、开展教学活动、运用教学策略、解决具体问题等实现教学目标的能力。具体表现为拓展学生学术视野、激活思维方式、培养创新智慧、优化知识结构、讲透实质知识、讲准内容知识等。

就教学实施能力而言，其中拓展学生学术视野、激活思维方式、培养创新智慧影响较大，分别为76%、73%、70%。讲清发展知识最低，为47%（见图3-36）。调研结果给教师在教学实施能力的提高方面指引了方向。

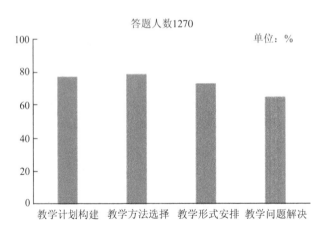

图3-35　教师教学设计能力对学习效率的影响

① 柳海民. 教育学概论［M］. 北京：北京师范大学出版社，2015：229.

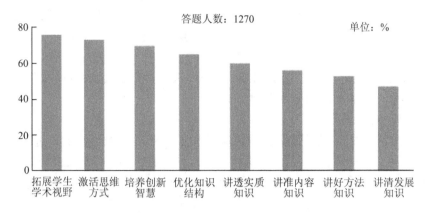

图 3-36 教学实施能力对学习效率的影响

（3）教学媒体能力

媒体是指承载、加工和传递信息的介质或工具。教学媒体作为教育信息和教学内容的载体和表现形式，是师生之间信息传递交流的工具。教学媒体表现为实物、口头语言、图表、图像、动画等。教学媒体的使用，改变了学生的认识和理解方式，有利于激发学生的学习兴趣，提高学生的学习效率。高职院校的教师，应该在运用好传统教学媒体（黑板、粉笔、教科书）的基础上，学会利用现代教学媒体，包括投影机、幻灯机、录像机等多媒体教学仪器。

调查结果显示，教学媒体能力在教师的教学能力中对学生学习效率的影响最低，为47%。可见，媒体的使用在教学中有一定的帮助，但只能起到辅助的作用，教师必须重视和抓住核心的能力因素。

（4）教学反思能力

教师的成长离不开反思。美国心理学家波斯纳提出，教师成长＝经验＋反思。反思能力是以自己开展的活动为思考对象，对自己的决策、行为、方法，以及由此产生的结果进行批判性审视和分析的能力。教学反思能力就是教师在教学实践过程中对自身的教学活动不断进行诊断、审思，以教学内容和活动作为认知对象，对教学行为和教学过程进行批判的、有意识的分析与再认识的能力。叶澜教授曾说过，一个教师写一辈子教案不可能成为名师，如果一个教师写三年教学反思，就有可能成为名师，若能坚持，成不了名师也能是成功之师，但是如果一个教师仅仅满足于获得而不对经验进行深入的思考，他可能永远只停留在一个新手型教师的水准上。可见，教学反思对教师成长的重要性。因此，高职教师在从事教育教学活动过程中，需要通过转换学科领域、转换立场、转换时空等途径，经常反思课程、反思教学、反思育人、反思自我等，对自身行为经验、教训进行总结和改进，激活教师教育教学智慧，提升自身的教育教学能力。调查结果表明，教学反思能力影响学习效率的比例为62%。由此可见，教师进行教学反思，会间接影响学生的学习效率，教师不应轻视。

（5）教学评价能力

教学评价能力是教师在教学活动过程中，针对知识与技能、过程与方法、情感态度等方面，以目标多元、方式多样的原则，将量化评价和质性评价相结合，构建多元、闭合的评价体系，对学生进行全面评价反馈的能力。教学评价主要是针对教师教学工作和学生学习效果的评价，是教学活动不可或缺的重要环节之一。教学评价要从整体上控制教学活动的进程，促进教育教学系统不断优化，发挥判断、导向和激励、调控等多种功能，保证教学任务的完成和教学目标的实现。调查结果显示，教学评价能力影响学习效率的比例为57%，在教师的教学能力中占比相对较低。

3. 教育管理能力

教育管理能力指的是教师对于教育教学活动、班级、团队等的管理能力，体现在精于顶层设计、勤于过程操作、善于总结凝练、成于管理文化，呈现出定位有前瞻性、内容有系统性、方法有操作性、成果有标志性。教师的教育管理能力是提升教育教学水平的前提和基础，教师在理解教育目的、教育政策和法规的基础上，通过熟悉管理学的相关知识，发挥管理的智慧与技巧，将常规管理和动态管理相结合，营造良好的学习和工作环境，从而使教育教学工作生动高效，顺利完成教育教学任务。

调查显示，教学管理内容系统全面性影响最大，为80%；其次分别为教学管理方法过程有效性占76%，教学管理顶层设计前瞻性占74%，这三者相对影响较大，教学管理总结提升理论性影响相对较小，为62%（见图3-37）。

4. 教研能力

教研能力指的是教师的教育教学研究能力。高职教师不仅要做好教学工作，还要做教研工作，以教学奠定科研基础，以科研提升教学质量，教学与科研相互促进，相得益彰。苏霍姆林斯基提出，"如果你想让教师的劳动能够给教师带来乐趣，使天天上课不至于变成一种单调乏味的义务，那你就引导每一位教师走上从事研究这条幸福的道路上来。"[①] 教师要善于总结教学经验，针对教育教学过程中遇到的问题进行研究，探索新的教学方

① 苏霍姆林斯基. 给教师的建议［M］. 杜殿坤，编译. 北京：教育科学出版社，1984：494.

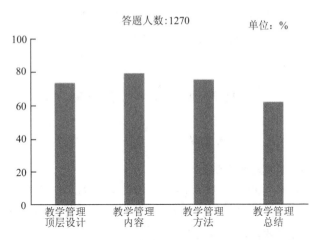

图 3-37　教管能力对学习效率的影响

法或模式。同时开展创造性和创新性思考，进行教育理论的研究，成为学者型教师，适应知识经济时代的教育挑战。

调查结果显示，在教师的教研能力中，研究教学实践能力为76%，研究学生能力为73%，研究教学理论为70%，三者相对学生影响较大，解决问题能力最低，为61%（见图3-38）。

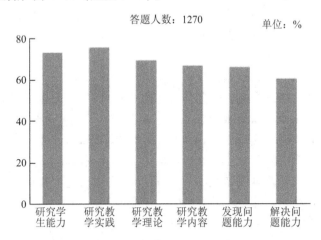

图 3-38　教师教研能力对学习效率的影响

通过对问卷调查结果的统计分析，不难看出，高职院校教师的专业精神、专业知识和专业能力对高职学生发展"成人"的学习效率均有着或直接或间接、或大或小的影响。同时，也可以看出，不同的因素影响明显不同，有的差异很大。因此，由于不同因素的影响程度不同，教师应根据自身、学生和环境等实际情况，在实际的教育教学工作中做好科学的教育教学方式方法的选择与运用，力求更好更快地提高高职学生的学习效率。

案例导引

高效课堂教学18种方法汇编①

高效课堂教学基本常识

（一）高效课堂教学的含义

高效课堂教学是指班级授课的高效率、高效益、高效果。具体来讲就是要以尽量少的时间和师生物化劳动，靠提高课堂45分钟师生教与学的效率实现最优的教学效果，最好的教学效益。

（二）高效课堂教学的特征

最大限度地把课堂还给学生，发挥学生的主体性、主动性和创造性，让学生"身动、心动、神动"，最通俗地说就是让学习、进步和成长"发生"在学生身上。

（三）高效课堂的实施要诀

高效课堂教学要做到"三讲四坚决"：即讲易混点、讲易错点、讲易漏点，"讲"不等于讲解，而是点拨。"四坚决"是学生自学会的坚决不教；学生通过讨论会的坚决不多讲；学生需要动手的教师坚决不包办代替；课堂作业坚决当堂完成。

（四）高效课堂的评判标准

判断一堂课是否是高效课堂，主要有"八看"：一看教学目标是不是落实了"三维"要求；二看教学程序是不是实现了"先学后教"；三看课堂上是不是由"教教材"变成了"用教材"；四看教师的角色是不是由"主演"变成了"导演"；五看学生的角色是不是由"观众"真正变成了"主角"；六看教学手段是不是实现了现代化；七看教学过程是不是由封闭走向了开放；八看课堂教学效果是不是实现了"堂堂清"。

（五）高效课堂的基本模式

高效课堂要"有法可依"，这个"法"就是教学模式，教学模式既规范"教的方式"，也规范"学的行为"，常用的有三个基本模式：

---

① https://mp.weixin.qq.com/s?__biz=MzU2MTU3NjAwMQ==&mid=2247488287&idx=1&sn=a32aad0d3df01d3e6969920655374008&chksm=fc77f231cb007b270352719f129c3210ebfa52b21d5d3bf69befcd9e71df4d3fdc2409e34f7ascene=21#wechat_redirect.

1. "10+35" 模式。即教师用前 10 分钟分配学习任务和予以点拨引导，学生用后 35 分钟进行"合作探究、展现拔高、穿插巩固、达标测评"。

2. "10+30+5" 模式。即前 10 分钟用来预习交流，引导学生归纳出疑点、发现问题；中间 30 分钟，教师针对各小组提出的问题迅速进行整理并结合自己准备好的新课教学设计，进行点拨、引导、分析、讲解；后 5 分钟，通过测评让学生迅速整理本节课的知识结构及知识要点。

3. "35+10" 模式。即前 35 分钟，让学生充分展示上节课后 10 分钟加课下自主预习的成果，学生通过追问质疑，提升学习目标，拓展出更多的相关内容，从而达到"举一反三"的目的。后 10 分钟，教师要围绕导学案（学生学习的路线图和方向盘）引领学生做下节课的"预习"。

高效课堂教学方法

一、项目教学法

项目教学法是制定、指导有实际意义的项目与计划，组织学生自主设计项目实施计划，进行自主学习、践行、操作，以培养学习能力、方法能力、社会能力与提高素质为目标的教学模式。

项目教学法的基本环节

（一）分析教学内容，确定项目任务

1. 所选项目应紧扣教学大纲和教学目标。

2. 项目的难易程度应适宜。

3. 项目应具有一定的实用价值。

（二）项目教学准备期

1. 教师的准备：首先应对项目任务进行分析和研究，查阅大量的资料，收集相关的知识及案例，了解所选企业相关情形和背景状况；接着制定好项目工作计划和项目活动评价表等指导性的资料；最后要向学生作简要的实施动员，向学生说明项目的意义与作用，激发学生完成项目的兴趣。

2. 学生的准备：项目教学法是以学生为主体的开放式教学方式，学生必须认真对待，提前阅读相关教材，准备一定相关知识，注意预习相关课程，获取相关企业资料，为进入企业做好前期准备工作。

（三）项目实施阶段

第一步就是对所教班级的学生进行分组建立合作学习小组，也就是项目开发小组。第二步是按计划完成项目。

（四）项目成果的提交与评价

总评应体现公平、公正、公开的原则，应采取学生自评、互评和教师总评的方式。评价还应结合不同项目的特点，从"知识与技能""过程与方法""情感态度和价值观"三个方面，将项目评价和学生个人评价有机结合。

教学示例：

《电子技术基础》项目教学法展示实例

（1）确定项目

普通直流电源具有输出电压不稳定及输出电压不可调节等缺点。设想制作一个电压稳定而且可以在一定范围内调节的直流电源。

（2）制订计划

全班42名学生分成6组。每组同学根据课本中所学到的串联稳压电路，通过分析计算，选择不同的元器件，在印刷线路板上进行焊接，最终得到不同输出电压的直流电源。

（3）实施计划

①教师介绍电路组成及分析工作原理。

②学生通过分析计算各相关元件的参数，自行选择合适的变压器、二极管、三极管、稳压管、电阻、电位器等。（教师提供多种类型的上述元件）

③学生熟悉印刷线路板及接线图。

④学生按各组成部分开始进行焊接，一部分完成后，用万用表及示波器及时观察，检验是否有误。确定制订实施检查推广。

⑤全部焊接完成后，学生测量其输出电压正确与否，并通过调节电压器观察其调节范围是否符合要求。

（4）检查评估

各组派代表将本组的直流电源的设计目标、主要元件的选择及最终结果向全班说明，完成后将作品放置在展示台上，然后由教师与各组代表对作品进行检测评比。

（5）推广应用

对合格的直流电源加上合适封装后，应用到家用录音机、手机充电器等电器中。

二、行为导向教学法

行为导向是一种基于实际工作的教学方法，是以活动为导向、以人的发展为本位的全面提高学生的综合能力的职业教学方法。

运用行为导向教学法的要求

（一）根据专业、课程及课型选择不同的教法

行为导向作为一种教学思想，实际上包括模拟教学、案例教学、项目教学和角色扮演等多种具体的教学方法。教师应该根据专业、课程、课型及训练目标的不同而选择不同的教学方法。

（二）正确处理教师与学生的关系

在行为导向教学中，学生是学习的主体，教师只起主导或者引导的作用。行为导向教学法在教学时间分配上，教师讲授的时间一般不超过30%，70%以上的时间是学生在教师引导下完成学习任务。

（三）树立"用教材"的教学思想

"用教材"要求教师对现有教材进行处理，除了根据新知识、新工艺、新技术要求对教材内容及时进行适当增删外，在教学设计时还要具体对每个模块的内容进行处理，以应用为目标，根据行为导向教学法的要求，打破教材体系，按照"提出问题—解决问题—归纳分析"的思路，重新设计教学步骤和教学方法。

（四）教师要转变教学风格，做"主持人"

1. 当好"主持人"的工作原则。

2. 要培养学生独立工作的能力。

3. 关注学生的优点，少讲不足。

（五）让学生以团队的形式进行学习

1. 老师要为学生组织和编制好小组，建立以学生为中心的教学组织。

2. 让学生在自主学习过程中学会学习。

3. 不断地让学生学会使用展示技术来展示自己的学习成果。

（六）按照职业活动的要求组织好教学内容

把与活动有关的知识、技能组合在一起让学生进行学习；教学要按学习领域的要求编制好教学计划；明确教学要求、安排好教学程序；要事先确定通过哪些主题来实现教学目标。

教学示例：

《机械基础》引导文法展示实例

（1）学习领域：齿轮变速、变向机构的工作原理。

（2）任务描述：学生通过引导文，以团队的形式学习齿轮变速、变向

机构的工作原理。

（3）目标群体：技工学校一年级学生，6人一组，学习时间为2课时。

（4）学习目标：通过学习，要求学生在专业能力方面掌握齿轮变速、变向的工作原理和运动规律。方法能力方面培养学生的动手能力和学习方法。在社会能力方面，培养学生的合作能力和协调能力。

（5）获取信息：学生从教师所提供的资料（设备）获得信息。

① 一些齿轮变速、变向机构的教学挂图。

② 一些齿轮变速、变向机构的实物模型。

③ 引导文。

（6）提出问题：

① 运用变速滑移齿轮的变速机构的运动规律和传动比的计算。

② 运用惰轮的变向机构的运动规律。

（7）学习过程：

① 制订计划：要求学生仔细阅读"引导文"（引导文包括变速、变向机构定义、工作原理及运动规律的介绍），并观察实物模型和有关教学图纸，研究相应的教学内容，可以向教师提问。

② 做出决定：学生以小组形式进行讨论，发挥团队作用。

③ 实施计划：按引导文的要求对模型进行操作。

④ 质量控制：教师巡视教学情况，给学生必要的指导；选定一名学生对讨论内容做好记录。

（8）展示成果：各小组派代表向全班展示本组学习的成果，即变速、变向机构的工作及运动规律。

（9）评价：

① 展示后，各组对其他组进行评价。（评价教学内容和展示技术）

② 教师评价：优缺点评价、补充。

三、案例教学法

案例教学就是一种运用典型案例将真实生活引入学习之中，"模仿真实生活中的职业情境"，创作"剧情说明书"用来做详细的检查、分析和理解，帮助学习者像从业人员那样思考和行动的教学方法。

案例教学法的基本环节

（一）课前准备。课前教师必须舍得下功夫，做好充分扎实的课前准备，灵活地运用教学技巧来组织引导好案例教学。

（二）明确教学目标。教学目标可分解，既要清楚通过案例解决管理领域内什么层次上的什么问题，又要明确体现出学员解决问题时所显现的能力水平；既要考虑到学生的学习能力、态度的改变，又要考虑学生的条件和状况。

（三）选择好教学案例。案例是实施案例教学的前提条件之一。因此，在明确教学目标基础上，要选择适度、适用的教学案例。所选的案例既要与教学目标相吻合；又要是教师自己能把握得了的案例，学生易于接受和认同的案例。

（四）营造良好的学习环境和氛围。在课堂策略上采取使学习者经验共享的方式，营造一个氛围，让知道者告诉不知道者，让不同经验得到交流，使学生通过学习能充分分享来源丰富的各种信息，尊重和发挥学生的学习风格，使学生真正感到他们是课堂的主体，是学习的主人。

教学示例：

《汽车交通安全》案例教学法展示实例

（1）介绍案例

教师将准备好的2个有关疲劳驾驶导致发生行车事故的案例，通过运用投影仪投影案例示意图，向学生全面介绍案例。

（2）分组分析案例

将全班42名学生分成6组，每组都对上述2个案例进行分析，要求每组推荐一名代表做好记录，代表小组陈述分析意见。其问题为：

① 事故的原因。

② 承担的责任。

③ 预防发生类似事故的措施。

（3）观察与启发

各组分析案例时，教师到各小组巡视，观察讨论情况，不发表任何意见。教师在准备案例时估计到，学生有可能忽视疲劳对人的感知的影响。所以在学生讨论中通过对几个日常生活中的小事，对疲劳进行阐述，如人疲劳时，眼睛会不由自主地闭上等，让学生了解疲劳对人的影响，有些同学立即得到启发。

（4）陈述意见

学生对教师提出的3个问题进行阐述；指导学生认真吸取别人的成果，丰富和提升自己；限时发言，不批驳别人的观点。

（5）知识整理

教师指导学生把案例中所涉及的专业知识要点展示出来。

（6）评价总结

教师对各小组观点中存在的问题进行评价总结，要重视学生分析的思维过程、表述层次和结构、语言的使用等方面的问题。

（7）作业

根据学生的思维水平，布置不同的习题，也可以是一些简单的案例。

四、任务驱动教学法

任务驱动教学法是一种建立在建构主义学习理论基础上的教学法，它将以往以传授知识为主的传统教学理念，转变为以解决问题、完成任务为主的多维互动式的教学理念；将再现式教学转变为探究式学习，使学生处于积极的学习状态，每一位学生都能根据自己对当前问题的理解，运用共有的知识和自己特有的经验提出方案、解决问题。

任务驱动教学法的基本环节

（一）创设情境

需要创设与当前学习主题相关的、尽可能真实的学习情境，引导学习者带着真实的"任务"进入学习情境，使学习更加直观和形象化。

（二）确定问题（任务）

在创设的情境下，选择与当前学习主题密切相关的真实性事件或问题（任务）作为学习的中心内容，让学生面临一个需要立即去解决的现实问题。

（三）自主学习、协作学习

不是由教师直接告诉学生应当如何去解决面临的问题，而是由教师向学生提供解决该问题的有关线索，倡导学生之间的讨论和交流，通过不同观点的交锋，补充、修正和加深每个学生对当前问题的解决方案。

（四）效果评价

主要包括两部分内容，一方面是对学生是否完成当前问题的解决方案的过程和结果的评价，即所学知识的意义建构的评价，而更重要的一方面是对学生自主学习及协作学习能力的评价。

任务驱动教学法的要求

（一）全面了解学生。

（二）任务设计的目标明确，编排合理。

（三）任务的实践性要强，要真实自然。

（四）任务设计要情境化、生活化。

（五）任务设计要注重培养学生的创新能力。

（六）任务要分层次。

（七）合理安排课堂时间。

教学示例：

《声音的采集与处理》案例教学法展示实例

一、提出任务

1. 展示作品

这是一首配乐诗朗诵——戴望舒的《雨巷》，在悠扬的轻音乐中，诗人充满感情的朗诵把学生带入了一个美好的境界。

2. 激发学生创作的欲望

教师的导语：这是谁的诗？你觉得效果怎么样？你也能完成这样一首自己朗诵的配乐诗吗？

二、让学生讨论、分析任务，提出问题并动手解决问题

预计学生会围绕如下三方面的问题讨论：

1. 如何录音；

2. 如何把轻音乐混入到录音文件中；

3. 如何调整录音效果。

三、教师简单示范

给学生示范一下如何调整录音的音量、如何录音、如何混入背景音乐文件，以及如何调整录入的人声的大小与轻音乐声音的大小使其协调等。

四、布置任务

要求学生在规定的时间内完成配乐诗朗诵的任务，有八个背景音乐可供选择，让学生尽可能做出最动听的效果。

1. 学生在明确老师布置的任务之后，带着强烈的兴趣，很快开始进行创作。

2. 教师巡回检查，发现学生在完成任务过程中出现的问题。

3. 根据学生完成任务的进展情况，组织交流，对完成作品有困难的学生，鼓励他们一起合作完成创作，培养他们的合作精神。

4. 检验任务完成情况。

（1）作品奖励

对在规定时间内完整地完成了配乐诗朗诵的同学，口头进行表扬。

（2）欣赏优秀作品

选出一至三个做得好的作品播放给全班同学听，让同学来进行评价。

（3）经验介绍

让同学们选出刚才听到的最优秀的作品，让做这个作品的同学在班上进行简短的经验介绍。

五、教师总结

针对学生创作过程中出现的问题，总结成功的经验及失败的原因，鼓励没完成或完成得不成功的学生下次继续完成作品，并且，可以将下堂课的精彩任务先让同学们知道，激起他们课外获取信息来完成任务的兴趣。

五、合作学习教学法

合作学习是一种教学形式，它要求把学生分成2~6名组成的一个个学习小组，使学生在学习小组中一起从事学习活动，共同完成教师分配的学习任务。

合作学习教学法的基本环节

（一）分配任务。教师对全班进行引导教学，说明教学的目标与学习的任务。

（二）进行分组。依据教材内容、任务的复杂程度等因素决定组别数量及各组人数。通常每组的人数在六个人以下，讨论的效果比较理想。

（三）小组学习活动。在小组学习当中，包括分配角色，以及依教学目标进行学习与讨论。角色分配主要分为支持工作角色与学习工作角色两项。

（四）小组报告和师生讨论。小组必须向教师及其他小组汇报小组活动成果，并且可以针对学习情形及活动结果，讨论在小组合作的历程中所遭遇的问题、心得体会，以及如何改进和提高。

（五）小组学习成就表扬。表扬学习成就可以激励学生的学习，对小组的表扬更能激发小组成员的荣誉感及成就感。

教学示例：

《英语课文阅读》合作学习法展示实例

（1）成立团队小组

全班共30名学生，分成5组，每组6名学生，设组长一名。

（2）确定议题

老师将课文分成五个部分，分别分配给五个组，进行阅读。

（3）遭遇困难

学生以小组形式进行阅读、讨论，将不熟悉的单词或词组一一划出来，期间，老师到各小组巡视，了解学生在学习中的困难。

（4）提出问题

各小组派一代表将小组学习中遇到的困难（不熟悉的词语）提出来。

（5）知识整理

教师将学生提出的问题书写在黑板上，并作详细的分析解释。

（6）记忆掌握

教师充分利用黑板上的单词和词组以故事形式讲述，进一步加深记忆，理解课文内容，正确掌握重点词语的用法。

（7）运用推广

学生根据教师的讲述及黑板上的词语提示，各小组进行操练，发挥团队作用。最后各小组派代表上台进行简单的课文复述。

六、问题教学法

问题教学法就是指在教学中从学生的认知规律和实际出发，科学地设计问题，巧妙地提出问题，通过师生的互动，启发学生敢于和善于提问，理论联系实际，围绕教材，而又不拘泥于教材，解决学生认识上的错误和模糊观点，然后得出正确结论的教学方法。

问题教学法的基本环节

（一）感知教材内容

教会学生看书的方法，首先，要由面到点，再由点到面，明确主次关系。其次，引导学生处理和把握教材，学会自学。最后，就是学生完成对教材内容的从感性认识到理性认识的升华，并结合自己的已有经验和教材的知识结构主动地进行学习。

（二）鼓励学生提问

提出问题或者从新的角度去思考老问题，往往导致新的发现和突破。教学中，为帮助学生有效地增强问题意识，克服思维障碍，可设计一张"学思问"表格。

（三）通过问题授课

1. 对于多数学生有兴趣且有现实意义的问题，以全班共同讨论的方式进行；

2. 对于部分学生有兴趣且有一定讨论价值的问题，以分小组讨论的方式进行；

3. 对有一定难度的问题，或是学生的知识结构中所不包含的问题，就需要教师来亲自解答；

4. 对于有些学生认识上比较偏激或极端的问题，一般采用个别解答的方式。

（四）深入研究问题

认真分析学生的问题，有利于我们把握学生的心理特点和思想动态，并为我们的课堂教学提供丰富而鲜活生动的素材。

七、情境教学法

情境教学法是指把课文中讲述的事情的场景再现于课堂，贯穿于课堂。通过教师的引导，让学生置身于课本所讲的环境当中，调动学生的想象力、思维力和感受力，再经过教师巧妙设问，使学生得到预期教育效果的教学手段。

情境教学法的基本环节

（一）选择案例

首先，所选案例要同学生所学内容接近；其次，案例要力求简洁，使之能在上课时间内完成；最后，案例应当是不完整的、缺少最终结果的。这可使学生根据自己对案例的理解提出自己的见解，锻炼他们分析问题、解决问题的能力，有利于学生之间的相互学习。

（二）课外准备

首先，根据教学班的情况将学生分为3~4个模拟演练小组。其次，各组要在组长的领导下对案例进行深入分析，并对本组活动的各个步骤进行安排。

（三）课堂演练和答疑

当各小组经过一段时间的准备之后，就可以按照事先的安排进行正式的模拟演练。每组演练结束后，其他小组和教师均可针对演练内容和提出的方案进行质疑，演练小组答疑，双方都充分发表自己的见解和观点。

（四）分析总结

首先，各演练小组要对本组的演练进行介绍、分析和总结，以便相互了解。其次，教师要对案例进行深入分析，并对各演练小组的方案和演练内容进行总评，尤其要找出学生在演练过程中的闪光点和创新之处，及时予以鼓励和表扬。

教学示例：

《用字母表示数》情景教学法展示实例

1. 创设情景，揭示课题

（1）小 A 和小 B 周末到电影院去看《阿 Q 正传》，问这里的字母 A、B、Q 等表示＿＿＿＿。

（2）国庆长假期间，小明游玩了 A 城市与 B 城市，问这里面的字母 A、B 表示＿＿＿＿。

（3）扑克牌中有 K 牌、Q 牌等，问这里的字母 K、Q 表示＿＿＿＿。

2. 回忆旧知，感悟新知

字母可以表示数学规律，请同学说一说，在以前的学习过程中，是否已经接触过用字母表示数的例子，并能指出字母表示的意义是什么。

3. 尝试成功，应用新知

出示多媒体，请同学练习，教师巡视。

4. 阅读对话，升华新知

教师活动：请全班同学推荐两名朗诵水平好的同学，进行配乐朗诵"数字 1 与字母 X 的对话"，听完后回答对字母表示数的意义的理解。

5. 实践应用，巩固新知

从特殊到一般的题型设计，符合学生的认知规律，易于学生思维能力的培养。

6. 师生小结，聚焦课堂

字母真神奇，数字它代替，复杂变容易，任意要牢记。

7. 名言导航，养成品质

伟人爱因斯坦的名言，愿大家将它作为学习征途中的座右铭，扬起理想的风帆，到达成功的彼岸。

$A = X + Y + Z$，A：成功；X：艰苦的劳动；Y：正确的方法；Z：少谈空话。

8. 延伸课堂，布置作业。

八、理实一体化教学法

理实一体化教学即理论实践一体化教学法，是打破理论课、试验课和实训课的界限，将某门课程的理论教学、实践教学、生产、技术服务融于一体，教学环节相对集中，由同一教师主讲，教学场所直接安排在实验室或实训车间，来完成某个教学目标和教学任务，师生双方边教、边学、边做，理论和实践交替进行，直观和抽象交错出现，没有固定的先实后理或先理后实，而是理中有实，实中有理，突出学生动手能力和专业技能的培养，充分调动和激发学生学习兴趣的一种教学方法。

理实一体化教学法的要求

（一）编写理实一体化校本教材

编写理实一体化教材是实施一体化教学的基础。教材应围绕技能训练，注重实用性和可操作性，强调学生的实践技能、技巧的培训，理论知识应服从实践教学的需要，要求理论浅显易懂，简洁明了，使教材成为实践性、实用性教材。

（二）建立一体化教学场地

一体化教学方法强调在同一场地、同一时间完成教学的多种任务，要有与专业和规模相适应的硬件设备和学习环境。

（三）师资力量要提高

既能胜任理论教学，又能指导实习操作的"一体化教师"队伍是实施一体化教学的关键。一体化教学要求教师不仅要有丰富的专业知识讲授理论，而且要有熟练的操作技能，因此要加大一体化师资的培养力度。

（四）加强课堂管理

理实一体化教学主要突出以学生为主体，学生要在课堂上"动"起来，况且实习场地也不可能保证学生每人都有一件实物进行操作，所以实习场地上总有部分学生只能观看或协助正在操作的同学，并且场地上也不可能没有实物操作的响声。所以教学过程中老师应严抓课堂纪律，多花时间和精力加强学生的教育和管理，合理安排学生操作练习，维持好课堂秩序。

（五）不能学生动手，老师旁观

如果教学过程中，老师认为既然是理实一体化教学，"身教重于言教"，老师应讲清实践的顺序及应注意的一些问题，并将步骤板书在黑板上，然后进行操作演示。应及时纠正学生不正确或不规范的操作，学生在老师的指导下有序地进行操作，老师应督促学生人人动手，个个参与，并加强指导。

（六）文明规范，安全操作

教师必须熟悉教学环境，熟悉教学设备的使用和保修方法，及时对工具、设备、教学用具进行必要的管理和维护。教学时教师应向学生传授文明规范、安全操作的知识和技能。

教学示例：

《汽车底盘手动变速器构造、检测、一般常见故障分析》
理实一体化展示实例

一、课程引入

1. 复习提问：

（1）变速器的功用是什么？

（2）EQ1092变速器由哪两部分组成？

（3）变速器的动力由离合器的哪部分引入？

2. 学生回答问题之后，由教师归纳总结，并由问题引入新课。

二、新课

（一）由教师结合教科书，利用教具讲解。（讲解重点：工作原理、不同车型的结构特点和检修技术要求）

1. EQ1092，桑塔纳轿车变速器的组成和作用。

（1）变速器传动机构组成和作用。

（2）变速器操纵机构组成和作用。

2. 手动变速器工作原理的分析。

（1）大小齿轮啮合变速原理。

（2）相互啮合的齿轮副变向原理。

（3）同步器工作原理。

（4）各挡齿轮动力传递路线的分析。（布置作业，让学生描述某一挡位动力传递路线及工作情况）

（二）由教师示范EQ1092，桑塔纳轿车变速器拆装方法与步骤和注意事项。（注意让学生弄懂自锁、互锁装置及作用）

（三）学生以小组的形式，对EQ1092或桑塔纳轿车变速器进行拆装实习。

三、故障分析

1. 板书：EQ1092变速器各零部件的检测项目及技术要求。教师对板书内容进行解释，力求实用。

2. 教师结合教具分析手动变速器跳挡故障产生的现象和原因。

3. 教师分析乱挡故障的原因。

4. 由学生以小组的形式对EQ1092变速器异响故障进行分析讨论，然后各组派代表阐述分析结果。

5. 教师根据学生分析讨论结果归纳总结。

四、故障排除

1. 教师先做示范。（教师边做示范边讲解，重点是正确的分析思路、正确的操作步骤）

2. 由学生以小组的形式实作，并按要求进行检查。

3. 教师巡回检查、指导、讲解。

4. 教师对普遍性的问题集中进行讲解。

5. 实习结束后教师做归纳小结，充分肯定成绩并指出存在的问题。

九、启发式教学法

启发式教学法指教师在教学过程中根据教学任务和学习的客观规律，从学生的实际出发，以启发学生的思维为核心，采用多种方式调动学生的学习主动性和积极性，促使他们生动活泼地学习的一种教学指导思想。

启发式教学法的基本环节

（一）准备：师生课前和上课的各项准备十分重要，不要把"预设"和"生成"对立起来；

（二）诱发：学生自己或由教师引导提出问题；

（三）释疑：师生、生生采用多种方法和形式释疑、解惑；

（四）转化：要加强当堂消化吸收、巩固和内化；

（五）应用：主要指应用于实际，培养解决实际问题的能力。

十、讨论式教学法

讨论式教学法是在教师指导下学生自学、自讲，以讨论为主的一种教法。

讨论式教学法的教学环节

（一）学生自学：教师指定自学内容，并首先领导学生"鸟瞰式"浏览，指出重点、难点，然后学生逐条地去理解抽象的理论部分，推演公式、演算例题和习题等；

（二）自行讲解：教师把要讨论的内容，按基本观念、基本理论、例题、习题等分成若干个"单元"，把学生也分成相同数目的小组，在学生全面自学的基础上，每组又各自有所侧重，待讨论时，再具体指定主讲人，或由小组自选主讲人，小组中其他成员自由补充；

（三）相互讨论：相互讨论也是按"单元"进行的。在教师的启发和指导下，对主讲的结果正确与否？有无不同解法？其中哪些为最简捷解法等进行讨论；

（四）单元结论：在相互讨论之后，分别由主讲人或教师归纳出正确结论，或推导出正确且最简捷的答案等；

（五）全课总结：教师针对全课的理论部分及其应用部分进行总结。

十一、头脑风暴法

头脑风暴法即无限制地自由联想和讨论，其目的在于产生新观念或激发创新设想。

头脑风暴法的环节

（一）准备阶段

先对所议问题进行一定的研究，弄清问题的实质，找到问题的关键，设定解决问题所要达到的目标。同时选定参加会议人员，一般以5~10人为宜，不宜太多。

（二）热身阶段

这个阶段的目的是进入一种无拘无束的状态。主持人宣布开会后，先说明会议的规则，然后随便谈点有趣的话题或问题，让大家的思维处于轻松和活跃的境界。

（三）明确问题

主持人扼要地介绍有待解决的问题。介绍时须简洁、明确，不可过分周全，否则，过多的信息会限制人的思维，干扰思维创新的想象力。

（四）重新表述问题

经过一段讨论后，大家对问题已经有了较深程度的理解。这时，为了使大家对问题的表述能够具有新角度、新思维，主持人或书记员要记录大家的发言，并对发言记录进行整理。

（五）畅谈阶段

畅谈是头脑风暴法的创意阶段。为了使大家能够畅所欲言，需要制订的规则是：第一，不要私下交谈，以免分散注意力。第二，不妨碍他人发言，不去评论他人发言，每人只谈自己的想法。第三，发表见解时要简单明了，一次发言只谈一种见解。

（六）筛选阶段

会议结束后的一二天内，主持人应向与会者了解大家会后的新想法和新思路，以此补充会议记录。经过多次反复比较和优中择优，最后确定1~3个最佳方案。这些最佳方案往往是多种创意的优势组合，是大家的集体智慧综合作用的结果。

教学示例：

《烹调技术》大脑风暴法展示实例

1. 成立大脑风暴法小组

全班48位同学分成6组，每组8名同学，设主持人1名、记录员1名、卡片若干张。

（1）确定议题

教师首先介绍议题由来：随着餐饮业竞争日趋激烈，对厨师的要求越来越高，特别是对菜肴新产品的开发。同学们已学习了原料知识、刀工技术、烹调技术，现在就请大家根据所学知识，发挥想象力，在鱼的制作方面设想出一些更新、更奇的菜肴，为我们的烹饪事业作贡献。

（2）提出设想

同学们对议题兴趣很浓，纷纷发表意见：变化烹调方法、变化刀工、改变造型、改变调味等。

（3）记录设想

由记录员记下各种意见的关键词或有关综合改善鱼的制作方面所需要的素材，写在卡片上，贴在张贴板上展示。

（4）总结评价

师生共同总结，分析实施或采纳每一种方法的可行性，经主持人简述，产生了46种不同的制作方法。最后教师作简要总结、评价。

十二、张贴板教学法

张贴板教学法是在张贴板面上钉上由学生或教师填写的有关讨论或教学内容的卡通纸片，通过添加、移动、拿掉或更换卡通纸片进行讨论、得出结论的研讨教学方法。

张贴板教学法的实施环节：

（一）教师准备

包括本教学单元的题目、教学目标、各个教学过程的阶段划分等。

（二）开题

常采用谈话或讨论方式。教师提出要讨论或解决的课题，并将题目写在盖纸、长方形或特殊形状的卡片上，用大头针别在张贴板上。

（三）收集意见

学生把自己的意见以关键词的形式写在卡片上，并由教师、学生自己或某个学生代表别在张贴板上。一般一张卡片只能写一种意见，允许每个学生写多张卡片。

（四）加工整理

师生共同通过添加、移动、取消、分组和归类等方法，将卡片进行整理合并、系统化处理，得出必要的结论。

（五）总结

教师总结讨论结果。必要时可用各种颜色的连线、箭头、边框等符号画写在卡片上，学生记录最终结果。应当注意保持卡片的匿名性，不要随便扔掉任何卡片或批判一个同学的意见。必要时，可暂不处理一些关系不大的意见或在一些卡片上打个问号。

教学示例：

《冲压模》张贴板教学法展示示例

一、教学准备

编写教案、准备教具（张贴板、卡片纸、记号笔等）、flash 课件。

二、组织教学

考勤、检查教具、填写教学日志等。

三、导入

之前已经学习了冲压成型的基本原理和方法，但冲压原理和方法的应用必须要借助冲压模这一载体才能得以实施，下面我们共同学习各种类型的冲压模。根据冲压工序特点，冲压模可分为冲裁模、弯曲模、拉深模、挤压模等，重点要认识冲裁模的各种零部件名称，掌握它们的装配关系和工作原理。以预习自学、分组讨论、张贴卡片的形式开展。

四、分组

每 10~15 人为一组，共 3 组，每组选出 1 名代表作为组长，其他组员服从组长分配。

五、分配任务

每组发一种类型的冲裁模型，各组成员预习冲裁模零部件结构与工作原理章节中相应的内容，将本组模具进行拆装研究。教师在张贴板上画出零件归属区域，便于学生张贴相应的卡片。

六、分组讨论

每组对本组的冲裁模型进行拆卸，将拆卸下来的零部件按照类型分开放置，集体研究零部件的名称、类型、作用、装配关系、工作原理等，将零部件名称和作用以关键词的形式写在卡片上，并分类整理。教师在每组之间巡视、指导、监控。

七、卡片张贴展示

小组代表陈述。每组派出两名代表，其中一人负责张贴卡片，将卡片按类型（成型零件、定位零件、卸料及压料零件、支撑固定零件、导向零件、紧固件及其他零件）张贴在板面相应区域，另一人陈述模具的类型、零部件的名称与种类、装配关系、工作原理等。

八、小结（总结）

各组积极参与、热烈讨论，汇聚集体智慧成功完成了冲裁模零部件结构与工作原理的学习。

九、作业

1. 冲裁模按其工序可分为哪些类型？
2. 简述双侧刃冲孔落料级进模的零部件名称、类型及其作用。
3. 根据给定工件图，试设计加工该工件的冲裁模的弹压卸料零件。

十三、目标教学法

目标教学法是指将一次课的教学过程分解为课堂导入、展示教学目标、遵循教学目标讲解相关知识、目标测评等几个环节，并根据这些环节组织实施教学。

目标教学法的基本环节

（一）情景设置。创设学生当前所学习的内容与现实情况基本相接近的情景环境，也就是说把学生引入到需要通过某知识点来解决现实问题的情景。

（二）操作示范。围绕当前学习的知识点，以便于学生"知识迁移"的要求，选择合适的小目标，并示范完成目标的过程。

（三）独立探索。让学生独立思考，对知识点进行理解，消化示范目标的解决要点，为解决练习目标打下基础。

（四）确定目标。小组通过社会调查，研究讨论，并在教师的指导下确定具体的目标。协作学习、开展小组交流、讨论，组员分工协作，共同完成工程目标。

（五）学习评价。学生学习的效果直接由完成工程目标的情况来衡量，包括教师评价、学习小组评价和自评三部分。

目标教学法的基本原则

（一）目标中心原则。教学目标是教学的出发点和归宿，课堂教学应紧紧围绕教学目标来进行，特别是对于完不成的教学目标要及时补救，实现堂堂达标。

（二）"教为主导，学为主体，训练为主线"的教学原则。教学过程是师生共同参与的过程，并且应时时把学生放在主体地位，即学生是演员，教师是导演。

（三）理论联系实际原则。通过议论、精讲、评价等环节，使学生把所学知识与客观实际相结合，最终实现教学目标。

（四）优化原则。从上课伊始到结束，从教师的教到学生的学，教学过程各个环节应合理搭配，体现出和谐、自然和优化。

（五）反馈矫正原则。进行信息反馈，对残缺知识进行有效的矫正和补救，是防止知识缺陷积少成多、实现当堂达标的重要手段，体现了教学过程中交往和互动的积极性和有效性。

十四、讲授法

讲授法是教师通过口头语言向学生传授知识、培养能力、进行思想教育的方法，在以语言传递为主的教学方法中应用最广泛，且其他各种方法在运用中常常要与讲授法结合。

讲授法的基本要求

（一）认真备课，熟练掌握教材内容，对讲授的知识要点、系统、结构、联系等做到胸有成竹、出口成章、熟能生巧，讲授时才精神饱满、充满信心，同时要注意学生的反馈，调控教学活动的进行。

（二）教学语言要准确，有严密的科学性、逻辑性；精练，没有非教学语言，用词简要；清晰，吐字清楚，音调适中，速度及轻重音适宜；生动、形象，富有感染力，注意感情投入。

（三）充分贯彻启发式教学原则。讲授的内容须是教材中的重点、难点和关键，使学生随着教师的讲解或讲述开动脑筋思考问题，讲中有导，讲中有练。学生主体作用表现突出，表现为愿学、愿想。

（四）讲授的内容宜具体形象，联系旧知识对抽象的概念原理，要尽量结合其他方法，使之形象化，易于理解。对内容要进行精心组织，使之条理清楚，主次分明，重点突出。

（五）讲授过程中要结合板书与直观教具板书可提示教学要点，显示教学进程，使讲授内容形象化、具体化。直观教具如地图、图片、图表、模型等，可边讲边演示，以加深对讲授内容的理解。

十五、谈话法

谈话法，又称问答法。是教师引导学生运用已有的经验和知识回答提出的问题，借以获得新知识、巩固旧知识或检查知识的教学方法。

谈话法的具体方式

（一）为传授新知识而进行的谈话。一般是由教师根据教学目的提出一系列前后连贯而又富有启发性的问题，引导学生依据已有的经验和知识，或根据对眼前事物的观察，进行积极的思考并做出正确的回答，借以获得新知识。也称启发式谈话法。

（二）为巩固知识或检查知识而进行的谈话。根据学生学过的教材提出一些问题，要学生通过回忆旧知识进行回答，经过知识的再现达到巩固或检查的目的。也称再现谈话法或问答式谈话法。

（三）教师在讲授过程中或者在学生活动过程中进行的谈话。这种谈话有助于提高学生听讲的积极性，提高传授知识的效率；有助于学生顺利地完成独立作业，或明确学习的重点。也称讲授谈话法。

十六、演示法

所谓演示法，指的是教师通过展示实物、教具，进行示范性实验，或通过现代化教学手段，使学生获取感性知识的教学方法。

演示法贯彻直观性原则的基本要求

（一）直观手段的选用要符合教学的目的要求和各科教学的特点。
（二）直观教具的选用要符合学生的年龄特征和认识水平。
（三）运用直观手段，要与教师适当的讲解相配合。
（四）要重视运用语言直观。
（五）教师要合理考虑使用直观教具的数量、时间和地点。

演示法的直观手段

（一）实物直观。实物直观是通过实物进行的，直接将对象呈现在学生面前，有效和充分地为学生提供理解、掌握所必需的感性经验。

（二）模像直观。模像直观是运用各种手段对实物的模拟，包括图片、图表、模型、幻灯、录音、录像、电影、电视等。

（三）语言直观。语言直观是教师运用自己的语言、借助学生已有的知识经验进行比喻描述，引起学生的感性认识，达到直观的效果。

十七、发现式教学法

发现教学法是指教师在学生学习概念和原理时，不是将学习的内容直接提供给学生，而是向学生提供一种问题情境，给学生一些事实（例）和问题，让学生积极思考，独立探究，自行发现并掌握相应的原理和结论的一种方法。

发现式教学的操作步骤：

（一）提出和明确使学生感兴趣的问题

（二）使学生对问题体验到某种程度的不确定性，以激发探究的欲望

（三）提供解决问题的各种假设

（四）协助学生收集和组织可用于下结论的资料

（五）组织学生审查有关资料，得出应有的结论

（六）引导学生运用分析思维去验证结论，最终使问题得到解决

十八、暗示教学法

暗示教学，就是对教学环境进行精心的设计，用暗示、联想、练习和音乐等各种综合方式建立起无意识的心理倾向，创造高度的学习动机，激发学生的学习需要和兴趣，充分发挥学生的潜力，使学生在轻松愉快的学习中获得更好的效果。

暗示教学法的类型

（一）语言暗示

所谓语言暗示就是教师用委婉、带有言外之意的话语表达出相应的意思，从而达到劝说或教育学生的目的。教师对学生进行语言暗示是最直接也是最有效的途径。如在接手新的班级时，不管这个班级以前是什么样的班风，我总会在第一节课的时候找机会表扬这个班级。

（二）仪表暗示

教师的仪表暗示指的是教师的衣着打扮对学生产生的潜移默化的影响。比如，衣着较随意且不修边幅的老师，他所教的学生一般都容易犯不够细心的错误，他的形象带给学生的暗示通常是消极的。只有注意将内在美和

外在美相结合，穿着大方得体的老师，才能给学生带来更多的积极暗示。

（三）行为暗示

教师的行为暗示包括两大类：教师的体态暗示和人格暗示。

1. 教师的体态暗示包括教师的眼神、表情和肢体动作。在课堂上，教师的任意一个眼神或动作都有可能对学生的心理产生非常微妙的变化。教师可以充分利用体态暗示提高课堂教学效果。例如上课时，当有学生走神时，可以用眼睛盯着他看一会儿；或者突然中断讲课，停顿一小会儿；或者讲一些与所讲内容有关的能吸引学生注意力的题外话，也可以突然提高授课的音量或突然降低音量，学生一般都能回过神来。

2. 教师的人格暗示是教师用自己的道德修养、学识水平及风度气质对学生进行潜移默化的暗示教育。人格高尚且严肃的教师对学生的人格暗示较强，反之则较弱。因此，教师必须要加强自身的道德修养，提高自身素质，以此为学生树立好的榜样，给他们更积极的暗示。

（四）环境暗示

教学环境暗示指的是通过营造某种场景、氛围来感染学生，使学生在潜意识的作用下自觉地投入学习，主动地参与活动。正所谓近朱者赤，近墨者黑。例如：上课的时候，如果有前排的学生在睡觉，那么他周围的人很容易受到暗示，也变得昏昏欲睡。教师应当为学生营造良好的使其能积极向上的学习环境。

三、全方位提升教师素养，做影响学生成"人"的"重要他人"

为做好"影响学生成人"的责任担当，在实施教育教学活动时，高职院校的教师需要进一步做好以下方面的分析。

（一）高职教师的自我分析

师德是教师的灵魂，是恪守师道尊严的核心。师无德不立，高尚的师德是优秀教师发展的根本动力和不竭源泉。真正的教育是教师和学生精神和心灵上的交流与契合，在对学生的教育影响中，教师的影响最为直接，也尤为重要。高等职业教育是为了培养德智体美劳全面发展的高素质技术技能型人才，必须坚持高校"立德树人"的正确导向，培养学生高尚的思想道德情操。我国教育家陶行知先生提出，"学高为师，身正为范"，想成为一名合格教师，除了要有扎实的专业知识、较高的文化水准外，更重要的是要求教师应有良好的道德素质。教师要"为人师表"，首先要确保自身全方位综合素质的完善与完美。2014 年，习近平总书记提出"有理想信念、有道德情操、有扎实学识、有仁爱之心"的"四有"好老师标准。好老师以理想信念指引教书育人、以道德情操践行言传身教。为保证德育的"源头活水",实施教育教学活动的高职教师自身需要主动对标,需要与时俱进,不断加强师德建设。不可否认,在现实的教师队伍中,存在极个别师德缺失的教师,比如汶川地震时候出现的"范跑跑",强迫学生为自己无偿打工的高校"老板"。高职院校的教师不能仅仅满足于做一名"教书匠",把教师的工作当作自己的一份谋生职业,而应当做自我发展、自我实现的一份事业,可见,高职院校教师的师德建设依然任重道远。

身教重于言教,育人先育己。高职院校的教师首先要深入分析自身的专业素质,从专业精神、专业知识和专业能力三个维度逐一分析。针对专业精神层面的教育理念、敬业精神、职业道德、个性品质等,专业知识层面的通识性知识、本体性知识、条件性知识、实践性知识等,专业能力层面的教育能力、教学能力、教管能力、教研能力等进行全面深入的分析,找准专业素质存在的短板,接受专业训练,践行终身学习理念,推进专业发展,及时弥补自身不足,完善提升自身的综合素质,实现自我"全人"发展。习近平总书记在北京大学师生座谈会上的讲话指出:人才培养,关键在教师。教师队伍素质直接决定着大学办学能力和水平。古人说:"师者,人之模范也。"在学生眼里,老师是"吐辞为经、举足为法",一言一行都会给学生以极大影响。教师的思想政治状况具有很强的示范性。要坚持教育者先受教育,让教师更好担当起学生健康成长指导者和引路人的作用。师德师风建设应该是每一所学校常抓不懈的工作。要引导教师把教书育人和自我修养结合起来,做到以德立身、以德立学、以德施教①。

《关于加强和改进新时代师德师风建设的意见》提出了当前和今后一个时期师德师风建设的主要目标与任务举措,打出师德建设"组合拳",以高尚的师德涵养教师,以好教师教育出好学生。高校教师需要持之以恒地加强师德师风建设,坚持教育和育人相统一、言传和身教相统一、潜心问道和关注社会相统一、学术自由和学术规范相统一,以立德树人使命职责要求自己必须遵循为师之规范,恪守教师应守的纪律,认真履行工作责任,以行动树立教师职业道德风范。

(二)高职学生的发展现状与需求分析

1. 社会及教育生态的不和谐

不可否认,当前总体的社会环境与教育生态出现了诸多不和谐的因素,以至于将教育演变成了知识传递的代名词,学校发展成了单调乏味的文化

---

① 习近平. 在北京大学师生座谈会上的讲话 [N]. 人民日报, 2018-05-03.

孤岛或获取功利价值的名利场，教师成为专门传递知识的"教书匠"，学生成了掌握知识与技能的流水线产品和学校赚钱谋生的来源。教育是一项系统工程，从大的方面来讲，主要包括家庭教育、社会教育和学校教育，可以说，家庭教育是根，社会教育是干，学校教育是叶，三者需要有机结合，协同共进。我们需要静下心来，耐心思量，从整体的大环境来考虑和布局，科学全面审视社会整体的体制机制，尤其是针对教育领域的管理与指引，教育的事情必须沉下心来，静心思考，潜心研究，要按照教育的规律来运行。

2. 高职学生健康发展的现实需求

高职院校的大学生不仅是以生物体的自然生命存在，更是以思想意识的价值生命存在，是一个完整意义上的"人"。在日常的教育教学活动中，学生不是单纯的学习者，而是全部生活的体验者和践行者。对学生的教育必须还原学生完整的生活世界，追求学生完整的生命意义。高职学生作为有主观意识的人，是自我学习和自我发展的主体，教育需要为有效发挥他们的主体性创造环境和条件。不同个体由于遗传、环境等因素导致的个性差异需要得到尊重，教育不能是简单的机械化、自动化流水线操作，制造千人一面的"产品"，要因地制宜、因人而异、因材施教，充分发挥每个学生的潜能，把学生培养成为适合于各行各业的佼佼者。

大学时光是高职学生发展的黄金阶段。从一定意义上来说，这一时期摆脱了"应试教育"的桎梏，是可以充分挖掘自身的潜力、发挥自身创造力的时段。高职学生应利用好大学期间的宝贵时光，汲取知识海洋中的丰富营养，为未来走上工作岗位打下坚实的基础。但是，同时要看到高职学生还是处在发展的过程中，由于身心发展尚未成熟稳定，在发展成长过程中难免会遇到挫折和困惑，在这个阶段就凸显出教师专业指导的重要性。

3. 高职学生"成功"必要因素的缺失

周武老师根据对自己教过的 151 名学生长达十年的跟踪调查，提出"第十名现象"。他指出，一个班里最有出息的学生，往往不是学习成绩最好的前几名，而是班上处于中游的第十名左右的学生。根据与部分高职毕业生的交流、座谈和调查了解，我们亦有类似的发现，在大学期间曾经"考试成绩"优秀的高职学生，在后来的工作岗位上并没有取得事业上的成功，而一些成绩并未名列前茅的"中等学生"却取得了事业的成功。综合比对分析，成绩名列前茅的优秀学生之所以未能取得成功，往往因为思想保守、耐挫力差、个性孤僻、缺乏合作精神、情商低等。

美国教育家希尔经过数十年的研究，总结归纳出 18 条成功定律，主要包括心态乐观、目标明确、积极主动、直面挫折、不断进取、充满激情、相信自己、学会带队、完善个性、控制自己、注重时效、懂得理财、身心健康、协作共赢、敢于想象、专心专一、敢于创新、改良习惯。定律涵盖了人要想取得成功所需的许多主观因素，这些主观因素主要与一个人的心态、思维方式和行为习惯有关，却与学习成绩无关。

4. 高职学生成"人"关键因素的教育缺失

中国近现代著名教育家蒋梦麟说："强国之道，不在强兵，而在强民。强民之道，惟在养成健全之个人，创造进化的社会。"健全的个人不只是仅有知识，人格和良知才是健全的特质。朱永新认为，现代教育体系都是依照工业化思维形成的。"现在我们教育最大的问题就是大一统的体系，统一的教学、统一的进度、统一的答案、统一的评价，这样降低了大部分学生主动学习的积极性。此外，我们的教育体系强调知识技能，往往忽略了情感、态度、价值观，这样造成了很多问题。"[①]

作为高等职业教育的从业者，我们要深刻考虑，高等职业教育究竟要教给学生什么？

高职院校的教师应深刻分析高职学生在思想、知识和能力等方面的发展现状，深入分析影响学生全面健康发展的主要因素及高职学生的发展诉求。同时，要进一步研究所教的学科的专业知识，探寻知识中能促进高职学生全面成长的价值元素，将其有效地融入教育教学活动中，满足学生日益增长的对优质、个性、终身教育的需求。不难看出，高职教师不能仅仅局限在专业知识和技能层面，更要做好价值引导，启迪智慧，点化生命，明确生命的价值与意义，在此基础上，激发学生学习的动力和激情，挖掘学生的发展潜力，教会学生学会自我学习。

四、培育高职学生成"人"的路径分析

自古以来，国无德不兴，人无德不立。我国古代典籍《大学》开篇点题：大学之道，在明明德，在亲民，在止于至善。《道德经》亦云："人法地，地法天，天法道，道法自然"，字里行间处处彰显"德"的重要性。我国的传统教育一直崇尚立德树人，以文化人。教师以"教书育人"为天职，

---

① https://mp.weixin.qq.com/s?__biz=MzI3ODQ0MjU5Ng==&mid=2247498863&idx=1&sn=4e49cc1ca64eeb9388f410d4544670ea&chksm=eb545b64dc23d2729acac8fd5cb84f02b0eed4cf40cf25c9c37b28f7e25a50268317f5ffa34d&mpshare=1&scene=23&srcid=0824iisSgomEVSJYsmKU4SxK&sharer_sharetime=1598218508752&sharer_shareid=b500a31dc227e357c06b138b43ccf920#r.

是通过教书达到育人的成效。"所谓教书育人，就是教师通过承担各门课程的教学，向学生传授系统的科学文化知识，引导学生树立科学的世界观、人生观，指导学生主动地、有效地进行学习，营造良好的教学氛围来促进学生健康、快速地成长。"①

立德树人是教育的根本任务，培养高职学生全面发展，德育要先行。"立德树人作为中国特色社会主义教育事业发展的根本任务，其内涵的形成与发展经历了从德育发展方针的提出，到德智体全面发展的确立，再到德育为先方针的实施，以及明确立德树人是教育的根本任务等不同阶段。立德树人内涵的形成与发展，明确了社会主义教育事业的根本使命，阐明了社会主义人才培养的深刻内涵，是我国教育事业发展的根本指向。"②

德育指的是教育者有目的、有计划地对学习者的政治、思想、道德等方面施加影响的教育活动。习近平总书记2018年5月在北京大学师生座谈会上的讲话中指出："'才者，德之资也；德者，才之帅也。'人才培养一定是育人和育才相统一的过程，而育人是本。人无德不立，育人的根本在于立德。这是人才培养的辩证法。"③ 在同年9月的全国教育大会上，习近平总书记再次强调，要把立德树人融入并贯穿于各级各类教育的各环节、各领域，构建基础教育、职业教育、高等教育全覆盖，思想政治教育、知识文化教育、社会实践教育全包括的育人体系，学科、课程、教学、教材、管理、评价等工作都要围绕立德树人工作有序开展④。

因此，高校要把"立德树人"作为中心环节，把思想政治工作贯穿教育教学全过程，实现全员、全程和全方位的"三全"育人格局，开创高等教育事业全面、全新发展的新局面。高职院校的教师需要遵循教育的本质规律、高职学生身心发展规律和思想品德形成的内在规律，结合我国教育目的和高职人才培养目标，有目的、有计划、有组织地对高职学生施加道德影响，把一定社会的道德观念、道德情感、道德意志、道德信念内化为高职学生个人的道德品质。

（一）知识传授与人文教育齐头并进

教育不是简单传授知识的过程，更为重要的是它的育人过程，教会学生成长成人的过程。"教师不仅是人类文化的继承者和传递者，也是社会物

---

① 全国十二所重点师范大学联合编写. 教育学基础［M］. 第三版. 北京：教育科学出版社，2014：128.

② 王嘉毅，张晋. 立德树人的科学内涵与现实要求［J］. 中国电化教育. 2020（8）.

③ 习近平. 在北京大学师生座谈会上的讲话［N］. 人民日报，2018-05-03.

④ 坚持中国特色社会主义教育发展道路［N］. 人民日报，2018-09-13（10）.

质财富的创造者，还是社会发展与变革的重要力量；教师不仅要传授知识，还要培养和发展学生的智力和能力，陶冶他们的情操，关怀和指导他们的学习和全面成长。"[①] 高职教师在传授科学知识的同时，有机融入人文知识教育，给学生注入精神力量，影响学生的思想，激发学生的兴趣，培养学生吸收知识、学会自我建构、形成终身学习的能力。高职教师需要深入挖掘专业知识背后的人文精神，探索更适合高职学生特点的教育教学方式，将人文教育有效融入教育教学全过程，实现德智协同共育，提升育人成效。

（二）知识传授与家国情怀融会贯通

2014 年教育部发布《关于全面深化课程改革落实立德树人根本任务的意见》，明确指出立德树人是发展中国特色社会主义教育事业的核心所在，要全面贯彻党的教育方针，遵循教育规律和学生成长规律，强调德智体美劳全面发展的合格的社会主义建设者和可靠的接班人应当具有中华文化的底色，具备中国特色社会主义共同理想，具有国际视野和家国情怀[②]。

高职教师需要通过知识传授、理想教育与思想指引，培养学生坚定的理想信念和深厚的家国情怀，使他们成为优秀的社会主义建设者和接班人。

1. 引导学生坚定理想信念，加强品德修养，增长知识见识，培养奋斗精神，增强综合素质，遵循教育教学规律和学生身心发展规律，促进学生健康、全面、协调、可持续发展。

2. 引导学生增强中国特色社会主义道路自信、理论自信、制度自信、文化自信，厚植爱国主义情怀，把爱国情、强国志、报国行自觉融入坚持和发展中国特色社会主义事业、建设社会主义现代化强国、实现中华民族伟大复兴的奋斗之中。

（三）智力因素与非智力因素协同共进

高职学生学习效率的提升有赖于智力因素和非智力因素的共同作用。智力因素是指个体在进行学习、处理抽象观念、应对新环境和解决问题以适应新环境方面的认知能力的总和。智力因素主要包括：注意力、观察力、想象力、思维力、记忆力、创造力；非智力因素是指对学习活动起到激励、导向、维持、强化作用，但不直接参与认知过程的个性心理。非智力因素主要包括理想、兴趣、世界观、需要、动机、情感、意志、性格、气质、

———————

① 全国十二所重点师范大学联合编写. 教育学基础［M］. 第三版. 北京：教育科学出版社，2014：124.

② http：// old. moe. gov. cn/publicfiles/business/htmlfiles/moe/s7054/201404/167226. html，2020 - 05-22.

自信、抱负、焦虑、毅力等智力因素之外的心理因素。"在教学中，学生在进行认识活动时，智力因素与非智力因素共同发挥作用。一方面，非智力因素依赖于智力因素，并积极作用于智力因素；另一方面，按教学需要调节学生的非智力活动才能有效地进行智力活动，顺利完成教学任务。"① 因此，高职教师在平时的教育教学活动过程中，应充分引导和发挥学生的智力因素和非智力因素，促进两者共同作用，提升高职学生的学习效率。

（四）思政课程与课程思政交相辉映

《国家中长期教育改革和发展规划纲要（2010—2020年）》强调要把育人为本作为教育工作的根本要求，并对国民教育体系做出全面规划布局，明确指出培养以爱国主义为核心的民族精神和以改革创新为核心的时代精神，强调将理想信念教育、公民教育、道德品质教育、中华民族优秀文化传统教育和革命传统教育融入教育教学的全过程②。

1. 思政课程

思政课程是高校落实立德树人根本任务的关键课程，是对高职学生开展思想教育的关键载体。高校思政课程内容必须遵循教育的基本规律和学生身心发展的规律，顺应时代和社会的要求，将思政小课堂与社会大课堂有机结合，与时俱进做好课程内容的改进与创新，引导学生树立正确的价值观念，提高思政课程教育的针对性和实效性。2019年3月18日，习近平总书记在学校思想政治理论课教师座谈会上强调，办好思想政治理论课关键在教师，关键在发挥教师的积极性、主动性和创造性。思政教师是学生思想教育的主力军，高职院校应充分发挥思政教师的专业特长和教育能力，主动实践教学改革，增强思政课教学的感染力和亲和力，思政教师在增强思政课程知识理论厚度的同时，应主动提高政治觉悟和政治敏锐性，以深厚的理论素养和高尚的人格魅力去感召、感染学生，做好学生思想观念和价值观的教育。

2. 课程思政

高职院校的专业教师在守好一段渠、种好责任田的同时，需要与思政教师加强沟通，要和思政理论课同向同行，形成协同效应，践行"课程思政"的教育理念。课程思政指构建全员、全过程、全方位、全课程育人格局，将各类专业课程知识与思政课程理论课有机融合，落实知识讲授与思想引领相统一，显性教育与隐性教育相结合，使学生在专业课程的学习中

---

① 柳海民. 教育学概论［M］. 北京：北京师范大学出版社，2015：228.
② http://www.gov.cn/jrzg/2010-07/29/content_1667143.htm,2020-05-22.

潜移默化地接受思想教育，实现教育"立德树人"的根本任务。

爱因斯坦在《论教育》中提出，只用专业知识教育人是不够的。通过专业教育，他可以成为一种有用的机器，但是不能成为一个和谐发展的人。因此，专业教师在专业教学的过程中，积极深入挖掘各门专业课程所蕴含的思想政治教育元素，把做人做事的基本道理、社会主义核心价值观的要求、实现中华民族伟大复兴的理想和责任融入专业课程教学中，实现思想观念引领，促进学生思想认识不断深化、价值观念逐步提升，实现学科间育人价值的有机融通。高职教师要确保"课程思政"建设与思政课改革同向同行，科学引导学生将知识探索、科技进步与国家发展相结合，将科学实践、成绩取得与人生目标、价值实现相结合，让学生在学习专业知识的同时，自觉加强思想道德修养，提升政治觉悟，使思想政治课程与专业课程相互补充、有机融合，实现"1+1>2"的教书育人效果。

案例导引

让"绿水青山"入脑、入心
——我校风景园林专业创新设计生态文明思政课程链①

自 2018 年起，我校建筑与城市规划学院在风景园林专业本科人才培养中，将"绿水青山就是金山银山"这一重要理念与生态文明建设内容融入教学全过程，创新设计了生态文明思政课程链。其中"景观生态学"入选上海市高校课程思政教育教学改革试点课程、上海市课程思政领航课程、上海市精品课程，最近，更是入选《上海高校课程思政教学设计案例》。课程链团队是如何将思政教育融于专业课程，达到入脑、入心效果的呢？

从中国传统生态智慧讲起

"《道德经》里提出：'人法地，地法天，天法道，道法自然。'老子用简洁明了的语言，道出了人在天地自然中间的地位和处境，将天、地、人乃至整个宇宙的生命规律精辟道出。中华传统文化中的天人合一、天人相应、因地制宜的人地观，也是我们祖先古老的生态智慧……"这是基础课《景观生态学》上王云才教授在向大三第一学期的学生介绍"生态伦理与正确的人地关系"相关知识点，学生们听得津津有味，对中华文化崇尚自然和道法自然的"东方智慧"心生自豪。

课堂上，老师会向学生介绍中国传统文化和生态哲学在理念、行动和

---

① https://news.tongji.edu.cn/info/1002/74180.htm.

实践上如何达到高度一致，中国传统道家生态智慧如何从哲学层面建立起人地关系的至高至善标准，对从根源指导生态规划设计具有哪些重要价值，通过中西生态观念发展比较，了解中国传统生态智慧的伟大成就，从而建立文化自信。

据介绍，近年来，风景园林专业王云才、陈蔚镇、刘颂三位教授为本科生精心设计了一套生态课程链，其中包括基础课"景观生态学"、专业课"生态规划设计"和实践课"景观规划设计实践"，面向大三学生开设，贯穿上、下两个学期和暑期实践。课程链巧妙地将思政教育融入其中，分为四大模块："生态伦理与正确的人地关系""生态表达挖掘与文化传承""生态规划设计与两山理论教学""生态规划设计与生态文明建设"，采用课堂讲授与课外学习、线上学习与线下学习、理论讨论与田野调研、观点辩论与典型案例剖析相结合的教学方法，实现由基本原理到专业技能、生态伦理到社会责任、低年级向高年级的递进培养。

"我们的目标是培养具备生态素养与可持续设计理念的设计师，培养具有社会责任感、文化自信和使命感，能够适应新时期中国特色社会主义发展和生态文明建设发展需要的设计师人才。"项目负责人王云才教授介绍说。

生态规划，让案例"燃"起来

"近年来流行的萤火虫主题郊野公园，'轻罗小扇扑流萤'充满浪漫气息，你们年轻人是不是特别爱去？但你们有没有思考过这样的园区规划设计符合生态伦理吗？"课堂上老师提出问题启发学生思考，"其实这种通过人工手段扩大萤火虫的种群规模，大幅度改变了生态系统结构，破坏了生态系统原来的平衡，萤火虫的'浪漫之家'终将变成'萤火虫之墓'。我们在做规划设计的时候一定要牢记'山水林田湖草'生命共同体的概念，注重和谐人居、绿色发展。"陈蔚镇教授在大三下学期的"生态规划设计"课上给学生们分析案例。

"知识不等于智慧，我们在做规划设计的时候得有生态智慧。"陈老师启发学生道。大三上学期的"景观生态学"课程中，老师着重讲授生态学的基本概念、重要理论、学科发展历史等知识，到了下学期，便通过大量的设计案例来启发思路，渐渐地将学生引入园林规划设计的正题。

建筑物与周围环境完美协调、传统与现代和谐融合的苏州博物馆，被称为"人工天河"、20世纪60年代创造林县生态奇迹的引水灌溉工程——红旗渠，中国特色社会主义的美丽乡村、生态城市、美丽国土的中国方案……专业老师精心挑选针对性、说服力俱强的案例，将专业教育与思政教育有机结合在一起。

课堂上注重理论讨论、观点辩论与案例剖析，选用"十二五"国家级规划教材《景观生态规划原理》、"十三五"国家重点图书《景观与区域生态规划方法》《图式语言——景观地方性表达与空间逻辑的新范式》。课后，课程链团队的老师们还建立了"高效景观与生态服务"微信公众号，供学生们进行线下学习。

走向自然，观生察态

炎炎夏日，位于五角场某社区的一片街头绿地里，一群学生正在神情专注地观察绿地中的植物、动物，统计生物多样性，了解植物种植和培育的全过程，了解厨余垃圾发酵变成有机肥料的工艺，思考种植设计、景观设计在生物多样性保护和景观美化的作用……这是"生态规划设计实践"课程中的一个教学环节，老师要求学生每个季节至少来绿地观察一次，对发现的生态问题提出规划设计建议。

"生态文明建设绝不是纸上谈兵，课堂教学和书本让学生了解了一个健康的生态系统的组成、生态过程和生态系统服务的原理和辩证关系，实践则是通过观察、规划和设计来理解、维护和改善生态系统的和谐性。"实践课专业老师刘颂教授告诉记者。

"繁华都市里的一小片绿地发挥的作用不可小觑，我们在一米见方的绿地里发现了80余种植物，还有蚯蚓、蟾蜍、蝶蛾等小动物，这是大自然的力量，这是人与自然共生的奇妙链。"在对位于五角场社区的街头绿地观察后，有学生感慨地说。

"什么样的景观是生态的？""无形的生态关系如何规划设计表达出来？""什么样的规划设计才是真正好的和具有生态智慧的？"……经过整整大三一个学年的学习和实践，学生们深刻地认识到建设生态文明的重要性，纷纷立志要为新时代中国特色社会主义生态文明建设作贡献。

（五）德智体美劳渗透交融

1. 德育为先

百年大计，教育为本。育人之本，莫如铸魂。教育应该激发人类内心善的基因，育人向善，尊重生命、敬畏自然，胸怀天下，达到天人合一的境界。党的十八大首次将"立德树人"作为教育的根本任务，十九大落实"立德树人"的根本任务，提出"全方位、全过程、全员育人"，将"立德树人"作为国家的教育战略，可见其重要性非同一般。习近平强调指出，做好高校思想政治工作，要因事而化、因时而进、因势而新。要遵循思政教育工作规律、遵循教书育人规律、遵循学生成长规律，不断提高工作能力与水平。

高职院校的德育教育不只是思政教师的任务，各科教师都应该遵循德育的基本规律，按照德育的基本原则，采用适合的德育模式，运用科学的德育方法，将"教书育人"的理念有机融入教育教学活动中，将德育有效融入各科教学中，实现"立德树人"的根本任务。

2. 以智育为中心

智育指教育者向学生传授系统的科学文化知识和技能，发展学生智力的教育活动。高职教师需要按照教育规律和教学安排做好系统的科学文化知识和技能的传授，提高学生科学文化知识水平和科学治学态度的养成，为学生的知识技术能力发展奠定坚实的基础。同时，按照学生的身心发展规律、阶段和水平，采取科学有效的方法和措施，发展高职学生智力，尤其是创造性、创新性的思维能力和培育勇于探索的科学精神，满足高职学生兴趣与才能科学发展的多元需求。

3. 以体育为基础

体育是指向学生传授健康的知识、技能，锻炼学生的运动能力和意志毅力，增强学生的体质和保健意识，培养学生运动、保健、卫生等良好习惯的教育活动。大学生身体发育基础趋于成熟，但体育锻炼是贯穿人一生不可或缺的重要部分，具有持续性和持久性。我们说，健康的身体是革命的本钱。持续加强高职学生的体育教育和锻炼，锤炼大学生强健的身躯和坚强的意志，实现高职学生可持续发展，体育任务不可松懈。

政策导读

《关于全面加强和改进新时代学校体育工作的意见》①

学校体育是实现立德树人根本任务、提升学生综合素质的基础性工程，是加快推进教育现代化、建设教育强国和体育强国的重要工作，对于弘扬社会主义核心价值观，培养学生爱国主义、集体主义、社会主义精神和奋发向上、顽强拼搏的意志品质，实现以体育智、以体育心具有独特功能。为贯彻落实习近平总书记关于教育、体育的重要论述和全国教育大会精神，把学校体育工作摆在更加突出位置，构建德智体美劳全面培养的教育体系，现就全面加强和改进新时代学校体育工作提出如下意见。

---

① http://www.gov.cn/zhengce/2020-10/15/content_5551609.htm.

一、总体要求

（一）指导思想。以习近平新时代中国特色社会主义思想为指导，全面贯彻党的教育方针，坚持社会主义办学方向，以立德树人为根本，以社会主义核心价值观为引领，以服务学生全面发展、增强综合素质为目标，坚持健康第一的教育理念，推动青少年文化学习和体育锻炼协调发展，帮助学生在体育锻炼中享受乐趣、增强体质、健全人格、锤炼意志，培养德智体美劳全面发展的社会主义建设者和接班人。

（二）工作原则

——改革创新，面向未来。立足时代需求，更新教育理念，深化教学改革，使学校体育同教育事业的改革发展要求相适应，同广大学生对优质丰富体育资源的期盼相契合，同构建德智体美劳全面培养的教育体系相匹配。

——补齐短板，特色发展。补齐师资、场馆、器材等短板，促进学校体育均衡发展。坚持整体推进与典型引领相结合，鼓励特色发展。弘扬中华体育精神，推广中华传统体育项目，形成"一校一品""一校多品"的学校体育发展新局面。

——凝心聚力，协同育人。深化体教融合，健全协同育人机制，为学生纵向升学和横向进入专业运动队、职业体育俱乐部打通通道，建立完善家庭、学校、政府、社会共同关心支持学生全面健康成长的激励机制。

（三）主要目标。到 2022 年，配齐配强体育教师，开齐开足体育课，办学条件全面改善，学校体育工作制度机制更加健全，教学、训练、竞赛体系普遍建立，教育教学质量全面提高，育人成效显著增强，学生身体素质和综合素养明显提升。到 2035 年，多样化、现代化、高质量的学校体育体系基本形成。

二、不断深化教学改革

（四）开齐开足上好体育课。严格落实学校体育课程开设刚性要求，不断拓宽课程领域，逐步增加课时，丰富课程内容。义务教育阶段和高中阶段学校严格按照国家课程方案和课程标准开齐开足上好体育课。鼓励基础教育阶段学校每天开设 1 节体育课。高等教育阶段学校要将体育纳入人才培养方案，学生体质健康达标、修满体育学分方可毕业。鼓励高校和科研院所将体育课程纳入研究生教育公共课程体系。

（五）加强体育课程和教材体系建设。学校体育课程注重大中小幼相衔接，聚焦提升学生核心素养。学前教育阶段开展适合幼儿身心特点的游戏活动，培养体育兴趣爱好，促进运动机能协调发展。义务教育阶段体育课程帮助学生掌握 1 至 2 项运动技能，引导学生树立正确健康观。高中阶段体育课程进一步发展学生运动专长，引导学生养成健康生活方式，形成积极向上的健全人格。职业教育体育课程与职业技能培养相结合，培养身心健康的技术人才。高等教育阶段体育课程与创新人才培养相结合，培养具有崇高精神追求、高尚人格修养的高素质人才。学校体育教材体系建设要扎根中国、融通中外，充分体现思想性、教育性、创新性、实践性，根据学生年龄特点和身心发展规律，围绕课程目标和运动项目特点，精选教学素材，丰富教学资源。

（六）推广中华传统体育项目。认真梳理武术、摔跤、棋类、射艺、龙舟、键球、五禽操、舞龙舞狮等中华传统体育项目，因地制宜开展传统体育教学、训练、竞赛活动，并融入学校体育教学、训练、竞赛机制，形成中华传统体育项目竞赛体系。涵养阳光健康、拼搏向上的校园体育文化，培养学生爱国主义、集体主义、社会主义精神，增强文化自信，促进学生知行合一、刚健有为、自强不息。深入开展"传承的力量——学校体育艺术教育弘扬中华优秀传统文化成果展示活动"，加强宣传推广，让中华传统体育在校园绽放光彩。

（七）强化学校体育教学训练。逐步完善"健康知识+基本运动技能+专项运动技能"的学校体育教学模式。教会学生科学锻炼和健康知识，指导学生掌握跑、跳、投等基本运动技能和足球、篮球、排球、田径、游泳、体操、武术、冰雪运动等专项运动技能。健全体育锻炼制度，广泛开展普及性体育运动，定期举办学生运动会或体育节，组建体育兴趣小组、社团和俱乐部，推动学生积极参与常规课余训练和体育竞赛。合理安排校外体育活动时间，着力保障学生每天校内、校外各 1 个小时体育活动时间，促进学生养成终身锻炼的习惯。加强青少年学生军训。

（八）健全体育竞赛和人才培养体系。建立校内竞赛、校际联赛、选拔性竞赛为一体的大中小学体育竞赛体系，构建国家、省、市、县四级学校体育竞赛制度和选拔性竞赛（夏令营）制度。大中小学校建设学校代表队，参加区域乃至全国联赛。加强体教融合，广泛开展青少年体育夏（冬）令营活动，鼓励学校与体校、社会体育俱乐部合作，共同开展体育教学、训练、竞赛，促进竞赛体系深度融合。深化全国学生运动会改革，每年开展赛事项目预赛。加强体育传统特色学校建设，完善竞赛、师资培训等工作，支持建立高水平运动队，提高体育传统特色学校运动水平。加强高校高水平运动队建设，优化拓展项目布局，深化招生、培养、竞赛、管理制度改革，将高校高水平运动队建设与中小学体育竞赛相衔接，纳入国家竞技体育后备人才培养体系。深化高水平运动员注册制度改革，建立健全体育运动水平等级标准，打通教育和体育系统高水平赛事互认通道。

三、全面改善办学条件

（九）配齐配强体育教师。各地要加大力度配齐中小学体育教师，未配齐的地区应每年划出一定比例用于招聘体育教师。在大中小学校设立专（兼）职教练员岗位。建立聘用优秀退役运动员为体育教师或教练员制度。有条件的地区可以通过购买服务方式，与相关专业机构等社会力量合作向中小学提供体育教育教学服务，缓解体育师资不足问题。实施体育教育专业大学生支教计划。通过"国培计划"等加大对农村体育教师的培训力度，支持高等师范院校与优质中小学建立协同培训基地，支持体育教师海外研修访学。推进高校体育教育专业人才培养模式改革，推进地方政府、高校、中小学协同育人，建设一批试点学校和教育基地。明确高校高职体育专业和高校高水平运动队专业教师、教练员配备最低标准，不达标的高校原则上不得开办相关专业。

（十）改善场地器材建设配备。研究制定国家学校体育卫生条件基本标准。建好满足课程教学和实践活动需求的场地设施、专用教室。把农村学校体育设施建设纳入地方义务教育均衡发展规划，鼓励有条件的地区在中小学建设体育场馆，与体育基础薄弱学校共用共享。小规模学校以保基本、兜底线为原则，配备必要的功能教室和设施设备。加强高校体育场馆建设，鼓励有条件的高校与地方共建共享。配好体育教学所需器材设备，建立体育器材补充机制。建有高水平运动队的高校，场地设备配备条件应满足实际需要，不满足的原则上不得招生。

（十一）统筹整合社会资源。完善学校和公共体育场馆开放互促共进机制，推进学校体育场馆向社会开放、公共体育场馆向学生免费或低收费开放，提高体育场馆开放程度和利用效率。鼓励学校和社会体育场馆合作开设体育课程。统筹好学校和社会资源，城市和社区建设规划要统筹学生体育锻炼需要，新建项目优先建在学校或其周边。综合利用公共体育设施，将开展体育活动作为解决中小学课后"三点半"问题的有效途径和中小学生课后服务工作的重要载体。

四、积极完善评价机制

（十二）推进学校体育评价改革。建立日常参与、体质监测和专项运动技能测试相结合的考查机制，将达到国家学生体质健康标准要求作为教育教学考核的重要内容。完善学生体质健康档案，中小学校要客观记录学生日常体育参与情况和体质健康监测结果，定期向家长反馈。将体育科目纳入初、高中学业水平考试范围。改进中考体育测试内容、方式和计分办法，科学确定并逐步提高分值。积极推进高校在招生测试中增设体育项目。启动在高校招生中使用体育素养评价结果的研究。加强学生综合素质评价档案使用，高校根据人才培养目标和专业学习需要，将学生综合素质评价结果作为招生录取的重要参考。

（十三）完善体育教师岗位评价。把师德师风作为评价体育教师素质的第一标准。围绕教会、勤练、常赛的要求，完善体育教师绩效工资和考核评价机制。将评价导向从教师教了多少转向教会了多少，从完成课时数量转向教育教学质量。将体育教师课余指导学生勤练和常赛，以及承担学校安排的课后训练、课外活动、课后服务、指导参赛和走教任务计入工作量，并根据学生体质健康状况和竞赛成绩，在绩效工资内部分配时给予倾斜。完善体育教师职称评聘标准，确保体育教师在职务职称晋升、教学科研成果评定等方面，与其他学科教师享受同等待遇。优化体育教师岗位结构，畅通体育教师职业发展通道。提升体育教师科研能力，在全国教育科学规划课题、教育部人文社会科学研究项目中设立体育专项课题。加大对体育教师表彰力度，在教学成果奖等评选表彰中，保证体育教师占有一定比例。参照体育教师，研究并逐步完善学校教练员岗位评价。

（十四）健全教育督导评价体系。将学校体育纳入地方发展规划，明确政府、教育行政部门和学校的职责。把政策措施落实情况、学生体质健康状况、素质测评情况和支持学校开展体育工作情况等纳入教育督导评估范围。完善国家义务教育体育质量监测，提高监测科学性，公布监测结果。把体育工作及其效果作为高校办学评价的重要指标，纳入高校本科教学工作评估指标体系和"双一流"建设成效评价。对政策落实不到位、学生体质健康达标率和素质测评合格率持续下降的地方政府、教育行政部门和学校负责人，依规依法予以问责。

五、切实加强组织保障

（十五）加强组织领导和经费保障。地方各级党委和政府要把学校体育工作纳入重要议事日程，加强对本地区学校体育改革发展的总体谋划，党政主要负责同志要重视、关心学校体育工作。各地要建立加强学校体育工作部门联席会议制度，健全统筹协调机制。把学校体育工作纳入有关领导干部培训计划。各级政府要调整优化教育支出结构，完善投入机制，积极支持学校体育工作。地方政府要统筹安排财政转移支付资金和本级财力支持学校体育工作。鼓励和引导社会资金支持学校体育发展，吸引社会捐赠，多渠道增加投入。

（十六）加强制度保障。完善学校体育法律制度，研究修订《学校体育工作条例》。鼓励地方出台学校体育法规制度，为推动学校体育发展提供有力法治保障。建立政府主导、部门协同、社会参与的安全风险管理机制。健全政府、学校、家庭共同参与的学校体育运动伤害风险防范和处理机制，探索建立涵盖体育意外伤害的学生综合保险机制。试行学生体育活动安全事故第三方调解机制。强化安全教育，加强大型体育活动安全管理。

（十七）营造社会氛围。各地要研究落实加强和改进新时代学校体育工作的具体措施，可以结合实际制定实施学校体育教师配备和场地器材建设三年行动计划。总结经验做法，形成可推广的政策制度。加强宣传，凝聚共识，营造全社会共同促进学校体育发展的良好社会氛围。

4. 美育陶冶

美育是指教育者培养学生健康的审美观念和高尚的审美情趣，培养学生发现美、鉴赏美和创造美的教育活动。高职院校需要通过自然美、社会美、艺术美的"大美育"维度对高职学生开展美育，树立学生正确的审美观念，养成健康的审美情趣，陶冶学生高尚情操，提高学生感受美、欣赏美、创造美的能力。

政策导读 ————————————————————————————————

《关于全面加强和改进新时代学校美育工作的意见》①

美是纯洁道德、丰富精神的重要源泉。美育是审美教育、情操教育、心灵教育，也是丰富想象力和培养创新意识的教育，能提升审美素养、陶冶情操、温润心灵、激发创新创造活力。为贯彻落实习近平总书记关于教育的重要论述和全国教育大会精神，进一步强化学校美育育人功能，构建德智体美劳全面培养的教育体系，现就全面加强和改进新时代学校美育工作提出如下意见。

一、总体要求

（一）指导思想。以习近平新时代中国特色社会主义思想为指导，全面贯彻党的教育方针，坚持社会主义办学方向，以立德树人为根本，以社会主义核心价值观为引领，以提高学生审美和人文素养为目标，弘扬中华美育精神，以美育人、以美化人、以美培元，把美育纳入各级各类学校人才培养全过程，贯穿学校教育各学段，培养德智体美劳全面发展的社会主义

———————————————

① http：//www.gov.cn/zhengce/2020-10/15/content_ 5551609. htm.

建设者和接班人。

（二）工作原则

——坚持正确方向。将学校美育作为立德树人的重要载体，坚持弘扬社会主义核心价值观，强化中华优秀传统文化、革命文化、社会主义先进文化教育，引领学生树立正确的历史观、民族观、国家观、文化观，陶冶高尚情操，塑造美好心灵，增强文化自信。

——坚持面向全体。健全面向人人的学校美育育人机制，缩小城乡差距和校际差距，让所有在校学生都享有接受美育的机会，整体推进各级各类学校美育发展，加强分类指导，鼓励特色发展，形成"一校一品""一校多品"的学校美育发展新局面。

——坚持改革创新。全面深化学校美育综合改革，坚持德智体美劳五育并举，加强各学科有机融合，整合美育资源，补齐发展短板，强化实践体验，完善评价机制，全员全过程全方位育人，形成充满活力、多方协作、开放高效的学校美育新格局。

（三）主要目标。到 2022 年，学校美育取得突破性进展，美育课程全面开齐开足，教育教学改革成效显著，资源配置不断优化，评价体系逐步健全，管理机制更加完善，育人成效显著增强，学生审美和人文素养明显提升。到 2035 年，基本形成全覆盖、多样化、高质量的具有中国特色的现代化学校美育体系。

二、不断完善课程和教材体系

（四）树立学科融合理念。加强美育与德育、智育、体育、劳动教育相融合，充分挖掘和运用各学科蕴含的体现中华美育精神与民族审美特质的心灵美、礼乐美、语言美、行为美、科学美、秩序美、健康美、勤劳美、艺术美等丰富美育资源。有机整合相关学科的美育内容，推进课程教学、社会实践和校园文化建设深度融合，大力开展以美育为主题的跨学科教育教学和课外校外实践活动。

（五）完善课程设置。学校美育课程以艺术课程为主体，主要包括音乐、美术、书法、舞蹈、戏剧、戏曲、影视等课程。学前教育阶段开展适合幼儿身心特点的艺术游戏活动。义务教育阶段丰富艺术课程内容，在开好音乐、美术、书法课程的基础上，逐步开设舞蹈、戏剧、影视等艺术课程。高中阶段开设多样化艺术课程，增加艺术课程的可选择性。职业教育将艺术课程与专业课程有机结合，强化实践，开设体现职业教育特点的拓展性艺术课程。高等教育阶段开设以审美和人文素养培养为核心、以创新能力培育为重点、以中华优秀传统文化传承发展和艺术经典教育为主要内容的公共艺术课程。

（六）科学定位课程目标。构建大中小幼相衔接的美育课程体系，明确各级各类学校美育课程目标。学前教育阶段培养幼儿拥有美好、善良心灵和懂得珍惜美好事物。义务教育阶段注重激发学生艺术兴趣和创新意识，培养学生健康向上的审美趣味、审美格调，帮助学生掌握1至2项艺术特长。高中阶段丰富审美体验，开阔人文视野，引导学生树立正确的审美观、文化观。职业教育强化艺术实践，培养具有审美修养的高素质技术技能人才，引导学生完善人格修养，增强文化创新意识。高等教育阶段强化学生文化主体意识，培养具有崇高审美追求、高尚人格修养的高素质人才。

（七）加强教材体系建设。编写教材要坚持马克思主义指导地位，扎根中国、融通中外，体现国家和民族基本价值观，格调高雅，凸显中华美育精神，充分体现思想性、民族性、创新性、实践性。根据学生年龄特点和身心成长规律，围绕课程目标，精选教学素材，丰富教学资源。加强大中小学美育教材一体化建设，注重教材纵向衔接，实现主线贯穿、循序渐进。中小学美育教材按规定审定后使用。高校落实美育教材建设主体责任，做好教材研究、编写、使用等工作，探索形成以美学和艺术史论类、艺术鉴赏类、艺术实践类为主体的高校公共艺术课程教材体系。

三、全面深化教学改革

（八）开齐开足上好美育课。严格落实学校美育课程开设刚性要求，不断拓宽课程领域，逐步增加课时，丰富课程内容。义务教育阶段和高中阶段学校严格按照国家课程方案和课程标准开齐开足上好美育课。高等教育阶段将公共艺术课程与艺术实践纳入学校人才培养方案，实行学分制管理，学生修满公共艺术课程2个学分方能毕业。鼓励高校和科研院所将美学、艺术学课程纳入研究生教育公共课程体系。

（九）深化教学改革。逐步完善"艺术基础知识基本技能+艺术审美体验+艺术专项特长"的教学模式。在学生掌握必要基础知识和基本技能的基础上，着力提升文化理解、审美感知、艺术表现、创意实践等核心素养，帮助学生形成艺术专项特长。成立全国高校和中小学美育教学指导委员会，培育一批学校美育优秀教学成果和名师工作室，建设一批学校美育实践基地，开发一批美育课程优质数字教育资源。推动高雅艺术进校园，持续建设中华优秀传统文化传承学校和基地，创作并推广高校原创文化精品，以大爱之心育莘莘学子，以大美之艺绘传世之作，努力培养心灵美、形象美、语言美、行为美的新时代青少年。

（十）丰富艺术实践活动。面向人人，建立常态化学生全员艺术展演机制，大力推广惠及全体学生的合唱、合奏、集体舞、课本剧、艺术实践工作坊和博物馆、非遗展示传习场所体验学习等实践活动，广泛开展班级、年级、院系、校级等群体性展示交流。有条件的地区可以每年开展大中小学生艺术专项展示，每3年分别组织1次省级大学生和中小学生综合性艺术展演。加强国家级示范性大中小学校学生艺术团建设，遴选优秀学生艺术团参与国家重大演出活动，以弘扬中华优秀传统文化、革命文化、社会主义先进文化为导向，发挥示范引领作用。

（十一）推进评价改革。把中小学生学习音乐、美术、书法等艺术类课程，以及参与学校组织的艺术实践活动情况纳入学业要求，探索将艺术类科目纳入初、高中学业水平考试范围。全面实施中小学生艺术素质测评，将测评结果纳入初、高中学生综合素质评价。探索将艺术类科目纳入中考改革试点，纳入高中阶段学校考试招生录取计分科目，依据课程标准确定考试内容，利用现代技术手段促进客观公正评价。

（十二）加快艺术学科创新发展。专业艺术教育坚持以一流为目标，进一步优化学科专业布局，构建多元化、特色化、高水平的中国特色艺术学科专业体系，加强国家级一流艺术类专业点建设，创新艺术人才培养机制，提高艺术人才培养能力。艺术师范教育以培养高素质专业化创新型教师队伍为根本，坚定办学方向、坚守师范特质、坚持服务需求、强化实践环节，构建协同育人机制，鼓励艺术教师互聘和双向交流。鼓励有条件的地区建设一批高水平艺术学科创新团队和平台，整合美学、艺术学、教育学等学科资源，加强美育基础理论建设，建设一批美育高端智库。

四、着力改善办学条件

（十三）配齐配好美育教师。各地要加大中小学美育教师补充力度，未配齐的地区应每年划出一定比例用于招聘美育教师。有条件的地区可以通过购买服务方式，与相关专业机构等社会力量合作，向中小学提供美育教育教学服务，缓解美育师资不足问题。鼓励优秀文艺工作者等人士到学校兼任美育教师。推动实施艺术教育专业大学生支教计划。全面提高美育教师思想政治素质、教学素质、育人能力和职业道德水平。优化美育教师岗位结构，畅通美育教师职业发展通道。将美育教师承担学校安排的艺术社团指导，课外活动、课后服务等第二课堂指导和走教任务计入工作量。在教学成果奖等评选表彰中，保证美育教师占有一定比例。

（十四）改善场地器材建设配备。建好满足课程教学和实践活动需求的场地设施、专用教室。把农村学校美育设施建设纳入地方义务教育均衡发展规划，小规模学校以保基本、兜底线为原则，配备必要的功能教室和设施设备。鼓励有条件的地区在中小学校建设美育场馆，与周边学校和社区共用共享。加强高校美育场馆建设，鼓励有条件的高校与地方共建共享剧院、音乐厅、美术馆、书法馆、博物馆等艺术场馆。配好美育教学所需器材设备，建立美育器材补充机制。制定学校美育工作基本标准。

（十五）统筹整合社会资源。加强美育的社会资源供给，推动基本公共文化服务项目为学校美育教学服务。城市和社区建设规划要统筹学生艺术实践需要，新建文化艺术项目优先建在学校或其周边。鼓励学校与社会公共文化艺术场馆、文艺院团合作开设美育课程。整合校内、校外资源开展美育实践活动，作为解决中小学课后"三点半"问题的有效途径和中小学生课后服务工作的重要载体。有条件的地方和学校每年组织学生现场参观1次美术馆、书法馆、博物馆，让收藏在馆所里的文物、陈列在大地上的文化艺术遗产成为学校美育的丰厚资源，让广大学生在艺术学习过程中了解中华文化变迁，触摸中华文化脉络，汲取中华文化艺术精髓。充分挖掘学校艺术场馆的社会服务功能，鼓励有条件的学校将艺术场馆向社会有序开放。

（十六）建立美育基础薄弱学校帮扶机制。各地要加强乡村学校美育教师培养，通过乡村教师公费定向培养项目，培养能够承担美育教学的全科教师。鼓励开展对乡村学校各学科在职教师的美育培训，培养能够承担美育教学与活动指导的兼职美育教师。推进农村学校艺术教育实验县等综合改革实践，建立校际教师共享和城乡学校"手拉手"帮扶机制。统筹乡镇中心学校和小规模学校美育课程设置、教学安排、教研活动和教师管理，采取同步课堂、共享优质在线资源等方式，补齐师资和资源短板。引导高校师生强化服务社会意识，支持高校开展美育浸润行动计划，支持社会力量开展美育公益项目。

五、切实加强组织保障

（十七）加强组织领导和经费保障。地方各级党委和政府要把学校美育工作纳入重要议事日程，纳入地方经济社会发展规划，加强对本地区学校美育改革发展的总体谋划。各地要建立加强学校美育工作部门联席会议制度，健全统筹协调机制。把学校美育工作纳入有关领导干部培训计划。各级政府要调整优化教育支出结构，完善投入机制，地方政府要统筹安排财政转移支付资金和本级财力支持学校美育工作。鼓励和引导社会资金支持学校美育发展，吸引社会捐赠，多渠道增加投入。

（十八）加强制度保障。完善学校美育法律制度，研究制定规范学校美育工作的法规。鼓励地方出台学校美育法规制度，为推动学校美育发展提供有力法治保障。健全教育督导评价制度，把政策措施落实情况、学生艺术素质测评情况和支持学校开展美育工作情况等纳入教育督导评估范围。完善国家义务教育美育质量监测，公布监测结果。把美育工作及其效果作为高校办学评价的重要指标，纳入高校本科教学工作评估指标体系和"双一流"建设成效评价。对政策落实不到位、学生艺术素质测评合格率持续下降的地方政府、教育行政部门和学校负责人，依规依法予以问责。

（十九）营造社会氛围。各地要研究落实加强和改进新时代学校美育工作的具体措施，可以结合实际制定实施学校美育教师配备和场地器材建设三年行动计划。加强宣传，凝聚共识，营造全社会共同促进学校美育发展的良好社会氛围。

5. 劳育践行

关于教育的起源，马克思提出了劳动起源说，是我国众多教育专家、学者比较认可的观点。教育起源于劳动，同时教育也提升了劳动的智慧。当前，顺应时代需求，高职校要培养有劳动素养的时代新人，就要通过"教育与生产劳动相结合"的方式培育全面发展的人。《关于全面加强新时代大中小学劳动教育的意见》强调"以体力劳动为主，注意手脑并用、安全适度，强化实践体验，让学生亲历劳动过程，提升育人实效性"。因此，高职教师在平时的教育教学中要积极引导学生树立科学的劳动观，崇尚劳动、尊重劳动，提升劳动素养。

政策导读 ————————————————————————————————————

中共中央《关于全面加强新时代大中小学劳动教育的意见》①

为构建德智体美劳全面培养的教育体系，现就加强新时代大中小学劳动教育提出如下意见。

一、充分认识新时代培养社会主义建设者和接班人对加强劳动教育的新要求

（一）重大意义。劳动教育是中国特色社会主义教育制度的重要内容，直接决定社会主义建设者和接班人的劳动精神面貌、劳动价值取向和劳动技能水平。长期以来，各地区和学校坚持教育与生产劳动相结合，在实践育人方面取得了一定成效。同时也要看到，近年来一些青少年中出现了不珍惜劳动成果、不想劳动、不会劳动的现象，劳动的独特育人价值在一定

————————————

① http://www.gov.cn/zhengce/2020-03/26/content_5495977.htm.

程度上被忽视，劳动教育正被淡化、弱化。对此，全党全社会必须高度重视，采取有效措施切实加强劳动教育。

（二）指导思想。以习近平新时代中国特色社会主义思想为指导，全面贯彻党的教育方针，落实全国教育大会精神，坚持立德树人，坚持培育和践行社会主义核心价值观，把劳动教育纳入人才培养全过程，贯通大中小学各学段，贯穿家庭、学校、社会各方面，与德育、智育、体育、美育相融合，紧密结合经济社会发展变化和学生生活实际，积极探索具有中国特色的劳动教育模式，创新体制机制，注重教育实效，实现知行合一，促进学生形成正确的世界观、人生观、价值观。

（三）基本原则

——把握育人导向。坚持党的领导，围绕培养担当民族复兴大任的时代新人，着力提升学生综合素质，促进学生全面发展、健康成长。把准劳动教育价值取向，引导学生树立正确的劳动观，崇尚劳动、尊重劳动，增强对劳动人民的感情，报效国家，奉献社会。

——遵循教育规律。符合学生年龄特点，以体力劳动为主，注意手脑并用、安全适度，强化实践体验，让学生亲历劳动过程，提升育人实效性。

——体现时代特征。适应科技发展和行业变革，针对劳动新形态，注重新兴技术支撑和社会服务新变化。深化产教融合，改进劳动教育方式。强化诚实合法劳动意识，培养科学精神，提高创造性劳动能力。

——强化综合实施。加强政府统筹，拓宽劳动教育途径，整合家庭、学校、社会各方面力量。家庭劳动教育要日常化，学校劳动教育要规范化，社会劳动教育要多样化，形成协同育人格局。

——坚持因地制宜。根据各地区和学校实际，结合当地在自然、经济、文化等方面条件，充分挖掘行业企业、职业院校等可利用资源，宜工则工、宜农则农，采取多种方式开展劳动教育，避免"一刀切"。

二、全面构建体现时代特征的劳动教育体系

（四）把握劳动教育基本内涵。劳动教育是国民教育体系的重要内容，是学生成长的必要途径，具有树德、增智、强体、育美的综合育人价值。实施劳动教育重点是在系统的文化知识学习之外，有目的、有计划地组织学生参加日常生活劳动、生产劳动和服务性劳动，让学生动手实践、出力流汗，接受锻炼、磨炼意志，培养学生正确劳动价值观和良好劳动品质。

（五）明确劳动教育总体目标。通过劳动教育，使学生能够理解和形成马克思主义劳动观，牢固树立劳动最光荣、劳动最崇高、劳动最伟大、劳动最美丽的观念；体会劳动创造美好生活，体认劳动不分贵贱，热爱劳动，尊重普通劳动者，培养勤俭、奋斗、创新、奉献的劳动精神；具备满足生存发展需要的基本劳动能力，形成良好劳动习惯。

（六）设置劳动教育课程。整体优化学校课程设置，将劳动教育纳入中小学国家课程方案和职业院校、普通高等学校人才培养方案，形成具有综合性、实践性、开放性、针对性的劳动教育课程体系。

根据各学段特点，在大中小学设立劳动教育必修课程，系统加强劳动教育。中小学劳动教育课每周不少于1课时，学校要对学生每天课外校外劳动时间作出规定。职业院校以实习实训课为主要载体开展劳动教育，其中劳动精神、劳模精神、工匠精神专题教育不少于16学时。普通高等学校要明确劳动教育主要依托课程，其中本科阶段不少于32学时。除劳动教育必修课程外，其他课程结合学科、专业特点，有机融入劳动教育内容。大中小学每学年设立劳动周，可在学年内或寒暑假自主安排，以集体劳动为主。高等学校也可安排劳动月，集中落实各学年劳动周要求。

根据需要编写劳动实践指导手册，明确教学目标、活动设计、工具使用、考核评价、安全保护等劳动教育要求。

（七）确定劳动教育内容要求。根据教育目标，针对不同学段、类型学生特点，以日常生活劳动、生产劳动和服务性劳动为主要内容开展劳动教育。结合行业新业态、劳动新形态，注重选择新型服务性劳动的内容。

小学低年级要注重围绕劳动意识的启蒙，让学生学习日常生活自理，感知劳动乐趣，知道人人都要劳动。小学中高年级要注重围绕卫生、劳动习惯养成，让学生做好个人清洁卫生，主动分担家务，适当参加校内外公益劳动，学会与他人合作劳动，体会到劳动光荣。初中要注重围绕增加劳动知识、技能，加强家政学习，开展社区服务，适当参加生产劳动，使学生初步养成认真负责、吃苦耐劳的品质和职业意识。普通高中要注重围绕丰富职业体验，开展服务性劳动、参加生产劳动，使学生熟练掌握一定劳动技能，理解劳动创造价值，具有劳动自立意识和主动服务他人、服务社会的情怀。中等职业学校重点是结合专业人才培养，增强学生职业荣誉感，提高职业技能水平，培育学生精益求精的工匠精神和爱岗敬业的劳动态度。高等学校要注重围绕创新创业，结合学科和专业积极开展实习实训、专业服务、社会实践、勤工助学等，重视新知识、新技术、新工艺、新方法应用，创造性地解决实际问题，使学生增强诚实劳动意识，积累职业经验，提升就业创业能力，树立正确择业观，具有到艰苦地区和行业工作的奋斗精神，懂得空谈误国、实干兴邦的深刻道理；注重培育公共服务意识，使学生具有面对重大疫情、灾害等危机主动作为的奉献精神。

（八）健全劳动素养评价制度。将劳动素养纳入学生综合素质评价体系，制定评价标准，建立激励机制，组织开展劳动技能和劳动成果展示、劳动竞赛等活动，全面客观记录课内外劳动过程和结果，加强实际劳动技能和价值体认情况的考核。建立公示、审核制度，确保记录真实可靠。把劳动素养评价结果作为衡量学生全面发展情况的重要内容，作为评优评先的重要参考和毕业依据，作为高一级学校录取的重要参考或依据。

三、广泛开展劳动教育实践活动

（九）家庭要发挥在劳动教育中的基础作用。注重抓住衣食住行等日常生活中的劳动实践机会，鼓励孩子自觉参与、自己动手、随时随地、坚持不懈进行劳动，掌握洗衣做饭等必要的家务劳动技能，每年有针对性地学会1至2项生活技能。鼓励学校（家委会）和社区等组织开展学生生活技能展示活动。学生参加家务劳动和掌握生活技能的情况要按年度记入学生综合素质档案。鼓励孩子利用节假日参加各种社会劳动。家庭要树立崇尚劳动的良好家风，家长要通过日常生活的言传身教、潜移默化，让孩子养成从小爱劳动的好习惯。

（十）学校要发挥在劳动教育中的主导作用。学校要切实承担劳动教育主体责任，明确实施机构和人员，开齐开足劳动教育课程，不得挤占、挪用劳动实践时间。明确学校劳动教育要求，着重引导学生形成马克思主义劳动观，系统学习掌握必要的劳动技能。根据学生身体发育情况，科学设计课内外劳动项目，采取灵活多样形式，激发学生劳动的内在需求和动力。统筹安排课内外时间，可采用集中与分散相结合的方式。组织实施好劳动周，小学低中年级以校园劳动为主，小学高年级和中学可适当走向社会、参与集中劳动，高等学校要组织学生走向社会、以校外劳动锻炼为主。

（十一）社会要发挥在劳动教育中的支持作用。充分利用社会各方面资源，为劳动教育提供必要保障。各级政府部门要积极协调和引导企业公司、工厂农场等组织履行社会责任，开放实践场所，支持学校组织学生参加力所能及的生产劳动、参与新型服务性劳动，使学生与普通劳动者一起经历劳动过程。鼓励高新企业为学生体验现代科技条件下劳动实践新形态、新方式提供支持。工会、共青团、妇联等群团组织，以及各类公益基金会、社会福利组织要组织动员相关力量、搭建活动平台，共同支持学生深入城乡社区、福利院和公共场所等参加志愿服务，开展公益劳动，参与社区治理。

四、着力提升劳动教育支撑保障能力

（十二）多渠道拓展实践场所。大力拓展实践场所，满足各级各类学校

多样化劳动实践需求。充分利用现有综合实践基地、青少年校外活动场所、职业院校和普通高等学校劳动实践场所，建立健全开放共享机制。农村地区可安排相应土地、山林、草场等作为学农实践基地，城镇地区可确认一批企事业单位和社会机构，作为学生参加生产劳动、服务性劳动的实践场所。建立以县为主、政府统筹规划配置中小学（含中等职业学校）劳动教育资源的机制。进一步完善学校建设标准，学校逐步建好配齐劳动实践教室、实训基地。高等学校要充分发挥自身专业优势和服务社会功能，建立相对稳定的实习和劳动实践基地。

（十三）多举措加强人才队伍建设。采取多种措施，建立专兼职相结合的劳动教育师资队伍。根据学校劳动教育需要，为学校配备必要的专任教师。高等学校要加强劳动教育师资培养，有条件的师范院校开设劳动教育相关专业。设立劳模工作室、技能大师工作室、荣誉教师岗位等，聘请相关行业专业人士担任劳动实践指导教师。把劳动教育纳入教师培训内容，开展全员培训，强化每位教师的劳动意识、劳动观念，提升实施劳动教育的自觉性，对承担劳动教育课程的教师进行专项培训，提高劳动教育专业化水平。建立健全劳动教育教师工作考核体系，分类完善评价标准。

（十四）健全经费投入机制。各地区要统筹中央补助资金和自有财力，多种形式筹措资金，加快建设校内劳动教育场所和校外劳动教育实践基地，加强学校劳动教育设施标准化建设，建立学校劳动教育器材、耗材补充机制。学校可按照规定统筹安排公用经费等资金开展劳动教育。可采取政府购买服务方式，吸引社会力量提供劳动教育服务。

（十五）多方面强化安全保障。各地区要建立政府负责、社会协同、有关部门共同参与的安全管控机制。建立政府、学校、家庭、社会共同参与的劳动教育风险分散机制，鼓励购买劳动教育相关保险，保障劳动教育正常开展。各学校要加强对师生的劳动安全教育，强化劳动风险意识，建立健全安全教育与管理并重的劳动安全保障体系。科学评估劳动实践活动的安全风险，认真排查、清除学生劳动实践中的各种隐患特别是辐射、疾病传染等，在场所设施选择、材料选用、工具设备和防护用品使用、活动流程等方面制定安全、科学的操作规范，强化对劳动过程每个岗位的管理，明确各方责任，防患于未然。制定劳动实践活动风险防控预案，完善应急与事故处理机制。

五、切实加强劳动教育的组织实施

（十六）加强组织领导。在党委统一领导下，各级政府要把劳动教育摆上重要议事日程，出台相关政策措施，切实解决劳动教育实施过程中的重大问题，做好督促落实。省级政府要加强劳动教育工作的统筹协调，明确市地级、县级政府及有关部门加强劳动教育的职责，推动建立全面实施劳动教育的长效机制。

（十七）强化督导检查。把劳动教育纳入教育督导体系，完善督导办法。对地方各级政府和有关部门保障劳动教育情况，以及学校组织实施劳动教育情况进行督导，督导结果向社会公开，同时作为衡量区域教育质量和水平的重要指标，作为对被督导部门和学校及其主要负责人考核奖惩的依据。开展劳动教育质量监测，强化反馈和指导。

（十八）加强宣传引导。引导家长树立正确劳动观念，支持配合学校开展劳动教育。加强劳动教育科学研究，宣传推广劳动教育典型经验。积极宣传企事业单位和社会机构提供劳动教育服务的先进事迹。注重挖掘在抗疫救灾等重大事件中涌现出来的典型人物和事迹，大力宣传不畏艰难、百折不挠、敢于担当的高尚品格。鼓励和支持创作更多以歌颂普通劳动者为主题的优秀作品，大力宣传辛勤劳动、诚实劳动、创造性劳动的典型人物和事迹，弘扬劳动光荣、创造伟大的主旋律，旗帜鲜明地反对一切不劳而获、贪图享乐、崇尚暴富的错误观念，营造全社会关心和支持劳动教育的良好氛围。

政策解读

《大中小学如何开展劳动教育？教育部 12 问答详解》①

构建新时代中国特色社会主义劳动教育体系

一、《关于全面加强新时代大中小学劳动教育的意见》出台的背景

一是贯彻落实新时代党对劳动教育的新要求。2018 年 9 月，习近平总书记在全国教育大会上明确提出将劳动教育纳入社会主义建设者和接班人的总体要求，必须构建大中小学劳动教育体系，全面落实党的教育方针。

二是劳动育人功能亟待加强。劳动教育被淡化、弱化，一些青少年中出现不珍惜劳动成果、不想劳动、不会劳动的现象，与社会主义建设者和接班人的培养要求有较大差距。全党全社会必须高度重视，切实加强大中小学劳动教育。

---

① http://edu.eastday.com/node2/jypd/n5/20200327/u1ai30925.html.

二、新时代加强劳动教育的总体思路

新时代加强劳动教育必须强调以习近平新时代中国特色社会主义思想为指导，落实立德树人根本任务，把劳动教育纳入人才培养全过程，贯通大中小学各学段，贯穿家庭、学校、社会各方面，与德育、智育、体育、美育相结合，把握育人导向，遵循教育规律，创新体制机制，注重教育实效，实现知行合一，促进学生形成正确的世界观、人生观、价值观。

三、《意见》对新时代劳动教育的基本内涵的规定

《意见》明确提出，实施劳动教育的重点是在系统的文化知识学习之外，有目的、有计划地组织学生参加日常生活劳动、生产劳动和服务性劳动，让学生切实经历动手实践，出力流汗，接受锻炼，磨炼意志。将劳动教育与智育区别开，防止用文化课的学习取代劳动教育。

四、新时代劳动教育主要育人目标

针对一些青少年中出现的不珍惜劳动成果、不想劳动、不会劳动的现象，《意见》从思想认识、情感态度、能力习惯三个方面面向全体学生提出了劳动教育目标，突出强调劳动教育的思想性。强调理解和形成马克思主义劳动观，牢固树立劳动最光荣、劳动最崇高、劳动最伟大、劳动最美丽的观念；体会劳动创造美好生活，体认劳动不分贵贱，热爱劳动，尊重普通劳动者，培养勤俭、奋斗、创新、奉献的劳动精神；具备满足生存发展需要的基本劳动能力，形成良好的劳动习惯。

五、劳动教育课程、时间上的规定

落实劳动教育需要依托课程，必须有一定的时间做保证。在课程设置上，《意见》突出强调"整体优化学校课程设置"，构建劳动教育课程体系，大中小学设立必修课程和劳动周，同时强调其他课程有机融入劳动教育内容和要求。在劳动教育时间上，《意见》主要从两个方面作出规定，一是利用上课的时间进行。中小学劳动教育课每周不少于1课时；职业院校除实习、实训外，专门进行劳动精神、劳模精神、工匠精神专题教育不少于16学时；大学本科阶段不少于32学时。二是在课外校外安排。中小学要对学生每天课外劳动时间作出规定。大中小学每学年设劳动周（高等学校也可安排劳动月），也是在课外集中安排。安排必要的劳动实践，旨在促使学生养成良好的劳动习惯。

六、开展日常生活劳动、生产劳动、服务性劳动三类劳动教育的意义

《意见》依据马克思主义劳动观，将劳动分为生产劳动和非生产劳动，相应地将劳动教育分为生产劳动教育和非生产劳动教育。考虑到劳动教育内容的针对性和可行性，《意见》又将非生产劳动教育分为日常生活劳动教

育和服务性劳动教育，前者注重在学生个人生活自理中强化劳动自立意识，体验持家之道，这也是学生健康发展、适应社会生活的重要基础；后者具有较强的时代特点，注重利用知识、技能、工具、设备等为他人和社会提供服务，特别是在公益劳动、志愿服务中强化社会责任，培养良好的社会公德，例如：强调高等学校"注重培育公共服务意识，使学生具有面对重大疫情、灾害等危机主动作为的奉献精神"。三类劳动教育内容不同，各学段可以有所侧重，但从总体上看，三者都很重要，不能偏废。

七、家庭在劳动教育中的作用

家长是孩子的第一任老师，家庭是实施劳动教育的重要场所。《意见》从四个方面强调发挥家庭在劳动教育中的基础作用：一是鼓励孩子自觉参与、自己动手、随时随地、坚持不懈地进行劳动，每年掌握 1 至 2 项生活技能；二是鼓励孩子利用节假日参加社会劳动；三是树立崇尚劳动的家风，让孩子养成从小爱劳动的习惯；四是学校和社区、妇联等开展学生生活技能展示活动，加强对家庭劳动教育的指导。

八、学校在发挥劳动教育中的主导作用

《意见》明确提出学校要切实承担劳动教育的重要责任，主要任务是：第一，开齐开足劳动教育课程，统筹安排课内外劳动实践时间；第二，结合学段特点和所在地区实际，规划好劳动教育课程内容，注重马克思主义劳动观、有关劳动技能的学习；第三，组织实施好劳动周，有序安排学生的集体劳动；第四，加强对劳动教育的研究，不断改进劳动教育方法和组织形式，注重激发学生内在需要和动力，提高教育效果。

九、对社会各方面提出的要求

劳动教育涉及社会方方面面。为此，《意见》对社会各方面如何加强劳动教育提出了明确要求：一是企业公司、工厂农场等要履行社会责任，开放实践场所，特别是鼓励高新企业为学生体验现代科技条件下劳动实践新形态、新方式提供支持；二是工会、共青团、妇联等群团组织，以及公益基金会、社会福利组织要组织动员相关力量，搭建多样化劳动实践平台，注重引导学生参加公益劳动、志愿服务；三是宣传部门要鼓励和支持创作更多以歌颂普通劳动者为主题的优秀作品，广泛宣传辛勤劳动、诚实劳动和创造性劳动的典型人物和事迹。《意见》针对我国新型冠状病毒肺炎防控工作中，各行各业特别是医疗卫生行业劳动者们表现出的无私奉献和大无畏的牺牲精神，突出强调，"注重挖掘在抗疫救灾等重大事件中涌现出来的典型人物和事迹，大力宣传不畏艰难、百折不挠、敢于担当的高尚品格"。《意见》还要求，宣传推广劳动教育的典型经验，营造良好的舆论氛围，特

别要旗帜鲜明地反对一切不劳而获、贪图享乐、崇尚暴富的错误观念。

针对劳动教育社会性很强的特点，《意见》特别强调各级政府要加强劳动教育工作的统筹协调，各相关部门要履行自身的劳动教育职责，全社会合力推动劳动教育。

十、劳动教育落实举措，发挥评价、监督的促进作用

针对各方面积极性不高、内在动力不足的问题，《意见》侧重从两个方面建立健全劳动教育激励机制：一是健全学生劳动素养评价制度。组织开展劳动技能和劳动成果展示、劳动竞赛等活动，激发学校和学生的积极性。将劳动实践过程和结果纳入学生综合素质评价体系，建立公示、审核制度，确保真实可靠。把劳动素养评价结果作为评优、评先的重要参考和毕业依据，作为高一级学校招生录取的重要参考或依据，使劳动教育评价硬起来。《意见》提出"全面客观记录校内外劳动过程和结果"，强调既要记录结果，也要记录劳动过程中的关键表现，但也不是事事都记。二是加强督导检查和质量评估。把劳动教育纳入教育督导体系，完善督导办法。劳动教育督导结果向社会公开，并作为被督导部门主要负责人考核奖惩的依据。探索建立劳动教育质量监测制度，推动劳动教育过程的反馈和改进。

十一、加强劳动教育教师培养和培训

一是高等学校要加强劳动教育师资培养，有条件的院校开设劳动教育相关专业。有关部门将对劳动教育师资培养进行调研和规划。二是开展全员培训，强化每位教师的劳动意识、劳动观念，提升实施劳动教育的自觉性。三是对担任劳动教育课程的教师进行专项培训，提高劳动教育专业化水平。

十二、教育部全面贯彻落实《意见》的规划

一是细化顶层设计。依据《意见》，研究制定大中小学劳动教育指导纲要，细化劳动教育目标、内容、途径、方式、评价等，加强对地方和学校实施劳动教育的具体指导和专业支持。

二是加强制度保障。着力推动将劳动教育纳入教育教学体系和人才培养体系中，从课程建设、资源配备、人力保障、管理考核等方面，构建劳动教育长效机制，形成家庭、学校和社会协同实施机制。

三是强化组织领导。在党委统一领导下，各级教育行政部门要明确实施机构和人员职责，并积极争取发展改革、财政、人力资源社会保障、税务等部门，以及工会、共青团、妇联等群团组织力量，推动落实好各项改革措施，把劳动教育的目标任务落到实处。

　　高等职业教育培养的是全面发展的社会主义建设者和接班人，因此，在教育教学活动过程中，必须坚持"五育"齐头并进，协同发展。坚持以德育为方向，以智育为中心，以体育为基础，美育辅助，劳育践行。"五育"虽然相对独立，彼此之间不可相互替代，但作为全面发展的整体组成部分，彼此相互渗透，辩证统一，共同推进学生的健康全面发展。高职教师应将"立德树人"的理念融入思想道德教育、文化知识教育、社会实践教育各个环节，实现德育引方向、智育抓能力、体育重普及、美育多样化、劳育践行化的德智体美劳协调发展；将立德树人渗透到高校的社团活动、绩效管理、督导评价、日常生活等各个环节，延伸到家庭、社会和网络活动的各个方面，形成理念清晰、载体丰富、有机融合、协调发展的德育体系。2018 年，习近平总书记在全国教育大会上强调，教育围绕"培养什么人、怎样培养人、为谁培养人"这一根本问题，全面加强党对教育工作的领导，坚持立德树人，加强学校思想政治工作，推进教育改革，加快补齐教育短板，教育事业中国特色更加鲜明，教育现代化加速推进，教育方面人民群众获得感明显增强，我国教育的国际影响力加速提升，中国人民的思想道德素质和科学文化素质全面提升。

　　总的来讲，高等职业教育教学活动互动过程中，教师与学生的接触最为频繁，交流最为密切，影响最为深远。在实现高等职业教育人才培养目标、全面提高高等职业教育人才培养质量的征途中，高职院校教师的作用首当其冲，其重要性毋庸置疑。高职教师在教育教学中务必要树立正确的育人观念，坚持立德树人的教育理念，完善高尚的专业精神、博深的专业知识和高超的专业能力，注意把握学生教育的全面发展和轻重缓急，基于学生成"人"的视角来提高学生的学习效率，助力我国高等职业教育全面、健康、科学发展。

信息导引

四十名世界级教师的教学建议[①]

1. 幽默是一种魅力

　　一个教师能娴熟地运用幽默的语言，可以使叙事更加具体、生动；说理更加深刻、透明；抒情更加真切、动人。可以随机应变地解决课堂教学

---

　　①　https：// mp. weixin. qq. com/s?　__biz＝MzU2MTU3NjAwMQ＝＝&mid＝2247487112&idx＝1&sn＝f2452fd926138eb3aff04109985c16c8&chksm＝fc77efa6cb0066b0f43a815d1cd4301babe5190235dc670b45c32bebcc26d07f9115e76db90d&scene＝21#wechat_redirect.

过程中出现的各种情况，既加深了学生的印象，又达到寓教于乐的境界。

——格瓦列夫（苏联优秀教师、生物学家和教育家）

2. 微笑真的很重要

我们对学生微笑，生活就会对学生微笑，学生也会微笑着面对生活。对于教师来说，微笑就是一种欣赏、一种简单、一种坦荡、一种宽容、一种幸福的体验、一种诗意的享受……微笑就是一种激励、鼓励和关爱。微笑真的很重要，它能使我们教师达到最佳的教育效果。

——蒂莉·布朗（美国优秀英语教师）

3. 让每个学生都成为你的"最爱"

师爱是一种力量、一种品质、是教育成功的秘诀。如果没有爱，教师的工作就失去了意义和价值。当然，教育之爱未必非得那样轰烈。如果教师善于在日常教育中去播种这份爱，你就会发现，最伟大的爱其实往往产生在最平凡之处，最深的感动其实就在每一个平淡而平凡的教育细节中。

——布莱恩（美国优秀教师）

4. 做一名"阳光"教师

教师要学会管理好自己的情绪，以豁达开朗、积极乐观的健康心态对待教学工作，对待学生。只要教师的言行、底蕴、心灵都像阳光一样纯洁、公正、热情了，我们的学生就会时时处处感受温暖。

——桑尼（澳大利亚优秀教师）

5. 教师要有一种奉献精神

我常常告诫自己：我是一位教师，我的职责就是教书育人。作为教师，就应该毫无保留地奉献自己的精力、热情、才能和知识，使学生更好地受到教育，在知识上、精神上和品德上取得最好的结果。

——丁大卫（来自美国的普通教师，扎根于我国西北教育事业，在黄土高原兴建了多所学校）

6. 教师应该成为一名演说家

如果一位教师具备优秀的讲演能力，他必定是一位受学生欢迎的好教师，他会用他的激情去感染学生，用他的热情去追求教育，用他的思想去实践探索。

——艾索克拉底（古希腊优秀教师、教育家）

7. 要有自己的精神空间

我边教边学，因为我感到，一个勤学者是最好的教师。我希望我的学生认识到，一个时代的文学创作，与同时代发生的历史、文化事件有着紧密的联系。

——莎伦·德雷珀（美国优秀教师、教育家）

8. 努力使自己成为一名研究型的教师

作为一名教师，只要他走上了专业研究的道路，他就会自觉地关注自己的课堂、自己的学生，他就会对自己和教育教学工作有更深刻的认识。他体验到工作的乐趣，不会把教学看成一种单调的、乏味的、没有创造力的机械劳动。

——维尔霍汶尼娜（苏联优秀教师）

9. 教师，请注意你的仪表美

为人之师，一举一动，一言一行都会对学生起着潜移默化的教育作用。一个好的老师，不但要有渊博的知识，还应该有正确的审美观，注意自己的仪表美，学生除了向老师学习知识外，教师的仪表也时刻影响着学生的审美观的形成。

——布鲁肖（美国优秀教师，教师岗前培训项目负责人）

10. 切记，教师要信守承诺

教师对学生的教育影响，重在身教。因此，我们教师必须言行一致。信守承诺、言而有信是一种品格，承诺一旦做出就必须兑现。

——路克（美国优秀教师）

11. 管理好你的时间

时间就是生命，作为教师，管理好自己的时间，更是在为很多人"节约生命"。能否科学地管理好自己的时间，有效地利用时间是衡量每个管理者工作成效的基本标志之一。时间管理对于教师的工作、学习和生活具有非凡意义。

——班杰明（美国优秀教师、著名教育家）

12. 请记住学生的名字

如果我力图显示出自己对学生真正的爱，我就必须以最完美的形式去显示它。而这"最完美的形式"不一定要是多么激动人心的方式，更多的恰恰体现在一些似乎不经意的细节中，其中就包括新学年第一天能够叫出学生的名字。

——阿莫纳什维利（苏联优秀教师、著名教育家）

13. 别把孩子的特点当缺点

每个学生都具有自己的特点、个性，教育的真正的意义就是要发展人的个性。因此，教师需要尊重学生、发展其个性，最大限度地调动他们的积极性，激发其巨大的潜能，让每个学生都闪烁着个性的光芒。

——多伦斯·斯莱顿（美国优秀英语教师）

14. 学会倾听学生的声音

教师要学会倾听学生的心声，设身处地地感受学生的喜怒哀乐，在解决问题的过程中享受师生友好相处的快乐。教师学会了倾听，就能够深入了解学生的内心世界，这样才能更好地教育学生，更好地帮助学生。

——小林宗作（日本优秀教师）

15. 教师要懂得尊重学生

教师不光是在教学生阅读和算术，教师还能给予学生知识以外的更多的东西。如果我们怀揣着一种爱走近每一个学生，去关心、了解学生并不遗余力地尊重他们，懂得维护他们的自尊，相信他们一定会成为一个自信而有用的人！

——汤姆森（美国优秀教师）

16. 学会真诚地赞美

赞美永远都不是多余的，尤其是对于那些从未有人赞美过的学生来说，一次真诚的赞美，可以胜过一万次严厉的责备。有时，老师的鼓励与赞美虽然只是短短几个字，正是那几个字却能够给学生带来足够的信心和勇气。

——布劳斯（苏联优秀教师）

17. 与学生一起阅读

阅读对教育来说，起着至关重要的作用。官方的阅读课程只是为了提高学生的阅读熟练程度和速度，他们给学生提供的读物缺乏趣味性和挑战性，学生并不喜欢。而我的目标是让学生们从阅读中获得一种快乐和激情。

——莱福·艾斯奎斯（美国优秀教师）

18. 宽容地对待每一个学生

好奇是学生与生俱来的天性，它往往是发明创造的萌芽，保护学生的好奇心是教师的职责。只要我们用宽容之心去呵护学生的好奇心，给他们指出努力的方向，让每一个学生都能感受到进步的快乐，那么，他们就会接受和理解，并且获得健康的身心。

——韦乐登（英国优秀教师）

19. 尽量挖掘学生身上的优点

无论在哪些方面，教师都要尽量去挖掘学生身上的优点，鼓励他们树立信心，并给以肯定。"优点单"记录着每一位学生的优点，使每个学生看到了老师与身边同学的评价，自己恍然大悟，原来自己还有这么多本事没有发挥出来，我一定能行。

——海伦·康尔斯拉（美国优秀数学教师）

20. 循循善诱，教育的至高境界

在每个孩子心中最隐秘的一角，都有一个独特的琴弦，拨动它就会发出特有的旋律，要使孩子的心同我们讲的话发生共鸣，我们自身就需要同孩子的心弦对准音调。

——苏霍姆林斯基（苏联优秀教师、教育家）

21. 不过于注重学生的分数

求知是人世间最大的欢乐，只要给予合适的环境、运用正确的方法，每一个学生都能去快乐读书。对一个学生来说，最关键的是快乐地生活，而不是分数和名次，更重要的是得到这种快乐生活的能力，而学生的能力并不以考试的分数来衡量。

——铃木镇一（日本优秀教师、教育家和小提琴演奏家）

22. 捕捉学生的兴趣所在

兴趣是学习的良师益友，很好地培养学生的学习兴趣，能起到事半功倍的效果。一个人在学习兴趣的引导下学习，自觉性和创造性便会得到最大限度的激发，学习效率也会有大幅度的提高，进而就会更加热爱学习，形成一个良性循环。

——原田（日本优秀教师）

23. 保持和发展学生的兴趣

我们的教学不是进行死板的、僵化的、俗套的课堂教学，而是让学生融入自然中去，从他们感兴趣的事物中寻找教育的机会。我的教学需要启发式的，而非灌输式的，首先从尊重孩子的天性出发，变被动学习为主动求知，激发他们的学习热情，使他们一直处在对知识的渴求状态中。

——安妮·莎莉文（美国盲人女作家、教育家）

24. 让学生在快乐中学习

要尽量使学生在快乐中掌握知识，使求知成为快乐而非苦恼的事。教师应该引导学生进行探讨，自己去推论，让学生即使无人监督，也能自学不辍。教师给他们讲的应该尽量少些，而引导他们去发现的应该尽量多些。

——赫伯特·斯宾塞（英国优秀教师、教育家、哲学家和心理学家）

25. 让学生的智慧在指尖灵动

培养学生的动手能力，既是对所学知识的巩固，又使学生的创新能力得到了发展。因此，教师必须要给学生提供充足的操作时间，让他们既动手又动脑，这样学习的积极性和主动性便会大大提高。

——多美尼克（法国优秀教师、教育专家）

26. 培养和保护学生的创造欲

艺术的真正意义在于使人幸福，使人得到鼓舞和力量。在艺术创作中，我们应该充分相信学生，不要轻易否定学生的创作成果，应最大限度为学生提供宽松的环境，释放出学生的"第三只手"，创造一个又一个生命奇迹。

——海顿（奥地利优秀教师、作曲家、音乐教育家）

27. 将学生的"错误"视为一种教育契机

作为教师，我们应该懂得：孩子的人生才刚刚开始，以往的过错和耻辱只能代表过去，真正代表一个人一生的，是他现在和将来的所作所为。每个人都不是完人，连伟人也有过错。从过去的阴影里走出来吧，从现在开始，努力做自己想做的事情，你们都将成为了不起的优秀人才……

——菲拉（美国优秀教师）

28. 通过劳动发展学生的才能与爱好

我们的学生就是在这种创造性劳动的气氛中生活的。各种各样的创造性劳动好比是引力各不相同的磁石：磁石的引力超强，学生参加的劳动就越有趣，他们在这种劳动方面的能力就发展得越明显。

——科罗米依琴柯（苏联生物学兼化学教师）

29. 听课要善于主动品课

让我们教师受益最多的指导，就是现场聆听老教师或同事们授课。我发现，原来一样的教学内容，竟然有那么多创新性极强、自己想都没有想过的教学方式；原来，还有如此多样而又有效的课堂管理模式……作为教师，若能学会以欣赏的眼光、研究的心态和分享的神情，坚持经常去品悟他们的课，就有可能独具慧眼地变被动听课为主动"品"课。

——斯蒂芬·布莱克曼（美国优秀教师）

30. "教书"就是为了"育人"

"教书"就是为了"育人"。在我们教学的过程中，正确对学生进行思想品质教育，正确引导他们人生之路，也是作为教师一个非常重要的责任，我宁愿我的学生从我的课上学得最好的是诚实，因为做人最重要。

——弗罗斯特（美国优秀教师）

31. 给学生一个积极的心理暗示

作为教师，我们首先要明白：心理暗示的力量的确很强大……给予学生肯定、赞扬和积极的心理暗示，会使他们变得是自尊、自爱、自信、自强。如果学生感受到了来自老师这种积极的暗示，也认为自己是最聪明的，从而提高了自信心，提高了对自己的要求标准，那么，最终他们真的就成为了优秀的学生。

——安德森（美国优秀教师）

32. 给学生一个坚定的信念

每个学生都有自己的梦想和追求，都有自己的志向和憧憬，我们的教师，应该是他们实现梦想的推动者和帮助者。给学生一个坚定的信念，给每个学生足够的尊重、欣赏、赞誉、激励和动力，这会惠及学生的一生。

——皮尔·保罗（美国优秀教师）

33. 帮助学生远离"坏情绪"

教育需要爱，更需要无私的、理智的爱……没有无私的、理智的爱就不可能造就身心健康、人格健康的孩子。尤其是那些自卑的心灵，更希望得到温暖和呵护。我将会为他们付出更多，帮助学生远离"坏情绪"，并陪伴着他们健康成长。

——马克西姆（美国优秀教师）

34. 对每位学生应抱有积极的期望

同学们，你们天赋异常，资质聪颖，风华正茂，而且年轻有为。如果你们能够时时审视自己，不断超越自我，同时要敢于设想未来的你将会拥有什么卓越的特长，并且会用它给我们这个星球带来什么，而且为这远大前景不懈地努力奋斗，那么历史将会因你们而改变，世界也将会因你们而改变。

——华盛顿（美国优秀教师）

35. 信任可以培养学生的诚信

诚信是一切优点的基础……教师的信任可以培养学生的诚信。学生渴望被信任、被尊重，一旦我们相信了学生，他们就会尽其所能地不辜负我们的信任，即使某个学生有不诚信行为，但我们的信任也会帮他们对抗说谎话的冲动。

——马卡连柯（苏联优秀教师、教育家）

36. 唤醒学生沉睡的孝心

中国孩子的祖辈和父辈们都经历了很多的痛苦，也为孩子们付出了他们的一切，现在的孩子一直在祖辈和父辈的宠爱当中成长，他们都是温室里的花朵，不懂得为别人付出，不懂得为别人牺牲，因此我们更需要对他们进行感恩教育。

——申相星（曾在中国任教的韩国优秀教师、教育家）

37. 教育学生要相信自己

对学生进行自信心的教育，赏识教育是前提。它能激发学生的自尊心

137

和自信心，让学生体验到成功，重塑他们的自信。面对激烈的竞争，教师要正确引导，让学生时刻保持一颗自信心，不要把它们一时的失利看成永远的失败。

——艾伦·布伦斯汀（美国优秀体育教师）

38. 让班会发挥更大的效能

作为教师，我们要让班会发挥最大的效能。班会是给学生提供的一个良好机会的活动，使他们能够在一个相互尊重、相互关心的氛围里加入到集体中来彼此交换自己对事物的看法和意见；班会是可以让学生从事鼓励、聆听、独立思考、共同决策、制定行动计划、实施评价等实践活动的一个自主空间；班会是学生之间享受彼此的陪伴、分担彼此的忧愁及分享彼此乐趣的空间。

——堂娜·史泰尔丝（加拿大优秀教师、著名教育家）

39. 从细节入手，培养良好的习惯

每一个学生都有其独特的天赋和可塑性，任何一个学生，只要经过与之相适合的训练、引导与培养，再调皮的学生也会变成有出息的优秀学生。作为一名教师，我们应该抱着这个坚定的信念去影响每一个学生。

——罗恩·克拉克（美国优秀教师）

40. 没有教育不好的学生

一个老师必须热爱学生才能教好他们，因为在老师的眼中，"没有不可教育或教育不好的"学生，作为教师，要用发展的眼光看待学生，去培养和健全学生的人格，鼓励他们在原有的基础上不断进步，相信人人都可以成才。

——大野幸南（日本优秀教师）

通过对高职生学习效率的调查分析，不难看出，影响高职生学习效率的因素纷繁复杂，当然亦有轻重主次之分。相对而言，学习方法、学习环境、教师三个层面对学生的影响最为显著。因此，为确保高职生德智体美劳的全面发展，必须密切关注影响其发展的诸多因素，积极探索全方位、多层面的科学路径，包括：在改进传统教学方法的同时，引入思维导图的教学方法来提高高职生的学习效率；改善教学管理模式，构建和谐校园，实施教师激励多元举措，充分发挥行业文化、校园文化及大学精神的渗透、陶冶等功能，整合提升教育教学资源协同效益，共同助力教育教学质量和高职生学习效率的全面提升，有效促进高职生实现"全人发展"。

第四章

引入思维导图教学理念，
提升高职生学习效率

　　"思维导图"是英国著名心理学家东尼·博赞发明的，其英文名叫"Mind map"或"Mind mapping"，到了中国又叫"心智图"，而且在流传过程中还夹杂着一个叫"概念图"的概念。20世纪60年代，康奈尔大学的诺瓦克博士根据奥苏贝尔的有意义学习理论提出了一种教学技术——"概念图"（Concept Map），就是"将某一主题的有关概念置于圆圈或方框之中，然后用连线将相关的概念和命题连接，连线上标明两个概念之间的意义关系"。作为一种科学的教学策略，概念图可以帮助教师和学生提高教学质量。"概念图"这一理论提出后，迅速风靡西方世界，成为西方国家课堂教育的必备工具。

　　同样是在20世纪60年代，英国著名心理学家东尼·博赞在研究大脑的力量和潜能的过程中，发现伟大的艺术家达·芬奇在他的笔记中使用了许多图画、代号和连线。他意识到，这正是达·芬奇拥有超级头脑的秘密所在。在此基础上，东尼·博赞发明了思维导图。"思维导图"到底是什么？简单来说，思维导图是一种以图像化的方式表达想法的思维工具。从本质上讲，思维导图和常规的文字、图形、歌曲、电影一样，都是人类表达思想的工具和方法。不同的是，思维导图具备了其他表达方式不具备的特点：

　　第一，思维导图是一种实用的认知工具、一种高效的学习方法，能够在一定程度锻炼和培养思维能力。

　　第二，思维导图具有极高的压缩率，通过筛选出只占信息总量很小一部分的信息，让我们的思考和学习效率大大提高。

　　第三，思维导图综合了文字和图形这两种表达形式的优点，并以它们为单位来组织信息。

　　第四，思维导图对颜色的高效利用极大地刺激着大脑，这使它明显有别于传统的平面信息。

　　第五，思维导图利用发散式和节点式的结构，将文字和图画表达的信息连接起来。

　　第六，思维导图还利用了大脑皮层的绝大部分机能，把所有能够调动大脑潜能的要素统统放在一张图里。

　　概念图侧重于知识点之间的联系，主要用于建立知识结构；思维导图则侧重于思维模式的训练和思路的整理，与解题思维路径图比较接近。但它们的结构都是一样的，都遵循"中心—四周"模式。

第一节　思维导图的理论依据

一、思维导图的脑科学理论

大家都知道，构成人体神经系统的基本单位和基本结构是神经元，神经元具有轴突和树突两种突触，起传递和接收信息的作用。其中传递信息的物质叫作神经递质，而神经元传递和接受信息的功能正是大脑具有记忆的生理基础。神经元到底长什么样呢（见图4-1）？

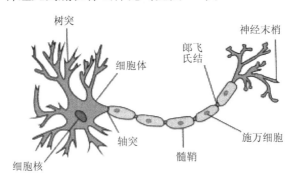

图4-1　神经元

首先，我们先认识一下我们的大脑，我们的大脑就像一个巨大的硬盘，可以存储很多东西。人脑是由神经元构成的，那人脑有多少神经元呢？大约有140亿个。这140亿个神经元由细胞之间的突触联系着，在人们大脑皮层每个神经元上平均有3万个突触。这样的结构特点，使大脑成为一个庞大的信息储存库，一个人脑的网络系统远比当今互联网还复杂。有一种说法认为，我们一个人的大脑存储的信息容量相当于10亿册书的内容，什么意思呢？就是你一辈子不停地输入信息给大脑，并且大脑全部记住，最后还有空间。这说明我们大脑的记忆容量是庞大的，我们有很强大的记忆能力。我们目前并没有完全开发出我们大脑的潜能，甚至都没有充分利用我们现有能用的部分。

从宏观来看，我们的大脑分为左脑和右脑（见图4-2）。左右脑的分工是不同的，其中，左脑主要负责语言、数字、逻辑等语言性思维；右脑主要负责图像、颜色、空间、抽象等非语言性思维。但是我们大多数人习惯右手，所以造成左脑得到更多的刺激，产生更多的突触连接。这就引出一个问题，经常使用左脑，使左脑过度疲劳，导致右脑一直不能得到开发利用而被闲置。其实，右脑更适合创造性的内容，所以我们应充分利用右脑。

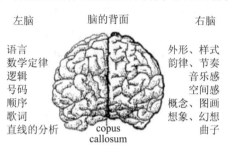

左脑　　　脑的背面　　　右脑

语言　　　　　　　　　外形、样式
数学定律　　　　　　　韵律、节奏
逻辑　　　　　　　　　音乐感
号码　　　　　　　　　空间感
顺序　　　　　　　　　概念、图画
歌词　　　　　　　　　想象、幻想
直线的分析　copus callosum　曲子

图4-2　大脑功能示意图

思维导图可以很好地解决这个矛盾。学习的时候，用左脑输入概念，进行逻辑计算之后，再充分利用右脑的联想和视觉化处理能力把概念信息用思维导图的形式绘制出来，使左脑和右脑都能充分发挥作用，从而帮助我们学习和记忆。打过篮球的人都知道，"五个一加起来大于五"，也就是说团队协作的力量是远远大于个人能力总和的，所以左脑和右脑并用的效率就不仅仅是左脑和右脑简单地加起来，而且在这个过程中你还会体会到一些乐趣。

二、构建主义学习理论

构建主义学习理论，用一句话概括就是：你的知识结构是在原有的知识结构基础上构建的，而这个构建过程又将反过来修正原有的知识结构。这个认知过程是具有主观能动性的，是一个动态的知识结构形成的过程。

主观能动性其实是学习的一大关键，那么如何才能建立主观能动性？我们的观点是"学以致用"，这里有两层意思，一是学了就要用，二是用了再来学，在这个"用"和"学"的过程中把你自己充分地调动起来。最直接的例子就是当你必须要完成一个项目的时候，你学东西是最快的，因为在这个过程中你充分发挥了主观能动性，并且在学过之后立马就能用到，所以你学得很快。反过来说，你要学的东西最好是马上能用到的，或者学了之后一定要去用，否则经过一段时间就会忘记。

知识结构是在原有的知识结构基础上构建的。我们是在原有基础上学习的，没有基础我们是很难进一步学习的，而最基础的就是我们大脑的功能和对生活的主观体验。反过来说，我们在学习的时候要充分利用已有的基础，并且要通过学习不断地扩大自己的知识体系，这样学习也将会变得越来越简单。所以我们在学习时要打好基础，同时要联系生活，尽可能地把知识运用到实际当中。

构建主义学习理论的最后一个关键点是，对原有知识基础的反馈和修正。这里有一个认知假设，是说这个世界是客观存在的，但对于这个世界的认知是主观理解的，而我们人类所有的知识都是从这个认知假设出发的。比如说，这个世界客观存在着丰富的色彩，而我们只能看到一部分，在以往主观的认知体系里是不存在红外线或者紫外线的。假设这个世界的人全部是色盲，那么我们对客观世界的认知将会更少，但艺术很多时候就是巧妙地利用这种认知偏差。

把认知主义学习理论和思维导图联系起来。就思维导图来说，有两个重要特征：关键词和图形化，而思维导图的灵魂就是联想。从一个中心点发散出很多关键词，再由关键词发散出去，这个发散的过程是联想的过程。而联想不同于空想，联想是有联系地想，这个联系就构建在已有知识的基础上。

思维导图的第一特征：关键词。在绘制思维导图时，通常要将所有关键词用自己的话来进行总结性叙述，因为自己的话是构建在原有知识基础上的，理解起来比较容易。

除了关键词的联想，思维导图的另一个特征是图形化的联想，是把关键词图形化，通过联想把已知和未知的知识紧紧地联系在一起，从而更快地学习。

知识没有绝对的对与错，它是我们对客观世界的主观假设。一个知识点可能在这里有用，而到另一个地方就没用了，所以要不断地修正自己的知识体系，让它更加接近客观世界。思维导图可以像神经元构成大脑一样，一幅一幅的思维导图会构成一个巨大的知识体系，在不断认知的过程中，我们需要对这个知识体系不断进行修正，从而构建出更加客观的知识体系。

三、视觉化思维

在此主要讲两个关于"视觉化"的内容，一个是"视觉化效应"，另一个是"视觉化思维"。

所谓"视觉化效应"，通俗地讲就是人们对视觉化的信息有更强的认知能力，同时在存储信息的时候也更倾向视觉化的内容。比如图片形式，小孩子的课本编写得色彩丰富，激发了孩子的想象力，这对于学习是很有帮助的；而成人的书大多全是文字，看着单一，这就是视觉化效应的一种体现。

举个例子，比如说"中国地图"，当你看到这个信息时，你脑海中一定出现一只傲立世界的大公鸡，而不是"中国地图"这四个方块字，也就是说，你的大脑在存储信息的时候也是喜欢形象化的东西。同样，方块字和图片表征同一个信息时，图片也将以压倒性的优势占据你的大脑，让你的记忆更加深刻。思维导图正是基于此，让你的思维尽可能视觉化，也就是说，在你绘制思维导图的时候，充分发挥你的想象力和创造力，让信息以视觉化的方式呈现出来。综上所述，所谓的视觉化思维其实就是思维的视觉化，是把你的思维形象地表达出来，这就是思维导图的意义所在。

第二节　思维导图的绘制原则

学习最重要的是学习思维过程及知识体系的形成和管理，思维导图作为一个辅助思维的工具，其实很简单。

一、初步绘制思维导图

思维导图只是引导思维的工具，而不是思维的本身。初衷是以思维导图作为载体，来探讨学习的思维过程及学习的其他高效方法，让大家在探讨和实践的过程中学会如何学习，并且逐步形成高效学习的学习思维。

前面我们给思维导图下了一个定义：一种引导和发散思维的具象化图形。我们把它定性为一种自然的认知工具。对思维导图简单地给出了两个特征：关键词和图形化，并说明联想是思维导图的灵魂。这是前面我们对思维导图的认知，记住并理解思维导图的概念和两个特征属性，那么学习过程中的第一过程——习得就已经完成，用认知主义的观点来说，你的脑海中已经形成了"思维导图"这一认知结构。

学习的下一个过程是应用和反思。

这里先说反思，反思是对认知结构的进一步评价、校正、内化和加强，以形成自己的内容。在布鲁纳认知发现说里将此称为评价和转换的过程，那怎么去转换，怎么去反思呢？最简单的就是应用，在应用的过程中来反思。我们知道，学习的各个过程是密不可分、相互关联的，并不是独立存在的，我们可以在应用中反思、在反思中应用，在应用的时候要用心体会、用心思考，这样才能将所学内化为自己的东西。

思维导图首先是一个中心点，这个中心点就是对整个结构的总体概括，也是最核心的知识点。比如前面的"学习过程"就是中心点，这个中心点是所有信息的发散和交集点，处于核心位置，也可以叫核心点。当你面对一个学习对象的时候，找中心点就是对将要学习的内容有一个总体的认知和把握。

由中心点可以引出很多线，这些线连到一级关键词，一级关键词又可以引出线，连到二级关键词，再从二级关键词到三级关键词，只要你想，就可以建立一张庞大的思维导图。

二、绘制原则

在学习思维导图初期，我们要遵循一定的绘制原则，特别是在团队协作时必须遵循共同的原则。到了后期，绘制了很多思维导图后，你肯定会有自己的心得体会，那时你就可以尽情地自由发挥，找到一种属于自己的思维导图风格。

"没有规矩，不成方圆"，万事万物都有一定的运行法则，思维导图也是如此。遵循一定的标准原则，能让你的思维导图规范化、合理化，并能实现通用化。简单来说，遵循这些原则绘制的思维导图，大家一看就能够读懂，这在学习工作中尤其是与别人协同合作时就显得十分重要。

回顾以往，你会发现，其实你在曾经的学习历程中，你自己也在不自觉地使用思维导图或类似思维导图的方式学习，而东尼·博赞只不过是把自己的思维导图提出来，让大家意识到它的重要性并能普遍接受它。每个人都会有一套适合自己的思维导图方法，也就是说我们不必拘泥于任何原则。我们运用思维导图的目的就是学习，所以只要对你学习有用的任何形式的思维导图都是好的思维导图。

（一）发散性原则

发散性原则有两个方面：一个是思维的发散性，另一个是绘制思维导图的发散性。一些思维导图教材，可能会更强调关键词和中心点原则，但"发散性"才是思维导图的核心，体现了联想的思维过程。

学习过程是一个认知结构形成并逐渐发展成为体系的过程，而这个过程特别强调在原有基础上的发展，而思维导图的一个妙用就是在已有的基础上来学习未知的东西。在已知的知识和未知的知识之间建立联系就需要发挥我们的发散性思维，进行充分的联想，用已知学习未知是最牢靠的，也是最有效的。

而思维发散性的具体表现就是由一个中心点发散出多个点，再由多个点发散出更多的点，慢慢地，你会得到一张知识网，等你把整张网都吃透了，你的知识体系就慢慢形成了。

（二）中心点原则

按照博赞的标准，一个思维导图只允许有一个中心点。也就是最核心的那个，其他的都是由此中心点发散出来的，这可能会让你难以接受，刚开始甚至会觉得无从下手。当你拿到一本书阅读时，就像在登山没有到山顶的时候，你永远也不知道这山长什么样子，所谓当局者迷，你身陷其中的时候，是没法俯瞰全局的。你若要想俯瞰全局，就必须跳到局外，才能以旁观者的视角统领大局，而从当局者到旁观者是一个非常漫长的过程。

如果你在阅读一本书或者学习一门学科之后，仍无法找到一个中心点，那说明你还没有爬到山顶，还没有成为一个旁观者，你对整个知识体系还没有吃透，甚至可能一直在外围徘徊，还没有入门。要想吃透一门学科是一个很漫长的过程，路虽然很远，但我们不一定要一次走完，我们可以走几公里歇一会儿。比如阅读一本书，整本书可以有一个中心点，绘制一张思维导图；也可以一章有一个中心点，绘制一张思维导图；甚至一小节都可以有一个中心点，绘制一张思维导图。很多小节构成一章，很多章构成一本书，虽说中心点只有一个，但可以有很多个分中心点。

中心点原则其实体现了两种学习观：一种是自下而上的，一种是自上而下的。当你拿到一本书，你不急着看细节，而是把握文章的整体脉络，然后再填充细节，这是自上往下。你也可以慢慢地逐个找中心点，最后再从这些中心点往上走，找到他们共同的中心点，这就是自下往上走。这两种观念没有好与不好，关键看你学什么，甚至有时候需要你交替着使用。

总之，中心点原则就是：只有一个中心点，但可以有好多个分中心点。

（三）关键词原则

"关键词"代表的是一个关键点，也是思维导图的一大特征。这个关键点可以是知识点或者是思维的节点，我们的知识结构就是由一个一个的知识点构成的，而我们在思考的过程中要想梳理清楚思路，也要找到思维的节点，然后把一个一个节点串起来。一个优秀的学习者总是善于找到关键点，而思维导图就是通过简短的词组绘制关键点，来帮助我们学习和思考。

所以关键词的原则就是：关键点和词组。

（四）层级和联系性原则

"中心点"是最核心的关键词，而从中心点引出来的关键词我们叫一级关键词；同样的，我们还可以引出二级关键词、三级关键词。这是思维逐渐细化的过程，也是知识结构逐渐构建的过程。思维导图具有层级关系，层与层是包含关系，我们称这种包含关系为父子关系。如一级主题是二级主题的父主题，反过来，二级主题就是一级主题的子主题。思维导图的层级关系体现了由主到次的思维方式，层级之间的联系在思维导图中就用线来连。除了父子关系外，同级或者跳级的关键词也可能存在某种联系，我们也可以用线来连。

所以层级和联系性原则就是：关键词分层级，关键词之间会有联系。

（五）可视化原则

"图形化"作为思维导图的另一大特征，前面已经论述。思维导图是一种引导和发散思维的具象化图形。我们把它定性为一种自然的认知工具。最终我们要绘制出图形，而不是简单的文字描述，这也是对视觉化思维的一个典型体现。

所以可视化原则就是：让你的思维可视化。

（六）个性化原则

所有的标准都是限制，所有的原则都是束缚，发挥你的想象力，释放你的大脑，"所谓法，非法，亦非非法，是名法"，所有的学习方法其实都是辅助你找到自己的方法。如果你看了一本书，一点想法也没有，只是按部就班地照着做，那是你没有真正读懂这本书。但如果你读完一本书后，找到适合自己的学习方法。说明你真正懂得如何自学了，因为你已经开始自学了。

个性化原则就是：找到适合自己的学习方法。

三、绘制思维导图的准备

思维导图的意义不仅是工具，更像是一件艺术品，用线条描绘出思维，用颜色渲染灵感，用图形映射着天马行空的想象。日复一日的积累，留下的已经不仅仅是一沓厚厚的图纸，更是曾经的思考和想象。把思维导图当作艺术品来创作，是一种享受，可以创造出属于你自己的独特的美。

思维导图的绘制主要有纸质版和电子版，这里先说纸质版。纸质版的画图，需要准备一张白纸，在这里推荐大家用 A4 纸，便宜且方便管理。

其次是笔，铅笔有 2B、HB 等型号，便于修改，只是保存时间长了字迹会变淡。中性笔或者圆珠笔也是一种选择，还有就是绘制色彩的水彩笔。此外，涂改液和橡皮也是必不可少的，有时候会画错，但不要害怕修改，特别是一开始，会经常修改。其他的比如一些小卡片，用于画圆、方框、箭头、标记什么的，以及可能需要制作一些类似微信的表情包和图标。尽可能发挥自身的创意，慢慢画、慢慢总结、慢慢创造。

用心去创作绘制，并且很快就能看到成果时，这是一件令人非常愉悦的事情。慢慢绘制思维导图的过程，也是在引导你思维的过程，在这个过程中思维是高度集中的，这样会事半功倍。

当然，凡事都有利弊，有的人没有艺术天赋，不擅长画图，慢慢绘制会消磨掉耐心，快速绘制反而能够充分调动大脑思维。因此，只要一支笔、一张纸，按照自己的思维绘制下来即可。

第三节 思维导图的绘制方法

一、发散性思维：发挥想象的魔力

画思维导图的第一步：先在一张白纸的中央画出我们要思考的中心内容，然后围绕这个中心展开联想。这种联想是毫无限制、完全发散的，你可以从中心词想到别的关键词，也可以从二级关键词想到更多的关键词，能想到多少就想到多少，不要考虑什么是否合理、有什么规律。只有这样才能将你的思维能力发挥到极致，至于理清思路，那是第二步才需要做的。

思维导图，它的结构和原理跟脑细胞完全一样。从一个点到四周无限扩展的发散性思维，才符合大脑的本性，因此在激发人的发散性思维方面，威力惊人。我们的思维潜能，一直被传统的"线性笔记"所束缚（见图 4-3）。

a：××××××××

b：××××××××

A：××××××××

B：××××××××

图 4-3 线性书写格式

上面这种层级严谨的线性书写格式（所谓"线性"，可以粗略地理解为它的思维路径是直线的，和思维导图的发散性思维相反），如果作为思考的结果写出来（公文、出版物、答题格式），是没有任何问题的，但用来表达思考的过程，这就违背了我们大脑的本性——我们的大脑绝不是沿着一条直线思考的。

图4-4、图4-5分别是达·芬奇的手稿和达尔文向朋友解释进化论的书信。

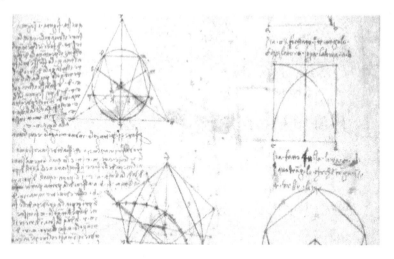

图 4-4　达·芬奇的手稿

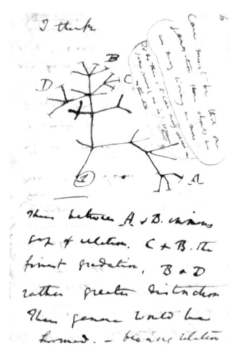

图 4-5　达尔文向朋友解释进化论的书信

毫无疑问，以上二人都是人类历史上罕见的天才。从他们的手稿中，可以看出，这些天才人物在思考的时候，都喜欢让自己的思维信马由缰，东抹西画，想到什么就随手画上去。他们的作品在整理出版以后，都会按照"线性笔记"的形式表现出来。但他们天才的思考过程却无法通过整齐规范的印刷品体现出来，真正的秘密就隐藏在这些随意写成的手稿之中。

东尼·博赞就是在认真研究了无数天才人物的手稿之后才创造了思维导图，诱导人们突破线性笔记的限制，主动进行发散性思维。只要我们能够采用符合大脑本性的方式思考，每个人大脑的潜能都将是惊人的，这就是思维导图的功能。

二、麦肯锡方法：画思维导图的核心技巧

发散性的思考只是画思维导图的第一步，如果光是发散，而不整理出清楚的思路，这种发散就没有任何意义。画思维导图的原则可以用 12 个字来概括：逐级发散、相互独立、全面包含。

为说明这 12 个字的含义，我们来看一个例子。这个例子就是世界上最大的战略咨询公司麦肯锡。它运用这 12 个字来为世界各国政府和跨国公司解决问题，每一次咨询的费用都在 10 万美元以上。麦肯锡对自己的咨询团队有一个很奇怪的要求：要把研究结论总结成一句话。也就是说，要把一个价值超过 10 万美元的方案用 1 分钟表达出来。

这个要求看起来有些疯狂，但如果你知道他们从开始研究到得出结论的整个过程，就会明白这个要求其实并不难实现，一切都是一个水到渠成的过程。你也可以从中体会到思维导图的巨大威力。

现在，让我们走进麦肯锡的会议室，他们的一个咨询顾问团队正在开会，试图为阿尔法珠宝公司找出提高利润的方案。项目经理已经在黑板的中心画了一个圈，中间写着"增加利润"4 个大字，提示在座的各位咨询顾问，这是本次会议的主题和一切讨论都必须围绕以下这 4 个字来展开。

麦肯锡在为客户提供咨询的时候，非常注意保密，不允许外人旁听，连本公司的员工（只要他没有参与这个项目）也不行。

项目经理说："现在开始讨论了。大家先想一下，要让阿尔法公司的利润增加，我们需要从哪些方面入手？"

有人说："我们可以从降低生产成本的角度考虑。"经理点点头，在黑板上又画了一个圈，写上"降低生产成本"，并把它和"增加利润"的圈用线条连接起来。

又有人说："也许还可以减少中间环节的费用，改变阿尔法公司把珠宝

卖给批发商的方式。"经理又点点头，又画一个圈，写上"改变批发方式"，也把它和"增加利润"的圈用线条连接起来。

这时一个戴着眼镜的年轻男子站起来，还没有开口，经理就说："比尔李，我们讨论的时候不需要站起来，你坐下说吧。"比尔李有点不好意思地坐下说："也许我们还可以讨论一下降低阿尔法公司收购黄金的成本，这样他们的黄金首饰的成本就会降低，利润就会上升了。"

经理点点头说："比尔李，我很高兴你刚刚进入公司就如此勇于发言。但你恐怕忘了我们画这个图的基本原则——互相独立。降低收购黄金的成本，和我们前面谈的降低生产成本是互相独立的吗？"比尔李轻轻地摇了摇头。

这个时候又有人说："别忘了消费者。虽然阿尔法公司是把珠宝卖给批发商，批发商再卖给零售商，零售商再卖给消费者，但公司每年都会花很多钱做广告和开展促销活动，这些都是直接针对消费者的。所以我们还应该考虑，是否可以改变阿尔法公司针对消费者的营销方式，从而降低成本，扩大销量。"

经理点点头，又在黑板上加了一个圈——"改变针对消费者的营销模式"，然后问："接下来我们用'完全包含'这个原则来检查一下：降低生产成本、改变批发方式、改变针对消费者的营销模式这三个方面，是否已经完全包含了增加利润所有可能的方面？"

大家想了想，都一致表示暂时想不出别的方面了。

"那么，好，现在我们来看，'降低生产成本'又包含了哪些更细致的方面呢？"经理想了一下，"刚才比尔李说的'降低黄金的收购成本'应该是属于'降低原材料进价'的，我们把它列上去吧。"于是又多画了两个圈。

大家继续讨论，在"降低生产成本"的问题上，提出了诸如"改善公司管理结构""改进珠宝生产工艺"等建议。总之，每一个层次中那些并列的方面，都是互相独立的，不会重叠；把它们加起来，又能够包含"降低生产成本"的所有合理的方面。

讨论完"降低生产成本"，再讨论"如何改变批发方式"，然后讨论"针对消费者的营销模式"。最后，项目经理根据讨论的情况，整理出了这么一幅图，他们认为阿尔法珠宝公司增加利润的所有可能的方面，基本上已经被全部包含进来了。

这就是一幅思维导图。通过麦肯锡的咨询顾问们画出这幅图的过程，我们就可以知道如何利用"逐级发散、相互独立、全面包含"这三个原则来画思维导图：

第一，逐级发散：从"增加利润"这个中心出发，逐级向四周发散，层次分明，思路清晰。

第二，相互独立：相同的层次中，各个方面互相不存在包含关系。

比如第二层"降低生产成本、改变批发方式、改变针对消费者的营销模式"这三个方面就互不包含，把它们并列，符合相互独立的原则。

但是，比尔李提出的"降低收购黄金的成本"，由于包含在"降低生产成本"的范围内，所以如果把它列在第二层，与"降低生产成本"并列，就违反了相互独立的原则。

第三，全面包含：每个层次的各个方面加起来，全面包含了上一个层次的全部内容。比如"售后服务、包装设计、广告策略"就包含了"改变针对消费者的营销模式"的全部内容。

现在，有了这张"思维导图"作指引，咨询顾问们开始到阿尔法公司深入调查它生产、批发、营销的所有方面，考察哪些方面出了问题，应该如何改进。然后再一次一次不断地开会讨论，交换各自获得的信息和想法。

经过半个月的忙碌，大家终于发现了问题所在，并且提出了详细的解决方案。所有的材料都已经准备好了，大家在做最后的检查，准备两天以后给阿尔法公司的高层管理人员做报告。这个时候，麦肯锡的一位高级主管走了进来说："我很高兴看到你们的努力出了成果，相信你们的建议一定会给阿尔法公司带来远远超过 10 万美元的利润。不过我刚刚接到阿尔法公司总裁的电话，他邀请我去打高尔夫，并想在正式的报告会之前了解一下你们的想法。汽车已经在楼下等我了，谁能用 1 分钟的时间告诉我你们的结论吗？"

对于这种突然袭击，麦肯锡的咨询顾问们早就习以为常了。不过项目经理似乎想给新手一个锻炼的机会，他把眼光投向了刚刚进入麦肯锡的比尔李。比尔李显得有点紧张，他迅速瞄了一眼面前的"思维导图"，上面用醒目的红色箭头标出了问题所在。

他结结巴巴地说："我们的调查发现，阿尔法公司在电视和报纸上做的广告缺乏针对性，受广告影响的人群与它潜在的消费者群体不符合。只要改变现有的广告策略，公司的利润就会大幅上升。具体情况我们会在报告中详细分析。"

"干得不错，年轻人。"高级主管满意地点点头，"难怪阿尔法的总裁打高尔夫老是输，原来他做事情向来瞄不准方向。"说完，兴奋地搓着双手出去了。

这个珠宝公司咨询案例并不是笔者虚构的，它的核心内容来自麦肯锡培训新员工的标准教材《麦肯锡方法》（The Mckinsey Way）。当然，笔者做了一些简单化和娱乐化的工作。

这三个原则很容易做，但不容易做好。即使像麦肯锡那些从名牌大学商学院毕业的咨询顾问们坐在一起讨论，也不敢说最后画出来的图就100%地穷尽了问题的所有方面——这只是我们应该努力的方向。

麦肯锡的咨询顾问们都有很高的学历，并且经过专业培训。我们自己在画思维导图的时候，不可能像他们一样如此严谨。刚开始画，肯定不会画得很好，但每画一次，就可以获得一点进步。

我们来总结一下画思维导图的几个步骤：

第一，明确中心，在纸的中间写出来，所有的思路都围绕中心展开。

第二，展开联想，从这个中心我们可以想到什么，越多越好，把它们全都列出来，不要管什么层次，也不要管有没有道理。（这是初学者区别于麦肯锡顾问们的地方。毕竟我们的思维能力还没有达到专业水平，不可能一上来就进行系统的思考。）

第三，把列出来的内容做一下分类，从而找到二级关键词。这些二级关键词应该在内容上不存在重叠，或者很少重叠（即相互独立）。把它们写到中心的四周，用线条和中心连起来。

第四，再围绕二级关键词，重复第一到第三个步骤，找出三级关键词；再按照前面四个步骤从二级关键词不断发散到三级、四级、五级，直到觉得穷尽了所要思考的问题的所有方面。

我们自己动手画一幅和学习息息相关的思维导图。拿出一支笔和一张白纸，最好是几种颜色的笔和尽量大的纸，但没有也关系不大。这幅思维导图的中心是"如何成为一个优秀的学习者"。

先在白纸的中央画一个圆圈，写上"优秀的学习者"。然后，开始联想，"优秀的学习者"应该具备哪些素质呢？很多人会想到"聪明"，也会想到"努力"，还有什么"爱问老师问题""乐于助人""心态良好""发挥稳定"等。总之是充分联想，把想到的全都在纸上写出来。

然后对想到的因素做一下分类，"聪明"是智力方面的因素，努力、心态良好、发挥稳定等应该是属于心理素质方面的因素，"爱问老师问题""乐于助人"属于人际关系方面的因素。这样，我们就可以大致确定一个二级关键词的范围：思维智商、心理智商、社会智商是笔者用的一些学术概念，你自己画的时候完全可以总结成别的名字。叫什么名字并不重要，只要是有助于理清思路就可以了。如果觉得三个方面不够，还可以列出四五个方面。

有了二级关键词，我们进行下一级的发散联想。比如说，心理智商让你想到什么、是否有积极的心态、在面对压力的时候能否正常地学习和解题、在面对挫折的时候如何面对、有没有意志力执行自己的计划而不受外界的干扰，等等。

总之，这个导图可以无限延伸，直到你觉得穷尽了自己全部的想象为止——它的作用就是让我们的思路变得开阔、全面和清晰。

画完这幅图有什么用呢？当你把你所想到的优秀的学习者需要具备的素质的所有方面都想出来之后，再和自己对比一下，看看哪些方面还没有做到，或者没有做好（就像麦肯锡的顾问们以画好的思维导图作为指引，来调查阿尔法珠宝公司的各个方面，从中发现问题一样）。

发现问题之后，我们不妨来制订一个改善计划，可以称为"一个月好习惯"计划，用一个月的时间来让自己养成一个好习惯。美国《独立宣言》的起草人之一富兰克林就是这样做的。富兰克林很年轻的时候就立志要成为一名"杰出的人物"，于是列出自己心目中杰出人物所具备的素质，看看自己在哪些方面有所欠缺，每个月改掉一个不好的习惯。每个月改掉一个坏习惯的速度看起来很慢，但积累起来效果惊人。后来，富兰克林果然成了一位相当杰出的人物。他创办了北美最大的印刷连锁企业，又第一次从物理学的层面解释了电的概念，是电学的奠基人；后来成为驻法国大使，在独立战争中为美国赢得了欧洲各国的支持。此外，他在政治学领域的见解也成为美国立国精神的重要来源。

具体到我们学习的各个科目的思维导图，我们可以这样开始：把教科书找出来，把课本的名字比如以化学第一册或政治第三册作为中心，然后把每一章的名字作为二级关键词，把节的名字作为三级关键词，再把具体知识点作为四级关键词。这样可以画出一个比较粗略的思维导图，然后在这个初稿上进行修改，该合并的合并（比如欧姆定律是电流、电压、电阻的关系，只是因为内容比较重要所以独立成一章，这就需要用"相互独立"的原则，把它归纳到"电流电压电阻"这个部分去），该删除的删除（一些导言性质的章节）。充分联想，逐步修订，就可以画出这门科目的大思维导图，掌握画思维导图的技巧能够大大提高学习效率。

第四节　思维导图的学习原理

我们了解大脑的基本思维模式和学习的基本模式，并用了图片来加以说明。可以发现，这两种模式的示意图非常相似，都是这样一种结构：从一个中心点出发，扩展出许多二级关键词，再以这些关键词为中心，扩展出更多层次的关键词。这个"中心—四周"的结构图看起来很简单，实际上蕴藏着一个巨大的秘密，是人类 20 世纪思维科学研究最重要的成果。时至今日，全世界仍然有无数专家学者在日夜不停地对它做深入的研究。现在，它已经成为几乎所有巨型跨国公司培训、研发、决策的必备工具。

从微软美国总部派遣到中国来的培训师，全部用它来对微软中国的中高层人员进行培训。在波音公司，有一份工程师培训手册被压缩成一幅 25 英尺（约 7.62 米）长的"中心—四周"结构图，可以让 100 多名高级工程师在几个星期内掌握以前需要几年才能学习到的东西。全球最大的战略咨询公司麦肯锡有一套流程，可以让一群刚刚从大学毕业的学生，来解决世界各国政府、跨国企业高层管理者们遇到的各种难题。在这套流程中，必然会有的步骤就是：众多毕业生们聚在一起开会，画出一幅完整清楚的"中心—四周"结构图。

思维导图到底蕴藏着什么秘密？为什么会有如此惊人的力量？

一、什么决定我们的思维模式

我们来看下面这幅图，它看起来像什么？是不是一只超级章鱼？或者像一个科幻世界里长着奇怪触角的怪物？都有点像。不过，更重要的是，它看起来很像我们前面画的"中心—四周"结构图——从一个中心点向四面八方延伸（见图 4-6）。

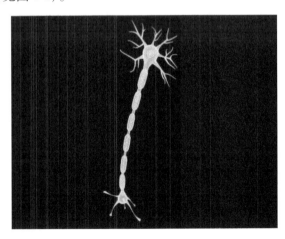

图 4-6　"中心—四周"结构图

实际上，这个图中的"怪物"就在我们两只耳朵之间——它不过是我们大脑中无数的神经细胞中的一个。我们的大脑中有大约1万亿个这样的神经细胞，细胞之间通过长长的触须互相连接，当我们思考的时候，微弱的生物电流就在这样的神经细胞中穿来穿去。这些微弱的电流，以及它所伴随的一些微妙的化学反应，携带着我们大脑里存储的各种信息，通过触须不断交流、归纳、联想、整理，最终完成一次次的思考过程。

二、什么决定我们学习的基本模式

从我们眼前的客观世界来看，比如大树，从主干到枝干，再到一根根树枝，正是"中心—四周"模式的最佳体现。而一片片树叶，看看它的脉络，也正是按照"中心—四周"清晰布局，这跟我们神经细胞的结构非常相似。

如果我们把观察尺度变得更小，小到组成世界的基本颗粒——原子，它的内部结构你也一定在书上看见过。但现在我们把它和"中心—四周"结构图对比起来看，你会发现，原来世界的基本粒子，它的内部结构也符合"中心—四周"模式。

我们再把头抬向天空，仰望浩瀚的宇宙：月亮绕着地球转，地球绕着太阳转，正好符合"中心—二级关键词—三级关键词"的结构。而我们整个太阳系，也不过是银河系的一个"二级关键词"，围绕银河的中心以每秒220公里的速度运动，大约每2.5亿年转一圈。即便是像银河这样的庞然大物，也毕恭毕敬地按照"中心—四周"模式，携带着大约1.5万亿个太阳重量的物质，在虚无的宇宙空间里日夜不停地旋转。而我们的整个宇宙，按照大爆炸理论的解释，也是从一个点开始，向四周炸开，通过大约300亿年的扩散，才形成从最基本的原子到最广阔的宇宙、"中心—四周"模式都建立了它的统治。

因此，我们可以得知，我们的世界是按照"中心—四周"模式运转的，我们的大脑也是按照这个模式思考的。那么，用大脑观察世界会产生什么结果？当然也是"中心—四周"结构！

我们今天学习的物理、化学、生物、地理（自然地理），无非都是人们用大脑去认识世界的结果，它们的结构也无一不是按照这个模式来组织的。它们都是由众多知识点构成。这些知识点之间互相联系，按照"中心—四周"模式，共同构成一个完整的知识整体。每一门科目经过几百年甚至数千年的发展，都形成了非常成熟的知识结构体系。我们的教材在编排的时候，也是按照这个体系来的，每一册每一章每一节都是很有讲究的，互相之间都是有联系的。

社会的基本结构也是遵循"中心—四周"模式的。比如：一个国家的治理结构是中央政府为"一级关键词"，下面发散出很多省级地方政府，每个省级政府管理多个地市级地方政府，再到县镇村；一个学校的治理结构是一个校长，下面几个副校长，然后是年级组长，再然后是班主任；学习历史，谈到某一个朝代，总要分为政治、经济、军事、文化、科技、国际关系等方面来了解，各个方面之间也是相互影响、相互联系的。

（三）学习恒等式与思维导图

如果我们把自然界从原子到宇宙的组织结构、我们社会的组织结构，还有我们的大脑的生理结构做一个比较，会发现它们也有着惊人的相似。它们都符合"中心—四周"模式。于是，我们可以得出如下的结论：正确的思考模式＝正确的学习模式＝各个科目的内在规律。这样一个等式，我们称之为"学习恒等式"。

现在，我们可以对"思维导图学习法"做出一个完整的概括："一个理念，一个工具，三个步骤"。一个理念，就是我们的"学习恒等式"，即我们的学习和思考都应该遵循"中心—四周"模式；一个工具，就是思维导图。它能够有效地帮助我们按照"中心—四周"模式进行思考和学习，贯穿了我们从简单学习到系统学习再到解题的整个过程。

此外，要让正确的学习模式发挥最大的效果，我们还需要在个人的心理状态、时间计划、人际关系等方面做好准备，为自己的学习提供强有力的支撑，打造牢固的"学习铁三角"。

综上所述我们可以总结：

（1）我们的大脑生理结构，决定了我们在学习和思考的时候应该遵循"中心—四周"模式。

（2）我们的自然界和人类社会的基本结构都符合"中心—四周"模式。

（3）无论是文科还是理科，基本的学习模式和解题思路都是一样的。

（4）学习恒等式：正确的思考模式＝正确的学习模式＝各个科目的基本结构＝自然界的基本结构＝人类社会的基本结构＝"中心—四周"模式。

（5）思维导图是将"中心—四周"模式运用到学习和思考中的高效的思维工具。

第五节 思维导图的学习步骤

一、简单学习：死读书不如会读书

（一）如何读书

课本是我们学习的根基，所谓万变不离其宗，不论考试形式、考试题目怎么变化，最后都不会超出课本知识的范围。所以学习提高的前提就是一定要把课本读懂吃透。一个很简单的道理，在沙滩上不能建立起高楼大厦，这个道理谁都懂，但真正应用到学习中的时候却常常出问题。讲课时，好多同学在问，买了好多参考书，做了好多好多的题目，但是成绩总是提不上去，什么原因？是因为你的书本知识没有吃透，好高骛远。所以真正解决问题的方法是以不变应万变，真正把基础知识弄透彻。而且，磨刀不误砍柴工，如果课本都没有看明白，就急急忙忙地找参考资料来做，收效肯定不大。真正把知识理解了，再用做题来联系、巩固，自然事半功倍。

对于需要精读的书，尤其是课本，既不能跟着老师只读一遍，也不能没有重点地一遍一遍浏览，必须多读几遍，而且每一遍都要分主次、有重点。只有这样，才能把书读透、读活。在此介绍一个方法："三遍读书法"。

第一遍：整体浏览；第二遍：重点理解；第三遍：综合记忆。

这里，给大家介绍一个背单词的方法。这个方法也是按照"三遍读书法"的原理。比如每天背50个单词，先整体看一遍，然后回头来看能不能记得，记不得的打上勾。第二遍看的时候就专心看打勾的。这样一次次缩小范围，节约了时间，提高了效率，效果非常明显。这与"三遍读书法"在细节上有所差别，但与先难后易、先整体浏览再重点突破的思想是一致的。

（二）如何听课和做笔记

要使自己上课不走神，就要做到"五到"，即"眼到、耳到、口到、手到、心到"。

有的同学上课上得有点困倦，就想趴在桌子上闭着眼睛听一会，老师讲课就跟催眠曲一样，不一会儿就睡着了。所以要眼到，就是眼睛要看着黑板、看着老师，不能埋着头听课。

耳到就比较容易理解了，听课当然要用耳朵。

口到，是要勇于回答老师的问题。比如英语课老师在评讲试卷的时候，当把题目念完，然后问："这道题该选什么啊?"然后大家就一起答道："A"，也有那么几声"C"。这时老师才公布正确答案。像这种情况，及时回应老师，有助于你集中注意力，也有助于加强对题目正确答案的印象。如果总是闷着头听，就很容易走神。

所谓手到，就是一边听一边要做笔记，或者在书上、在卷子上勾勾画画，把老师讲的东西及时记录下来。联系我们前面说的大脑按照"关键词—联想"的方式进行思考，所以记笔记的时候主要是把关键词记录下来，以利于自己以后复习的时候重新联想。有的同学喜欢把老师讲的话一字不落记下来，这样做不仅效率很低，而且还会影响自己专心听课。

心到，就是老师讲的内容要入心，边听边思考。

做到了这"五到"，上课专心就不难了。

（三）如何记忆和练习

人们在学习中的遗忘是有规律的，遗忘的进程不是均衡的，而是在记忆的最初阶段遗忘的速度很快，然后逐渐减慢，到了相当长的时间后，几乎就不再遗忘了。这就是遗忘的发展规律，即"先快后慢"。观察这条遗忘曲线，你会发现，学得的知识在一天后，如不抓紧复习，就只剩下原来的25%。随着时间的推移，遗忘的速度减慢，遗忘的数量也就减少。有人做过一个实验，两组学生学习一段课文，甲组在学习后不久进行一次复习，乙组不予复习，一天后甲组保持98%，乙组保持56%；一周后甲组保持83%，乙组保持33%。乙组的遗忘平均值比甲组高。

众所周知，"好记性不如烂笔头。"就是要养成上课做笔记的好习惯。当天学的知识要当天复习，然后每个周末要把本周学的知识拿出来再复习，每个月底又把本月学的知识拿出来复习，只有这样，才能把知识不断巩固。

养成记录的习惯很重要!

做过的题当然也是一样，培养整理错题的习惯也很重要。

整理错题，很多人都有专门的错题本，这是很好的。不过我还有一个懒方法，就是把试卷钉在一起，在做错的题上面标上记号，还在旁边做批注，这样可以节约不少抄的时间。当然，抄题其实也是很有好处的。大家可以根据自己的情况采用不同的错题整理方式。我对于错题和我在前面"三遍读书法"中讲的记忆英语单词的方法有相通之处，就是在错题前面打一个勾，过两天把错题翻出来看一遍，对那些仍然不会的，就在前面再打一个勾，然后在题目的旁边批注错误的原因。等过两天再拿出来看，就专看打了两个勾的；对于还会出错的，就打上三个勾。当然，时不时还要回去看看打一个勾的，以免遗忘。这样一轮一轮下来，自然会将做错的题目牢记于心。

二、系统学习：建立自己的学习体系

通过读书、听课、做笔记、记忆和练习的简单学习，我们基本上把单一的知识点都掌握了，现在需要进行系统学习，来把握知识点之间的联系，建立完整的知识体系。

第一步，通过自己画体系图的方式来建立自己的知识体系。这里需要强调的是"自己画"。自己动手画和看别人画好的图完全是两回事，跟我们看参考书上的例题和自己动手来做一道题目的差别一样。就算你已经彻底了解了系统学习的理念，但如果不自己动手画，那么你就永远不可能有效进行系统学习。就像站在游泳池旁边看别人游泳，人家告诉你应该怎么伸手、怎么蹬腿、怎么换气，但是你自己不去尝试，那么你永远也学不会游泳。

画图的过程，实际上就是一个强迫你进行系统化思考、对知识进行重新梳理的过程。起初觉得没有头绪，梳理起来很困难，一幅图可能要画很多遍才能画好，但只要我们坚持每天都认真地画，肯定可以越画越好，头脑也会越画越灵活。

通过自己画体系图，不仅有助于梳理知识体系，提高学习成绩，更重要的是它是一种思维模式的锻炼。我们在考虑问题的时候，就会养成先抓住事情的核心，然后一级一级往下思考，纵览全局、富有条理。就像GOOGLE 公司前全球副总裁李开复博士在《做最好的自己》一书中所说："善于学习的人大多有总结归纳的习惯。想有更深入的思考和理解，就要学会把看似分散的知识点连成线、结成网，使学到的知识系统化、规律化、结构化。"通用公司前 CEO 杰克·韦尔奇在他的自传中也说："不管在什么时候、什么地方，当我需要阐明自己思想的时候，我就喜欢在纸上画一些图。"

这样一种习惯为将来我们进入社会参加工作，都大有裨益。

所以，通过画体系图的方式来养成体系化思维的习惯，将会对我们的一生都产生巨大影响，我们一定要坚持不懈地去做。

第二步，画完图之后，还必须进行复习和考核。

重新看一遍自己画的体系图和整理的笔记、练习，然后将所有节点盖住，只看中心点，回忆一下二级节点包括哪些，回忆起来以后，再想每个二级节点下面又包括哪些三级节点。以此类推，直到复习完所有节点。如此反复，直到闭上眼睛，能够在脑海中清晰地浮现整个体系图为止。

以上是我们每天都需要做的，将每天学到的知识进行归纳、总结和提炼。到了周末，又需要将本周内每天画的体系图串起来，共同组成一张更大更完整的知识体系图，重新进行复习和考核。如此反复，每天、每周、每月坚持不懈地做下来，一定可以实现学习成绩的飞跃。

第六节　思维导图的学习要点

一、对思维导图的七大误解

在学习思维导图的道路上，总有各种各样的因素让学习者偏离轨道，并在沮丧之余产生对导图的偏见。而这些偏见对于进一步的导图学习是致命的。需要注意的是，由于家长对导图产生偏见和误解，从而导致影响学生学习导图效果的事情也是很常见的。所以本章的内容不仅仅是写给使用导图的学生，也是写给监督和帮助学生学习的家长们。只有澄清了使用思维导图的误区，我们才能在导图学习的道路上走得更远，让成绩提高得更快。

以下误区是由实际经常遇到的案例总结而成的。每一个误区的后面，都是导图学习者们留下的偏离的脚印，希望不要重蹈覆辙。

（一）学习导图没用

"学习思维导图没有用"，这大概是对思维导图拥有抵触情绪的学生和家长们说得最多的一句话。如果说出这句话的人已经真正使用了思维导图，却没有收到理想的效果，并进而产生这样的想法，是能够被理解的。但很多说出这句话的学生和家长是在根本没有使用思维导图的前提下，就得出了"思维导图没用"的结论。

这叫作"先入为主"，我们说，只有调查才有发言权。当一个人对新生事物感到陌生和排斥时，很有可能会产生一定的怀疑情绪。但是我们的理性告诉我们，怀疑本身是不确定的产物。如果想证实自己的怀疑是否有道理，就要实际体验一下。

但是，对于那些先入为主的学生和家长来说，他们的武断摧毁了体验新事物的道路。实践是检验真理的唯一标准。当实践这条路被堵死后，人们也就无法证实思维导图是否真的有用，反倒是最开始形成的偏见越来越强，并进而得出了"思维导图没有用"的结论。

思维导图，它与传统的学习方法有着很多的不同。对新生事物感到陌生，甚至是感到排斥都是非常正常的。史蒂芬森刚刚发明火车时，不是有很多人骑着马和他打赌，并取笑他吗？但是，一旦经过亲身体验，感受到新事物与旧事物的不同，人们就会更正自己先前的偏见，转而投身新事物。因此，你对思维导图不习惯，不愿意轻易放弃传统的学习方法，这是再正常不过的事情。可是你一定要给思维导图一个机会，也给你自己一个机会，去亲自尝一尝这个新"梨子"的味道，并告诫自己在品尝完毕前不要轻易下结论。这才是科学严谨地对待新事物的态度。

（二）麻烦

"对于习惯了只用一支笔在方格纸上写来写去的人来说，画思维导图无疑是十分麻烦的：不但要找到没有方格和条文的纯白纸，还要去用许久未曾摸过的水彩笔，反复更换颜色，绞尽脑汁地去画图，这实在是太麻烦了。"这是一位学生讲的。在经过一番开导后，他终于明白了学习思维导图的真正意义。后期上课他交上来的作业恰恰是同期学生中最多最好的。一个原本最怕麻烦的人最后反倒成了最不怕麻烦的人，而且他付出的辛苦很快得到了回报，那个学期他的成绩提升了很多。

人类在某种程度上是习惯的奴隶。对于他们习惯的东西，他们从来不会觉得麻烦。可是一旦让他们改变习惯，麻烦也就随之而来了。习惯了骑自行车的人，会觉得开汽车很麻烦；习惯了用笔写字的人会觉得用电脑打字很麻烦；习惯了吃中餐的人会觉得用刀叉吃西餐很麻烦。可是一旦麻烦得久了，人们便不再觉得麻烦。一旦习惯了新事物，人们反而会觉得旧事物很麻烦。

我们关注的焦点不应该是新事物麻烦与否，而是新事物是否可以给我们带来足够多的好处。只要思维导图能够迅速提升我们的成绩，还有什么麻烦是不能忍受的？与学习成绩不好带来的麻烦相比，刚开始学画思维导图的麻烦又算得了什么呢？

（三）消耗时间

"思维导图这种学习形式是很好，就是太消耗时间了。现在学习这么紧张，哪有那么多时间画图啊？老师，有没有更省时间的方法？"

这也是听到的比较多的声音之一。画思维导图需要时间吗？当然！而且越是制作精良的思维导图，花费的时间就会越多。但是与使用思维导图后节省下来的时间相比，制作思维导图的时间简直不值一提。

完整地画完一幅思维导图后，其涵盖的知识点会在大脑里留下非常深刻的印象，历久弥新。即便以后有所遗忘，在回顾导图后也会迅速地重新掌握。因此，用思维导图的方法学习一遍，比用传统学习方法的效率要高。而草草地看上一遍课本，或者匆匆忙忙地做一些习题而不总结，看似很节省时间，实际上却是在浪费时间。而且，这种应付式的学习方式往往会给学习者造成"我已经学过了"的假象，降低进一步学习的动力。

时间就像海绵里的水，只要愿意挤，总还是有的。美国著名女作家哈丽叶特·比切·斯托夫人是一位勤劳的家庭主妇，她每天都要面对繁重的家务活动。但是即便在洗衣服、做饭的间隙，她也不忘记自己最喜欢的小说创作。最终，她写出了一部改变美利坚合众国历史的小说《汤姆叔叔的小屋》，其引发的对黑人遭遇的同情对后来的美国南北战争有直接影响。毛泽东领导红军长征的时候，前有极为严酷的雪山草地等待着征服，后有国民党的飞机大炮在疯狂追赶，红军每天都在和死神较量。而身为领导者的他却仍然能抽出时间读书、作诗。

无数事实证明，只要是我们真正想做的事情，总能安排出时间来做，关键看你是否真的想做。不要把画思维导图看成是必须用大块完整的时间完成的任务，用零散的时间画思维导图效果一样很好。即便是课间拿出 5 分钟的时间，都可以完成一幅思维导图的框架，之后可以再对这幅导图的细节不断完善。这样，即便没有太多自主支配的大块时间，还是依然可以完成思维导图。

（四）只适合文科

思维导图在记忆方面的巨大功效让很多学生和家长存在这样的担心：思维导图是不是只适合用来学习文科？如果学理的话，是不是思维导图就不会有什么效果？存在这样的疑问不是没有道理的。文科和理科的确具有颇不相同的特点。而正是这些不同特点决定了它们各自需要不同的学习方法。

一般来说，文科偏重记忆的成分居多。政治、历史和地理学科中，大部分学习内容都是需要学生熟练记忆的。因此文科学习非常依赖良好的记忆能力。这就像是在玩拼图游戏，你只有准确地记忆各拼图原来的位置，才能将散乱的拼图重新组合成一幅完整的图画。

而理科则不同。虽然理科中也存在很多需要记忆的知识点，但是相对文科而言，理科更看重的是运用知识的能力，尤其是分析和计算的能力。

学习理科就像是玩积木，在给定的几个积木块间，需要你发挥想象力和创造力去对已有的积木块进行重新排列组合，并进而得出新的形状。为了获得这种拼装积木的能力，理科要求学生大量做题。只有不断地做题，学生才能熟练掌握拼装积木的套路，从而在考试中可以迅速准确地按照出题人的要求将积木拼装成指定的形状。

这种文理学科之间的特点差异是否决定了思维导图只适合于其中的一类，而不适用于另一类呢？答案是否定的。思维导图对文科和理科都同样适用，只是使用的方法不同而已。

对于文科来说，思维导图如何应用是显而易见的。前面我们已经讲过如何用思维导图来提高记忆力。这里我们重点说说如何用思维导图来学习理科。

理科虽然不像文科那样偏重记忆，但这并不等于说记忆对于学习理科不重要。良好的基础知识记忆对于理科的解题来说至关重要。很多学生做题能力低下，其根本原因是基础知识不熟。相对于数学、物理而言，理科中的化学、生物更像是披着理科外衣的文科。因为它们包含的记忆类知识点，以及对记忆的要求都很接近文科。对这些学科中需要记忆的知识点的处理，可以采用与文科一样的方法。思维导图在帮助记忆这些基础知识方面，是同样有效的。

但理科毕竟还是与文科有着很大的不同。其中最主要的一个区别就是分析和计算。在分析和计算层面，思维导图仍然可以发挥巨大的作用，但具体运用方式与记忆类的思维导图有很大不同。无论是哪一种理科试题，其本质都是要求学生利用已知条件和所学知识求出未知的结果。这实际上是要求学生对已知条件和已学知识进行排列组合。通过思维导图来梳理这些已有的资源，可以最大限度地防止知识扫描中的遗漏和对已知条件的忽略。毫不夸张地讲，使用思维导图解题可以将做题由纯粹的脑力劳动最大限度地转化成体力劳动。需要我们去做的只是对已有的资源进行排列组合而已。对于已经做过的习题，或者有详细步骤的习题，我们可以用思维导图对解题思路进行梳理，从中找出固有的解题规律和套路。从而为下一次做同样类型的题做好铺垫。当你可以用思维导图梳理出不同题型的不同解法时，就意味着你对理科思维导图的运用已经比较成熟了。

所以，无论是文科还是理科，都适合用思维导图学习法。只是二者的具体运用方法略有不同而已。

（五）不画图

在思维导图的绘制过程中，画图无疑是最耗时，也是最有难度的一个环节。很多学生在学习思维导图的过程中会问："老师，画图真的那么重要吗？我不画图行不行？"学生提出这样的问题，完全能够理解。如果能够少花一些力气，却能做到同样的事情，谁会多花那些不必要的力气呢？但问题是，对于思维导图而言，有图与无图是完全不一样的。这种不同在左脑看来是无关紧要的。把重要的知识点转化成图形看起来耗时费力，而且对于左脑这样偏重计算和分析的大脑来说，似乎毫无用处。但问题是人的大脑不只有左半球，还有右半球。而右脑的工作方式与左脑是有着相当大的区别的。对于左脑来说无关紧要的东西，对于右脑来说却是至关重要的。仅仅是在重要知识点的旁边画一个简单的图形，就可以使我们回忆这个知识点的成功率提升 5 倍！这种记忆效果的提升对左脑而言是不可思议的，而对右脑来说却稀松平常。

此外，画图还会直接影响到我们的情绪。我们的大脑在不同情绪状态下的功能发挥颇为不同。李白斗酒诗百篇就是一个比较经典的例子。白纸黑字的教科书与五彩缤纷的思维导图对我们大脑产生的不同刺激，左脑是感受不到的，但右脑一定感受得到。尤其是当我们的图画得很古怪，很好笑的时候，这种效果更是明显。当我们把学习变成一件快乐的事情时，我们就已经开始走向成功。而画图无疑是思维导图为我们带来快乐的最大因素。

当然，我们也不能过分偏激地认为，画思维导图便是图越多越好。处于草图阶段的思维导图是可以不用图形的，因为它们只是起一个搭建框架的作用。细节还会在进一步的完善中不断填充。即便是处在完成阶段的思维导图，也没有必要把全部的关键词都用图形来表达，只要确保中心主题和主要的关键词都使用图形就可以了。

（六）只画一遍

有些同学在画了一些思维导图后，并没有感受到多大的起色，所以感觉到很困惑。在经过对他们仔细的询问和观察后，发现这些同学的问题所在：他们的思维导图只画了一遍。

前面曾探讨过一个非常重要的规律：记忆的程度是与重复的次数密切相关的。无论记忆任何东西，重复的次数越多，记忆保留的时间就越长。除了极少数情况下，由巨大的情绪刺激可以导致一次性的永久记忆外，大多数的长时记忆都是多次重复的结果。思维导图在记忆方面的作用的确非常大，但即便如此，它也不可能违背记忆的基本规律。在画完一张思维导图后，还要经过有规律的重复绘制才能让记忆变得更加巩固。经验证明，重复绘制思维导图本身就是最有效的复习。通过重复绘制思维导图，还可以迅速找出已遗忘或者掌握不熟的部分。

思维导图的发明者博赞先生曾经讲过英国少年爱德华·休斯的故事。爱德华·休斯原本是一个只能与 B、C 等级成绩为伍的中下等生。但是在使用了思维导图之后，却在短短两年之内考上了世界极为著名的学府——剑桥大学。在这两年中，休斯画了无数的思维导图，其中大部分都是在重复已有的思维导图。也许这个成功者的案例可以给你一些启发。

（七）只看范例

目前市面上关于思维导图的教辅书渐渐多了起来。作为一位教师及思维导图爱好者，由衷地高兴能够看到思维导图被学生和家长接受。可是在翻看其中一部分书籍时，发现这些书籍把每本书、每个单元，甚至是每一课的内容都画成了现成的思维导图。也就是说，在这些教辅书籍的"帮助"下，学生根本无须去画任何一张思维导图，他们只要去看、去记就好了。

这样的思维导图实际上与传统的知识点归纳是没有本质区别的。对于学生来说，其最大的不同只是形式发生了变化。如果你是从本书开篇一直看到这里的话，应该早就悟出一个基本的道理：思维导图是需要学生亲自动手制作才能发挥功效的。重要的是绘制导图的过程，而非最终的结果。而这些思维导图教辅书籍却把最精华的部分隐去，只留下一个空壳给学生欣赏。这样编写思维导图书籍对学生来说是不负责任的。

这并不是说我们不应该看思维导图范例，毕竟任何创造都是从模仿开始的。有了思维导图范例的指引，学生们可以更快速地掌握绘制思维导图的方法和技巧。但是一定要注意，这些范例只是辅助我们学习思维导图的工具，不能用别人的思考替代我们自己的思考。学习也是一样，不经咀嚼的学习是没有价值的。所以，我们要正确地看待思维导图的范例及它的作用，不能一味地依赖范例的帮助，而应该把它看作是我们学习思维导图的一块踏脚石。

二、让画导图成为一种习惯

在人的一生中，其绝大部分行为都是被习惯操纵着的。我们选择特定的时间吃饭、睡觉，是一种习惯；我们选择特定的路线上学、上班，是一种习惯；我们与人交谈时夹杂的口头禅，是一种习惯；我们刷牙、洗脸、锁门等行为，更是一种习惯。正是凭借着这些高度重复的习惯性行为，我们才能在不浪费大脑资源的情况下轻松地生活。所以，习惯是我们每个人生活中不可或缺的帮手。

对于学习来说，习惯的作用更加明显。无论你在学习中养成的是好习惯还是坏习惯，它们都会在未来的学习道路上反复左右你的行为。习惯了上课时说话的同学总会不自觉地与旁边的人闲聊，即便他非常清楚这样做对人对己都没有好处。习惯了不完成作业的同学会发现，不管他怎么努力，总会有尚未完成的作业摆在他面前。这些都是负面的学习习惯，那么正面的学习习惯是什么样的呢？

习惯了每天学到晚上 12 点的同学总会精神抖擞地坚持到那个时间，如果家长们强迫他提前入睡，他反而会非常不舒服。习惯了先完成作业，再进行个人娱乐的同学，总会抵制住各种诱惑，在确保完成了该完成的学习任务后再进行其他活动。当我们评价某个学生"学习刻苦"的时候，很可能会忽视这样一个明显的事实：最初非常艰苦的学习行为一旦成为习惯，便不再艰苦，这些学生只要在习惯的支配下重复同样的行为就可以了。习惯的支配力量是如此强大，以至于绝大部分人都在无意识地成为它的奴隶。而那些意图反抗的人无疑会付出非常巨大的努力才能重获自由。

支配习惯的是潜意识，而改变习惯的行为属于意识层面的行为。从心理学的角度讲，潜意识的力量要比意识的力量大 1000 倍，双方角逐的结果是可想而知的，但这并不意味着习惯无法改变。改变旧习惯的最好办法便是建立一种新习惯。换句话说，如果你正在被许多不好的学习习惯支配着，你要做的，就是用好的习惯去覆盖它们。

现在，覆盖那些旧习惯的机会来临了。思维导图，是非常强大的学习工具。要想让它充分发挥威力，必须得到习惯的帮助。如何才能让画思维导图成为一种稳定的学习习惯呢？

思维导图不仅仅是一种学习工具，更是一种思维习惯。我们不能把思维导图的应用局限在有纸有笔的环境中。即便我们两手空空，也一样可以利用思维导图的原则去帮助我们学习。

思维导图是一种强有力的有氧信息工具，它完美地再现了有氧信息的三大原则：简单、有趣、有效。时时记着用这三个原则去处理信息，是建立思维导图习惯的必经之路。我们先来探讨三大有氧信息原则的第一个原则：简单化。

（一）简单化

"凡是复杂的东西都可以用更简单的方式表达出来。"这是有氧信息的基本理念，也是思维导图的基本理念。而简化信息的第一步，就是去粗取精。越是复杂、越是冗长的语言形式，越是容易把关键信息埋藏在其他无关信息之中，而教材中使用最多的就是这种语言。严谨的、面面俱到的知识点阐述，虽然可以使我们避免遗漏重要信息，却也让我们难以抓住重点。

无论我们是否在画思维导图，都应该注意把那些无关的或者不重要的信息剔除，只留下最重要的部分。我们要养成用最少的字表达最多信息的习惯，即便不画思维导图的时候也是如此。

简化信息的第二步就是转换表达方式。同一件事情可以有不同的表达方法，而不同的表达方式的效果是完全不一样的。如果教材对于一个知识点的描述让你觉得别扭、烦琐，你便可以自创一种更简单、更容易理解的方式来表达同样的意思。这个过程称为"母语翻译"。虽然同属于一种语言，有时候也是需要翻译的。比如，经济常识中对于"货币本质"的描述是："货币的本质是一般等价物。"这里使用了一个专有名词——"一般等价物"，从而给一部分同学的理解造成了阻碍。为了更便于理解，我们可以对其进行简单化的处理，把"一般等价物"理解为"商品交易的媒介"。这样一来，我们就可以很直观地了解到货币的本质和其具有的最基本的功能。

简单化原则不仅仅方便我们的理解，它更会大大强化我们的记忆。人脑能够在短时间内存储的信息量是十分有限的。一般来说，短时记忆只能存储5~9个信息单元，超出了这个范围，人脑便很难记住。因此，我们面对的信息越短小精悍，越容易被记住。记住一个字肯定要比记住一百个字简单，记住一个段落肯定比背下一篇文章来得容易。简单化原则可以最大限度地减少我们需要记忆的信息量，因此可以强化记忆。

除了信息量外，对信息的了解和熟悉程度也会对记忆产生巨大影响。如果你一直在关注美国大选，那么新闻中关于美国大选的内容便更容易被你记住；如果你是一名机械工程师，那么新闻中对日本工业机器人的描述显然更容易被你记住。但是反过来，让一个压根儿不了解机械制造的人去记忆工业机器人的新闻，或者让一个不关心政治的人去记忆美国大选的新闻，都会有一定的困难。而通过简单化原则，我们可以把不熟悉的信息表达方式翻译成我们熟悉的信息表达方式。通过记忆我们熟悉的表达方式，我们可以有效地记忆信息。在此基础上去记忆教材上的原文表述，也会容易得多。很多擅长记忆的学生使用的都是这种方法。

一旦你养成了将信息进行简单化处理的习惯，再画起思维导图来就得心应手了。因为思维导图最核心的关键词，就是通过简单化原则创造出来的。对于一个不熟悉简单化原则的人来说，绘制思维导图是耗时费力的，因为他不习惯把信息进行必要的简化。而对于精熟于简单化原则的人来说，筛选或者拟定思维导图关键词都是再自然不过的事情，而寻找关键词正是绘制思维导图最重要的一个步骤。

（二）趣味化

兴趣是最好的老师。有了这位老师的指引，即便再困难的任务也能够被完成，即便在他人看来再枯燥的行为也能成为习惯。

思维导图融合了很多趣味化的元素，比如图形、色彩、夸张的线条、活泼的结构、幽默的表达方式等。这些趣味化的元素对于左脑来说是无关紧要的。无论是一个苹果加上两个苹果，还是一个鸡腿汉堡加上两个鸡腿汉堡，其结果在数量上都是三个。但是这些趣味化元素对右脑的影响是不一样的。对于学生来说，用他们喜闻乐见的东西作为抽象概念的载体，会让这种知识更容易被接受。这也是小学阶段的数学经常使用生活中的例子作为应用题的背景的原因。

要想让画思维导图成为我们的习惯，就必须在平时注意对学习的内容进行趣味化处理。要张开想象力的翅膀，把那些即便是与主题只有微弱关联的趣味化元素都囊括进我们的学习内容中来。一个好办法是把教材中的关键内容都转换成图像。如果缺少大块时间，就不要勉强地把所有内容都一次到位地做成思维导图。可以先把一些关键概念或知识点转化成图形，画在教材的旁边或者笔记里。比如，我们学习的是阿基米德定律，就可以把阿基米德坐在浴缸里的形象画出来；我们学习的是牛顿定律，就把牛顿坐在苹果树下的形象画在教材的空白处；我们学习的是元朝统一中国的过程，就可以在教材或笔记上画一个骑马的小人。

也许你会觉得这个过程有点像我们童年时的涂鸦。事实上，我们要做的就是随心所欲地涂鸦。这些涂鸦也许会让原本干净整洁的教科书看上去有些杂乱，但是它们充分地锻炼了我们使用右脑的能力，并为将来进一步绘制思维导图提供了丰富的素材，还让死气沉沉的教材充满了灵气和活力，这真是一举多得。

培养趣味化的习惯不仅仅是画图而已。把教材上死板的知识表述转变为更加生动活泼的形式，也是趣味化的一个重要环节。比如我们想要记忆科学发展观的内涵，教材的原文是"科学发展观的第一要义是发展，核心是以人为本，基本要求是全面、协调、持续，根本方法是统筹兼顾"。这是要求学生必背的内容，却是学生感觉最难背的内容。字虽不多，却非常抽象，不容易理解，很容易混淆。我们该怎样对这个知识点进行趣味化处理呢？

可以采用"先压缩，再整合"的方法。所谓"先压缩"就是将知识点的内容进行压缩，用更少的字来代表相应的知识点分支。比如"核心是以人为本"这句话，我们就可以将它压缩成"核人"二字。然后是"再整合"，也就是将压缩出来的字词进行整合与联想，使之成为更容易被理解、也更有趣的信息形式。比如刚才我们压缩出来的关键词"核人"，其谐音是"核仁"。这是一种非常健脑的食品，对学生非常有帮助。经过整合，学生们都记住了。其他的三个内涵也可以如法炮制。结果原本是学生最发怵的知识点反而成了他们记得最牢固的知识点。

除此之外，我们还可以对教材原有的内容进行扩展，把那些有趣的内容人为添加进教材里去。对于文科来说，这种扩展几乎是顺其自然的事情。历史故事、哲学原理的例证，与地理概念相关的种种传说，都是非常好的趣味化材料。对于理科来说，这种趣味化的处理教材的方法也同样适用。教材上每一个公式、定理、原理的背后，都有着一些鲜为人知的故事。我们只需要针对那些比较抽象、掌握得不太好的知识点进行拓展，了解其背后的有趣故事就可以了。

趣味化是一种习惯。建立这种习惯需要我们在心中牢牢树立一种信念，那就是"学习也可以很有趣"。一旦我们把学习看成是有趣的事，那么能够证明这一点的事物就会越来越多。养成寻找并积累趣味资料的习惯后，绘制思维导图就成了一件简单的事情。最终，你会收获这种回报极大的好习惯。

（三）实用化

早在近代工业兴起之前，煤就已经被人们发现，其能够燃烧的性质也已经被了解，但是当时的人们日常生活中最常使用的燃料还是木材。早在西方人使用坚船利炮击败古老的东方帝国之前，火药就已经是被中国人所利用。决定煤与火药价值的，并不是谁发现了它，而是人们怎样使用它。

人脑天生具有价值筛选的取向。凡是人脑认定有价值的东西，它都会去记忆、去理解、去强化。反之，凡是被人脑认定没有价值的东西，都会被遗忘和弱化。这能在一定程度上解释我们在记忆不同事物时的惊人差别。一个能够轻松记下圆周率数万位的记忆冠军很有可能会忘记新认识的朋友的名字。尽管单纯从记忆量来讲，前者并不比后者少。造成这种记忆效果差异的重要因素是人脑对信息实用价值的判断。于是，将知识信息实用化就成为我们必须培养起来的一个习惯。

任何学科都是有其实用价值的。数学是思维体操，学习数学不但可以锻炼我们的思维，还是我们学习其他自然科学的工具。小到去食杂店买食品，大到研究人造卫星的轨道都需要用到数学。学习物理可以帮助我们理解光电磁现象，如果没有物理学对人类的贡献，恐怕我们至今仍要点着蜡烛吃晚餐，看电视、玩电脑都是天方夜谭。学习化学可以让我们了解事物在微观层面上发生质变的真实过程。化学让我们穿上了材料更坚韧、更轻便的衣服，用上了更坚固且更具可塑性的家居材料。

我们无须多举例。几乎所有的学科都有其实用的一面，问题是我们注意到了多少。挖掘出这些学科及其知识点的实用价值，将让我们的大脑把这些知识点放入我们必须重视的范围之内，我们记忆和理解起来也会更轻松、更高效。比如我们要学习"美国南北战争"。这场战争的深刻根源是北方的工业资本家和南方的种植园主之间的矛盾，而战争的结果除了保证美国的统一外，还让千百万黑奴得到了解放。如果我们仅仅是为了学历史而学习这段课文的话，记忆起来就会比较吃力。而联想到南北战争对今天美国黑人的具体影响，尤其是考虑到奥巴马就任美国总统这一事件，这场数百年前的内战就具有相当值得回味的价值了。

大脑不记无用的东西，留下的都是大脑认为有价值的。这种价值离自己的切身利益越近，我们记住这些信息的可能性就越大。思维导图是非常强调实用性的学习工具。在平时就养成挖掘知识点实用价值的习惯，会让我们更加从容高效地绘制思维导图。

（四）暗示法

自我暗示是一种古老的思维技术。它曾经被广泛运用于治疗各种生理和心理疾病，并取得了非常显著的成效。关于自我暗示强大威力的一个广为流传的故事是，"二战"中有一位士兵被敌方抓获，敌人把这名士兵的眼睛蒙住，双手绑在后面，并在腕部割了一个小口，士兵能听到血液流淌的声音，并忍受着由此带来的煎熬。数小时后，士兵死了，但引发他死亡的却并不是腕部的小口，那个伤口只滴了为数不多的几滴血就止血了，士兵听到的血液流淌的声音来自一个不断滴水的水桶。他是被恐惧的自我暗示杀死的。

生活中印证自我暗示威力的案例也是层出不穷。一些怀疑自己得了重病的人会发现很多症状在身上出现，但事实上他的组织器官并没有发生真的病变。运动员在上场之前总会对自己鼓励一番，给自己加油，一旦他相信了对自己的鼓励，就会发挥出高水平。

当一个人面临疼痛时，如果可以对自己暗示"疼痛并不强烈，很快就会过去"，疼痛就可能真的会在短时间之内停止。不管你是否能够意识到，自我暗示总会在我们的生活中发挥作用。

现在，我们可以把自我暗示的强大威力运用在思维导图习惯的培养上。有许多自称毅力很差、难以培养好习惯的孩子正是通过这种自我暗示法养成了绘制思维导图的习惯。需要说明的是，这种方法的创始人是法国心理学家爱米尔·库艾。早在100多年，他便用这套简单易行的方法帮助别人，并获得了欧洲人和美国人的崇敬。需要强调的是，使用自我暗示法并不能代替我们绘制思维导图。如果天天对自己说思维导图画得越来越好，但是却连续几天一张图也没有画，那便是自我欺骗。所以在进行自我暗示的同时，我们也要有意识地按照暗示的内容去做，用不了多久，我们便不再需要自我暗示，因为我们已经养成了画思维导图的好习惯。

（五）强化法

也许你从未听说过斯金纳的名字，但是你一定非常熟悉小白鼠。它们是人类科学研究必不可少的助手。有人曾经用小白鼠做过这样一个实验：将小白鼠放在一个装有食物的笼子里，而食物被放在一个可以从外面直接观察的盒子中，小白鼠无法直接吃到它。在装有食物盒子的旁边是一个杠杆，这实际上是一个开关，每当按压这个杠杆，食物就会从盒子里滚落到小白鼠的面前。当然，小白鼠并不知道这些，它只是围着那个装有食物的笼子焦急地打转。终于，小白鼠不经意地碰到了开关，食物从盒子里滚落出一个。很明显，小白鼠对这突然出现的美味非常喜欢。它迅速吃光了食物并想找到更多。可是，在小白鼠再次触碰到机关前，食物不会出现在它面前。小白鼠开始不断尝试，它想找出食物出现的方法。终于，它找到了那个机关。它不停地踩踏那个机关，食物也不停地流出来，直到流光。小白鼠的肚皮被撑得溜圆。到此为止，我们没有发现任何不同寻常的事情。但接下来的事情就比较有趣了：尽管盒子里早已没有了食物，小白鼠却仍然经常踩踏那个机关。似乎这已经成为它的本能行为。

是什么导致小白鼠踩踏机关呢？答案是盒子里的食物。为什么没有食物的情况下，小白鼠仍然要踩那个机关呢？答案是由于食物的强化作用，小白鼠已经形成了踩踏机关的习惯。

做这个实验的人就是我们前面刚刚提到的"斯金纳"。他是行为主义心理学的代表人物。在他看来，人类的行为与小白鼠没有什么两样，我们的习惯都是来自外在的强化。行为主义心理学在20世纪极为流行，以至于人们经常把我们生存的这个世界称为"斯金纳箱"。现在，让我们进入这个神秘的斯金纳箱，考虑一下如何让画思维导图也像小白鼠踩踏机关一样成为习惯？稍加思索，我们便会找到答案：强化。如果能找到与斯金纳箱中的食物相提并论的刺激物，我们也可以培养起自己的习惯。

幸运的是，与小白鼠相比，人类的刺激物要比盒子里的食物多得多。很多有形的东西可以作为奖赏而存在。不管比赛的条件有多么苛刻，过程有多么荒谬，只要提供的奖品足够有诱惑力，还是会有人参加。还记得你在幼儿园得过的小红花吗？本质上，这与小白鼠的食物是一样的。

我们每画一幅思维导图，都需要得到刺激物的强化。也许对于现在的你而言，小红花已经无法满足你的需求了。如果可以的话，你也许希望每画一幅思维导图就可以吃一顿肯德基、看一场电影或者买上几本喜欢的杂志。这样的奖励无疑会起作用，但代价过于高昂。实际上，一块糖果、几分钟的闭目养神、玩几分钟自己喜欢的游戏都可以成为奖品。从认知心理学的角度看，奖品越小，你的习惯延续下去的可能反而越高。

与动物不同，人类的强化物除了有形的奖励外，还包括无形的赞赏。这种赞赏可以来自父母、来自朋友、来自老师，也可以来自自己。

（六）教授法

《高效能人士的七个习惯》的作者史蒂芬·柯维曾经介绍过一种非常高效的读书方法：他建议读者们以老师的角色来阅读，除了吸收还要能够复述。在阅读过程中，要准备在48小时之内与别人分享或讨论读书心得。

这个方法同样适用于学习思维导图。在众多学习思维导图的方法中，教授法是非常有效的学习方法。

只有当你决定将思维导图教给别人时，你才会认真审视自己对导图的了解有多深。让别人理解一件事情的前提是你自己要深刻理解。教授法无疑会大大加深你对思维导图的理解。很多自己使用时马虎而过的地方，在教授的过程中会出问题，很可能就在你正讲授思维导图原理的过程中，你会发现很多自己以为已经懂得但实际上并不懂的内容。

说服别人首先要说服自己。当你向别人强调学习思维导图的好处时，你自己对学习思维导图的好处一定深信不疑。而且，当对方因为你而相信学习思维导图好处多多时，你会更加坚信学习思维导图的价值。这对帮助我们形成画导图的好习惯是非常重要的。

最后，学高为师，身正为范。为了教授思维导图，你不可避免地要画一些思维导图，并示范给你的学生们看。你会认真地绘制作为示范的思维导图，因为它不仅仅是给自己看的，更是给你的学生看的。你在绘制过程中犯下的一点点无心的失误很可能会误导你的学生。所以你不得不当心。

按照经验，如果你能教会8个人画思维导图，你便已经形成思维导图习惯了。届时，画思维导图将成为像吃饭、睡觉、说话、写字一样自然的事情，它会成为你生活的一部分，并持续地发挥巨大的积极作用。

第五章

借鉴先进教学管理模式，
构建和谐校园环境

随着高等职业教育规模的不断扩大，其办学规模与教学资源的矛盾越来越突出。对高职院校来说，一方面教学资源的投入受到限制，另一方面在完善教学管理模式、整合教学资源、提高资源的利用率等方面却有较大的上升空间。新加坡南洋理工学院在职工教育的发展进程中处于领先地位，其先进的办学理念、教学管理模式一直备受职业教育的青睐。通过与新加坡南洋理工学院教学管理模式的对比分析，不难发现，新加坡南洋理工学院的教学管理模式能够有效地提高教学资源利用率，从而有效提升教育教学质量和效率。

第一节　借鉴先进管理理念，提升我国高职教学管理水平

新加坡南洋理工学院是一所以工科为主体的多科性高等职业院校，其办学理念先进，产学研结合密切，教学成果显著，在诸多方面值得我国高职院校借鉴。

一、办学理念

南洋理工学院积极倡导"无界化"的办学理念，有利于促进教育教学资源的充分利用。学院鼓励教师申请跨学科课题，促进了系科之间的密切合作、共同发展。这样既可以提高学院资源利用率，也有利于综合课题的开发。对于合作项目，各系教师还可以直接对外联系，引进项目合作的人员，中间无须任何部门协调，这就减少了很多不必要的工作程序，大大提高了工作效率。而我国大部分高职院校，内部不同系科之间不同程度地存在"各自为政"的壁垒现象，这不仅阻碍了不同系科间的资源共享，也影响了跨学科综合课题的开发。

二、作息时间安排

南洋理工学院为了充分利用校内外的教育教学资源，实行全天候排课。学校一般从早上八点一直到晚上九点左右，中间不间断地排课（课间休息时间除外）。国内也有个别高校采用这种方式，然而，由于传统习惯的影响，绝大多数高职院校的作息时间安排跨度小，不够机动灵活。

我国多数高职院校没有充分利用 12：00—14：00 和 19：00—20：30 这

两个时间段。这两段时间有三点优势:一是有利于引进企业兼职教师。采用全天候排课,兼职教师可以利用中午下班到下午上班前的一段时间或晚上时间来学校上课,这样,既解决了师资不足的困难,又充分利用了校外教育教学资源;二是有利于学生的发展。采用全天候排课,学生可以根据自己的实际情况来选择上课时间,拓宽了学生的发展和活动空间;三是有利于实现"人停机器不停",从而使得实验实训设备得到充分利用。

三、课程编排

我国高职院校的课程编排相对呆板,对于同专业同年级的学生,采取同样的课程设置和教学管理。虽然便于学校的统一规划管理,但是容易出现学生在学习基础课或专业基础课阶段时,实验实训设备大量闲置,造成资源浪费的现象;而一旦大量学生集中进入实验实训阶段时,实验实训设备又不足,导致很多学生失去亲自动手操作的机会,在一定程度上影响了学生实践能力的提高。南洋理工学院的课程进程则相对灵活、合理。比如,针对同专业同年级十个班级,第一学年有十门课程,其中五个班级在第一学期开设第1~5门课,第二学期开设第6~10门课;而另外五个班级则在第一学期开设第6~10门课,第二学期开设第1~5门课。这样灵活设置课程编排的好处在于能够错开实验实训设备使用的高峰期,不会造成资源闲置或不够使用的情况,有利于充分利用教学资源。

南洋理工学院的课程编排、组织形式非常灵活。他们根据不同学生的具体情况分为两组,采用四种方式教学,基础薄弱的第一组学生在完成专业课程后,一部分直接参与企业项目,利用自己所学的知识进行实际运用,在实际锻炼中找出不足,以便在企业实习中有的放矢,弥补不足;另一部分在完成专业课程后进入企业实习,而后再接手企业项目。对于基础较好的第二组学生,一部分直接进入企业实习,而后做企业项目,通过实际锻炼,找出自己存在的问题,并在今后的专业课程学习中注意把握;另一部分学生直接参与企业项目,"摸着石头过河",培养学生的研究创新能力。而后进入企业实习,边锻炼边学习,并且在以后的专业知识学习中继续弥补自己的不足。对于第二组学生,如果第一学期课程完成得很好,第二学期部分相关专业课程可以免修,既提高了学院资源的利用效率,也真正做到了因材施教。

南洋理工学院不仅课程安排灵活,对于同一门课程的进度也可能完全不同,有的班级按照教材章节顺序进行,有的根据需要从中选择章节学习,有的甚至直接进入课程设计。比如,教师首先明确课程设计的内容要求,让学生课后到图书馆、计算机房查找相关资料，到实验室做相关实验；上课的时候，教师先检查学生的设计情况，针对问题具体指导，然后进一步明确下一步的设计任务和要求，继续让学生在课后查找资料或到实验室实验。如此循环下去，直至完成课程设计。这样不仅提高了学校资源的利用效率，同时，也提高了学生学习的主动性、积极性和创新能力。

而我国大部分高职院校采取传统的课程编排形式，先是基础课或对专业理论知识的学习，然后进入实习阶段，最后完成论文答辩。这种方式过于强调理论的完整性和系统性。对于同一教材，为了管理上的方便，往往采用一致的进度，这种形式过于统一，势必会造成学校实验实训资源使用拥挤或闲置的现象，不仅不利于发挥学生的主体能动性，也降低了教育资源的使用效率。

四、校企合作

南洋理工学院为了加强与企业的合作交流，采用"教学工厂"的办学理念来组织教学活动。学生的学习，犹如在一个真实的企业环境之中，学习的过程，既有理论知识的学习，又有实践技能的培养。南洋理工学院的"教学工厂"不是学校再办一个附属工厂、教学实习工厂，或在社会上划定某一个工厂作为学校定点实习的场所，让学生在学校学完理论课后再到工厂实习操作，而是把教学和实践紧密结合起来，将学校按工厂模式办，让学生通过生产学到实际知识和技能，将实际的工厂环境带入教学环境之中，促进学生对于理论教学的理解。"教学工厂"以能力培养为本位，全方位营造工厂实践环境，是企业实习、企业项目与学校教学的有机结合。下面将"教学工厂"的四种模式简要表述如下（见表5-1）：

表 5-1 南洋理工学院"教学工厂"的模式

模式	模式一	模式二	模式三	模式四
学院环境	模拟工厂环境有限度的项目发展环境	模仿工厂环境，由设置于学院行政之外的IPG及ATG带动学院的项目发展活动	教学与工厂紧密融合，学院内设立了IPG及ATG机能专业	专业科技中心的设立
教职员活动	教学为主	少数的IPG及ATG借用的教职员参与工业项目开发活动	更多的教职员参与不同层次的项目开发活动	进行高增值的项目活动，强化教职员的科技专能

模式	模式一	模式二	模式三	模式四
学生活动	有限的工业项目活动	在专职教职员的带领下,学生开始参与IPG及ATG的工业项目活动	在学院内进行更广泛、多元化的工业项目活动	参与大型的、高增值的工业项目活动
课程设置	有限度的工业联系	开始受到IPG及ATG的影响,引入新科技	通过个案研究及项目课题,将课程内容深度化	综合科技教学实验室累积经验与分享

注:IPG:工业项目组(Industrial Projects Group)

ATG:应用科技组(Applied Technology Group)

由于学院各个不同的培训单位的科技应用与发展进度不一样,这四种不同层次的"教学工厂"模式同时并存。表5-1南洋理工学院"教学工厂"模式简要反映出在不同层次"教学工厂"的模式中,学院环境、教职员活动、学生活动、课程设置都有所不同。"教学工厂"教学模式的采用,使学校可以比较充分地利用社会和企业的资源。

职业教育最理想的学习方法是一边做一边学习。目前,我国大多数高职院校重在理论知识的教学,轻视实践教学,培养出来的人才不符合高职人才的培养目标。众多高职院校在与企业合作方面还做得远远不够,真正与企业开展大规模深层次合作的院校为数很少,大多数高职院校没有能够很好地利用企业人力和物力资源,这对于培养高技能应用型人才的高等职业院校,实在是一种资源浪费。

五、建议

针对当前我国大部分高职院校存在的资源利用不合理现状,借鉴南洋理工学院成功的管理模式,笔者试从以下方面提出建议:

第一,适当调整作息时间的安排。作息时间的安排要改变以往的单一模式,借鉴全天候排课的方法,灵活安排教师和学生的休息时间,将周末、晚上的时间充分利用起来,提高校内外资源的使用效率。

第二,灵活调整课程的编排。改变同一专业相同的课程编排方式,根据学生的实际情况,因材施教,对不同班级进行不同的课程编排,灵活安排专业课学习与实验实训课的先后顺序,错开实验实训室使用的高峰期。

第三,按需选取教材的内容。根据学生的具体情况,采取灵活多变的方式，调整教学内容的先后顺序。在注意知识衔接的基础上，根据实际需要，选择"必须"的教材内容，以"够用"为度。选取适当的章节进行教学，改变以往同一教材内容整齐划一的教学进度，优化教学设备的利用与资源的互用，提高实验实训设备的使用率。

第四，拓宽渠道，引进优质教育资源。借鉴南洋理工学院"教学工厂"和"无界化"的办学理念，全方位、多渠道引进优秀企业的高级技术人员担任兼职教师，吸引具有现场实践能力的技术专家充实到教学一线，充分挖掘他们的实践经验，指导学生实际操作。同时，加强"双师型"队伍建设，提高师资水平。

第五，产学研结合，密切校企合作。密切校内不同系科之间的合作与交流，培养团队精神，开发跨学科、跨专业课题。创造一切有利条件吸引学生参与教师的课题研究，为学生提供参与教师课题研究的机会。充分利用教师的理论指导和操作指导的优势，发挥各自的专业特长，最大限度地开发实验实训基地的潜能，提高资源的使用效率。同时，密切与企业的合作，寻找机会，积极引进企业项目，实现学校与企业的共同发展，达到互利双赢的目的。

教学管理模式的改进有利于教育教学资源的效率提升，从而也会间接促进高职生学习效率的提升。与此同时，在管理过程中，还应坚持以"生"为本，构建和谐校园环境，营造和谐文化氛围，确保高职生"全人发展"。高职院校作为高等职业技术人才培养的基地，和谐校园环境氛围的营造有利于高职人才的全方位培养和目标的实现。

第二节　和谐校园的内涵

"和谐"思想在中国历史上源远流长，譬如，"以和为贵""和衷共济""和气生财"等词语都是对这种思想的印证。2005 年 2 月 19 日，胡锦涛同志在省部级主要领导干部"提高构建社会主义和谐社会能力专题研讨班"开学典礼上指出："我们所要建设的社会主义和谐社会应该是民主法治、公平正义、诚信友爱、充满活力、安定有序、人与自然和谐相处的社会。"[1]

---

[1]　http：//news. xinhuanet. com/newscenter/2005-06/26/content_ 3138887. htm.

这是对中国特色社会主义的全新认识，是时代发展提出的历史性课题。不难理解，社会的和谐取决于组成社会的细胞的和谐发展，构建和谐社会必须以社会各个层面的和谐为基础。高职院校作为职业教育人才培养、引领经济社会文明发展的重要基地，在知识传承、人生价值确立和人类进化的实现等方面具有极为重要的作用。因此，高等职业教育理应率先垂范，担负起构建和谐社会的重任。和谐校园是和谐社会的基础性工程，没有和谐的校园，就不可能培养和造就德、智、体、美、劳全面发展的和谐社会建设者和接班人。构建和谐校园是高职院校落实科学发展观的必然，是高等职业教育规律的内在要求，亦是时代发展的客观趋势。

一、高职和谐校园的界定

近年来，越来越多的文人学者对和谐校园进行了研究，提出了独到的见解，可谓见仁见智。博采众家之长，我们认为，高职和谐校园是遵循人性发展、高等职业教育发展和社会发展规律三位一体的生态系统，在这个系统中"和衷共济""和而不同"，将校园的各种教育要素全面统筹，合理优化、协调运转，从而实现学生、教师、学校、社会和谐发展的整体态势。

二、高职和谐校园的特征

高职和谐校园的"和谐"应表现为水乳交融的自然和睦状态，营造的是友好融洽的人际关系，协调的是各方面不同的利益群体。和谐校园作为人性发展、教育发展和社会发展的一个完美组合，理应具备如下特征。

1. 科学有序，民主平等

高职和谐校园的建设应建立在科学有序的基础之上。这里的"科学有序"指的是学校教育应遵循人的身心发展规律、教育的内在发展规律，以及社会的客观发展规律，有条不紊、循序渐进地对学生实施教育教学，使校园生活科学有序、丰富多彩。当前，高等职业教育应密切关注社会生活的变革，反映现代科技的最新发展，密切与社会多层面的有机结合与多维互动，将师生创造活力的激发与高新技术的研发有机地结合起来。民主平等是和谐校园之根本。所谓"民主平等"，指的是学校领导、教师与学生之间的关系都应当是互相尊重、相互平等的，尤其是师生关系的和谐。对待各种问题的处理都应建立在民主协商的基础之上，广泛征求师生员工等各方意见，在民主的基础上才能实现真正的科学。

2. 公平正义，诚信友爱

公平正义是人类社会的永恒主题，诚信友爱是中华民族的传统美德。

"和谐"源于规则，学校员工在制度面前一律公平相待，和谐校园要兼顾领导、教师、学生等各方面的利益关系，正确处理多元交织和错综复杂的矛盾与冲突，合理解决教职工在收入分配、政治经济生活中的地位、机会均等问题，营造公平正义、诚信友爱的和谐氛围，真正实现制度管理与情感管理的有机融合。

3. 人际融洽，精诚合作

高职和谐校园应是处处彰显和睦融洽的人际氛围，竞争与合作的水乳交融。和睦融洽的人际关系源于"校园人"的和睦相处与共同努力。建立和谐的人际关系是实现育人使命的需要，是创建和谐校园的基础。同时，高校作为科技发展的重要基地，承载着科技创新的重要使命，为达成这一使命的实现，要求教师群体能够精诚合作、协同创新，促成大课题、大项目的研究开发。

第三节　以"生"为本，构建和谐校园

和谐校园的构建是一项系统工程，需要校内外方方面面的共同努力。本节试从高职院校以"生"为本的管理视角，来探讨和谐校园的科学构建。

联合国教科文组织发表的权威性报告《学会生存》中指出："应该把培养人的自我生存能力，促进人的个性的全面和谐的发展，作为当代教育的基本宗旨。"要达到这一目标，我们必须树立以"生"为本的理念，完善教育设施，改善教育制度，建设和谐校园文化，为学生搭建展现风采的平台，使学校成为学生健康成长的乐园。《中共中央、国务院关于深化教育改革全面推进素质教育的决定》指出："实施素质教育，必须把德育、智育、体育、美育等有机地统一在教育活动的各个环节中。学校教育不仅要抓好智育，更要重视德育，还要加强体育、美育、劳动技术教育和社会实践，使诸方面教育相互渗透、协调发展，促进学生的全面发展和健康成长。"因此，以"生"为本，其精髓在于重视学生的身心健康和人格完善。从高职大学生的实际出发，理解学生、关心学生、帮助学生，用个性化的教育管理模式来调动学生的积极性、主动性和创造性，不断增强学校的创新活力。

一、注重学生共性与个性的培养、知识与能力的协调发展

过去的教育忽视个性化教育，有碍学生的个性发展，学生在学习上缺

乏选择权和自主权,一切都按照"大一统"的培养模式进行"工厂化批量生产"。这导致学生个性受到限制,从而也就压抑了学生的精神世界。苏霍姆林斯基曾说过:"教育工作的实践使我们深信,每个学生的个性都是不同的,而要培养一代新人的任务,首先要开发每个学生的这种差异性、独立性和创造性。"因此,高职院校必须坚持以"生"为本,注重学生个性化教育。针对每个学生不同的兴趣、能力、素质和性格特点,因人制定,因材施教,使每个学生的个性心理品质和知识能力在原有的基础上获得长足进步,在思想品德、智力水平和身心素质等方面得到充分发展。

二、营造和谐的师生关系

和谐的师生关系是指以学生的发展为本,使师生在知识、情感等层面广泛深入地交流与"共鸣",建立平等、民主、尊重、合作的新型师生关系。爱因斯坦说过,使学生对教师尊敬的唯一源泉在于教师的德和才,所以教师首先应该全身心投入到教育教学中去。"身教重于言传",高尚的师德可以熏陶学生,为学生的终身发展奠定良好的道德基础。其次,教师要改变以往"满堂灌""填鸭式"的课堂教学模式,将"启发式""诱导式"教学引入课堂,将教与学双边活动有机地结合起来,充分调动学生的积极性、主动性,培养学生善于发现问题和解决问题的自我发展能力。最后,教师要以健康的情感去感染学生,增强师生情感的交流,坚持教书与育人并举,不仅教给学生专业知识,还要教会学生做人、合作、创业等综合能力。与学生平等、和谐地相处,化解师生之间的矛盾与摩擦,营造健康和谐的成长环境,培养学生的健康心态,促进学生全面协调发展。

三、努力营造和谐的校园文化和安全的校园环境

和谐校园文化是学校发展的灵魂,是校园共同的价值取向,它孕育于校园自身,得到全体成员的认同和维护并随着校园的发展而日益强大,最终成为取之不尽、用之不竭的精神动力。健康向上的校园文化,能够催人奋进,激发每个学生的学习热情。高职院校应对校园文化活动积极引导、认真组织,使之科学有序、健康顺利地成长起来,为培养全面发展的合格人才发挥应有的积极作用。

校园既是学生学习文化知识的场所,也是潜移默化的育人基地。优美的校园环境会对置身其中的成员产生一种"润物无声"的感染和熏陶,不仅可以陶冶学生的道德情操,也可增强学生的自信心。校园物质环境要能够与周边环境相互协调,各建筑物之间也应错落有致、色调搭配,校园绿

化典雅别致，使校园环境整洁美观、宁静幽雅。

同时，要树立"以生为本，安全第一，预防为主"的思想，注意学生的人身安全和心理健康教育，消除各种安全隐患，确保学生的身心安全。为此，高校应加强保安保卫工作，开展安全自救演练与培训，完善各项《安全管理规定》，制订《突发事件应急预案》和《建筑及设施安全管理措施》，对"问题学生"耐心帮教，开设心理辅导室，针对学生的生理、心理特点，加强心理疏导，让学生以平和的心态学习和生活。

四、提高后勤服务质量与教育影响

高职院校的后勤工作也应紧紧围绕以"生"为本的理念，采取各种切实有效的措施，提高服务质量。在考虑经济效益的同时，注重突出对学生的人文关怀，在各项工作中以热心、爱心为基础，以"人性化"的真情服务来推进和谐校园的建设。

同时，高校后勤工作也不仅仅是服务，后勤职工的言行举止都会对学生产生潜移默化的教育影响。由于后勤部门与广大学生的衣食住行密切相关，后勤职工群体与学生接触频繁，容易形成亲和力。因此，学校应加强后勤广大职工的职业技能培训和思想道德建设，提高后勤服务质量和整体形象，这是构建和谐校园的有力保证。

五、创新就业渠道，保障毕业生出口通畅

大学生就业问题不仅关系到每一位毕业生的前途和命运，而且影响到和谐校园的建设与整个社会的和谐发展。众所周知，大学毕业生的就业率直接影响高考学生和家长对大学的选择，也影响外界对高校的评价。创新大学毕业生的就业渠道将有利于学校教育事业的全面协调发展，促进和谐校园的构建。

首先，高职院校要根据迅速变化的新形势，加快教育教学改革，坚持以市场为导向，进行学科规划和专业课程的设置，全面推进综合素质教育，从而使高校培养的人才与市场需求相吻合。其次，高职院校应加强就业指导与服务工作的深度和力度。充分发挥网络资源优势，为毕业生提供全方位的就业信息，积极与用人单位沟通，尽可能为毕业生提供周到细致的服务，为提高学生的择业能力提供最大的帮助。同时，高职院校也要根据学生个性、兴趣和特长的不同，在就业指导中分别采取不同的对策，坚持以"生"为本，加强分类指导。

现代职业教育的培养目标是培养具有较强的现代意识和高度负责的敬

业精神，以及具有综合职业能力和全面素质的现代化实用型人才。因此，高职院校在管理工作中，要始终坚持以"和谐"的音符推动学校持续健康的发展，以发展增和谐、以改革促和谐、以公平求和谐、以稳定保和谐，把高校各项事业不断地推向前进。爱因斯坦说过，"学校的目标始终应当是：青年人在离开学校时，是作为一个和谐的人，而不是作为一个专家"。因此，在高校的教育教学管理工作中，必须坚持以"生"为本，创建安全、文明、有序、宽容的和谐校园环境氛围，培养身心健康、全面发展的合格人才。

在高职生"全人发展"的过程中，高职院校的教师是高职生成长成人的重要因素，其影响力至关重要，教师要在专业精神、专业知识和专业能力等维度奠定广博而坚实的基础。与此同时，教师群体积极性的充分发挥显得尤为突出，因此，务必要采取科学、合理、有效的激励举措，充分激发教师教育教学的劳动潜能和积极性，助力教育教学质量的有效提升。

第六章

创新激励教师多元举措，
助力教育教学质量提升

第一节　高职教师的工作特性

高等职业教育作为高等教育的重要类型之一，首先要遵循教育尤其是高等教育的办学规律，同时，作为不同类型的高等教育，高等职业教育还具有个性化的特征和要求。高等职业教育的人才培养目标是培养适应我国社会主义现代化建设要求，掌握本专业必备的基础理论和专门知识，具有从事本专业实际工作的全面素质和综合职业能力，在生产、建设、管理、服务一线工作上具备高素质技术技能型应用能力。人才培养目标的定位，决定了高等职业教育要培养高级技术型人才和技能型人才，教学上应突出应用性和针对性，加强实践教学环节，将职业素养、能力培养贯穿于高等职业教育教学全过程。

提升高职学生成人成才的学习效率，高职教师的作用具有不可替代性。高职院校能不能为社会培养更好更多的高素质高质量人才，在一定程度上取决于高职教师的教学质量和效率。从一定意义上来说，教学质量和效率的提升有赖于教师劳动潜力和积极性的充分发挥。因此，需要探讨激励高职教师工作积极性的科学举措，来有效提高高职院校的人才培养质量。

为有效探讨激励高职教师的有效举措，首先，我们来分析高职教师的劳动特点。高职院校教师除了一般教师共有的特点外，还有它相对特殊的工作个性。

一、教育使命的终身性

教师的使命是让学生能够适应时代的变化，活出生命的意义和价值，实现自己的人生价值，以及对社会尽一个公民的责任。教师给学生的东西是积极的还是消极的，是有益的还是有害的，是促进了他的发展还是阻碍了他的发展，教师要经常自问。尽管学生不完全被教师所左右，但教师的教育会成为一种力量，可引导人前进和向上。一个教师有可能对学生的发展变化留下深刻影响，让他在每一个前进的重要的时刻会想到这位老师。这样的教师，就是在真正的意义上成了一位教师，而不仅仅是一个知识的传递者、技能的教学者。

二、受教群体的多异性

高职院校学生的文化层次相对较高，生源类型相对复杂，主要来自于高中毕业生、中专毕业生等，学历教育层次有专科、本科等。教育对象的多异性，加之教育对象注重较强的专业性，增加了高职教师工作的难度。伴随着我国教育体制改革的深化，国家在招生方面推出了"扩招"这一重大举措，使得高职院校招生规模逐年扩大，高职院校学生数量与日俱增，但生源质量与以前相比相对下降，所有这些给高职院校的教育教学及管理提出了更高的要求。高等职业教育要求教师要有广博的教育理论、实践知识及扎实的学科理论基础，把握高职生的学习与身心发展规律，采用针对性的教学方法，注重因材施教，另外还要结合高等职业技术教育的特点和规律，及时转变人才培养观念，及时转变自己的行为和角色，加强自身的素质与能力培养，以适应高等职业教育的培养目标及其人才规格的需要。

三、教育能力的多样性

高等职业教育培养的是生产一线上具有动手能力和专业技能的应用型人才。高职教师应具备"双师"资格，即一方面要成为课堂理论教学的能手，讲授必要、够用的专业理论知识，同时又要具有工程实践和实际操作技能，成为实践教学的行家里手。高职教师要有组织学生开展实践活动的能力、实际操作能力和一定的社会交际能力。此外，面对科技发展的日新月异及教育对象的发展变化，教师还需要不断进行科研探索，承担起繁重的科研任务。

四、教学能力的创造性

面对知识更新迅速的 21 世纪，学生的任务不仅仅是学到书本知识，更重要的是要学会如何学习，学到继续学习的方法。因此老师的任务就不只是传授知识，更重要的是要教会学生继续学习的方法。因此，在新形势下，应改革不适应社会和经济快速发展的陈旧的教学方法，创造新的、科学的教学方法。

教学管理的模式应从封闭走向开放，从标准化走向个性化。教师不再是居高临下的指挥者、发号施令者，而是咨询者、辅导者，是学生的朋友。课堂教学应以学生为主体，以培养学生的能力为中心，要教育学生如何学会学习，培养他们继续学习的能力。教师在教学过程中使用参与式教学法，加强课堂内学生与教师之间的沟通与交流；采用提问讨论等形式，淡化师生的角色意识。教育的多样性在某种程度上也体现教育的民主化，学生不是遵命学习，而是选择性学习。学生可以根据个体的生理、心理特点，扬长避短，学有所长，让优势学习的需要得到充分满足，从而产生学习的幸福感。

教师要注重培养学生的创新思维和创新意识，让其学会运用逻辑方法和逻辑规律研究和分析问题。要培养具有创造力的学生，教师首先要具有创造精神和创造能力。教师必须摆脱陈旧的教学观念和思维习惯的束缚，要有强烈的创新意识，大胆进行教改实验，改变思维方式，多用发散、求异性思维，使教师的思想观念经常处于"有新意"的状态。同时，保护学生的创造精神和创造力，鼓励学生发挥自己的想象力，密切注意每一个学生的独特性，挖掘他们的创造潜能。

当前，随着计算机、多媒体技术等先进技术和教育软件的问世，现代教育技术不断发展，教育手段和方法不断更新，教师手工工作坊式的教学活动将不断地被教育智能工具所取代。教学媒体趋于信息化，将使以"书本为中心，课堂为中心，教师为中心"的讲授为主的教学方式变为教师为主导、学生为主体，运用各种信息手段获取各种知识和技能的教学方式，从而使教育、教学管理更趋于信息化、民主化、多样化和科学化。作为教师，必须跟上科技发展的步伐，掌握现代教育信息技术，利用现代化手段尤其是计算机技术，快速检索信息，并能够建立自己获取信息的渠道，开发和运用现代教学技术，实现教育中人力、物力资源的多层次开发与合理配置，解放教育的生产力和教师、学生的创造力，提高教学效果。[①]

高等职业教育作为高等教育的重要类型，承担着传播知识、培养人才的重任，同时也是科研创新的生力军。梅贻琦先生曾说过：大学之大，非大楼之大，乃大师之大也。教师是一所学校生存与发展的关键，他们的创造性劳动与积极性的发挥，在知识经济迅速发展和国际竞争日益激烈的今天，愈加体现出重要性。作为一名高职教师，既要有扎实的理论知识，又要注重实践经验的积累；既要把握专业领域学术的发展前沿，又要与行业及企业保持密切联系，时刻关注行业发展动态。高职教师是集理论与实践于一身的教师群体，担负着将知识和技能传授给高职生的重任。为有效激励高职院校教师的工作积极性，需要深入分析研究高职院校教师的工作个性，据此来趋利避害、扬长避短，使他们能够积极主动、不遗余力地发挥自己的潜能，提高自身的内在价值和教育附加值。

---

① 刘秀英. 高职教师应具备的素质和能力 [J]. 新西部（下旬刊），2009（8）.

第二节 多元激励措施并举 助力教育教学质量提升

由于高校教师劳动特点的特殊性所在，必须采取有针对性的激励措施去激发教师积极性的发挥。周三多教授曾对激励一词作如下界定：激励就是通过影响职工个人的需要来提高他们的工作积极性，引导他们在企业经营中的行为[①]。因此，对于激励理论的研究大多是围绕着人的需要实现及其特点的识别，以及如何根据需要类型和特点来采取措施影响他们的行为而展开的。因此，我们可以理解激励就是通过采取一定手段、措施激发人的内在动力，达到充分发挥人的内在积极性、主动性和创造性的目的。

激励可以充分发挥人的潜力，提高工作质量和效率。美国哈佛大学教授威廉·詹姆士通过研究发现，在缺乏激励的环境中，人员的潜力只能发挥出一小部分，即 20%~30%。但在良好的激励环境中，同样的人却可以发挥出潜力的 80%~90%[②]。为激发高职教师的潜能和积极性，务必要充分挖掘其内在潜质，为高等职业教育做出更大的贡献。下面从工作环境、薪酬待遇、晋升机会、自我实现等方面分析应对高职教师采取的激励举措。

一、职业规划与目标激励

通过设立与高职教师利益直接相关的职业发展规划和目标追求，来激发教师的潜能与动机，提高其积极性。目标的设置要科学，使教师能够看到自己的利益和目标实现的可能性，目标切勿太高，否则会挫伤其积极性。同时要将短期目标和长远目标结合起来，使教师既能看到眼前的利益，也能看到将来的前途，以利于持续地调动教师的积极性。此外，帮助高职教师确立自己的职业发展规划，增强教师的责任感、自尊感和成就感，提高教师的工作积极性与效率。职业规划的制定既要遵循学校所要求的业绩规定和行为规范，也要符合高职教师自身的发展需求，使其自身的发展与学

---

① 杨遁虹. 现代教育管理原理［M］. 北京：中国人事出版社，2001.
② 窦胜功. 人力资源开发与管理［M］. 沈阳：沈阳出版社，2000.

校的发展同频共振，协同共进。

二、放宽教育自由权

教育自由权是指教师在教育教学实践中所拥有的自主权限。高职院校必须赋予教师在符合学校和社会基本要求的前提下，放宽教师教育权力的自主选择。教师在保证达到教学大纲规定目标的前提下，可以根据自己的研判，选用自己认为最合适的课本作教科书；有权根据大纲要求及高职学生的实际水平，制定或改进相应的教学目标和进度；可以根据理论与实践教学的实际需要和客观需求，采取自己认为较为合适的教学组织形式和教育教学方法，在不违背高等职业教育基本原则的前提下，有权在教育实践中采用合适的评价手段来确保教育教学效果。通过放宽教师的教育自由权，充分发挥高职教师的主观能动性与主体积极性、创造性，提高高等职业教育教学质量，促进高职人才培养质量的提升。

三、教师职务聘任制

实行教师职务聘任制的目的是调动广大教师的积极性，激励教师奋发进取。实施中要注意以下几点：根据实际需要设置教师职务，并明确岗位职责；在定编定员的基础上确立高、中、初级专业技术职务的合理结构比例。实行教师职务聘任制要遵照党和国家对这项改革的要求，做好思想工作，尽可能地帮助教师解决一些实际问题①。

四、提高教师的经济待遇

联合国教科文组织在"关于教学人员地位的建议"中指出："在评价教师地位的各种因素中，应当特别重视他们的待遇。因此，不可否认，根据目前世界上越来越明显的趋势，诸如教师的社会地位及人们对他们职能的评价等其他因素，像在别的许多类似职业中一样，在很大程度上取决于他们的经济地位。"② 提高教师的经济待遇，可以采用多种方式：如提高教师的工资标准，给予各种津贴，包括研究补贴、医疗补贴、房屋补贴、进修补贴、子女在本校就读的学费减免等。稳定和充足的经济后盾对教师安心从教、为学校长期服务具有重要的激励作用。

① 刘道玉．当代高等教育管理学［M］．长沙：湖北人民出版社，1989：5.
② 苏真，刑克超，李春生．比较师范教育［M］．北京：北京大学出版社，1991：5.

五、满足教师的精神需求

根据马斯洛的需要层次理论，人的需要可以划分为五级：生理的需要、安全的需要、感情的需要、尊重的需要、自我实现的需要。因此，在日常管理中，高职院校要通过多种形式的表彰等来体现对教师工作的认可，满足教师自尊和成就感的心理需求，诸如此类的精神激励有助于保持高职教师持久的动力。

六、建立学术假期制度[①]

由于教师平时教学、科研任务繁重，所以难以集中一段较长时间来进修、学术交流、著书立说，或是从事个人的科研项目。通过一段时间的安心研究，有利于提高教师的学术水平，从而促进学校教学、科研水平的提高。在具体实施的过程中，需要制定相关的管理措施，确保公平有效，对教师方能起到更好的激励作用。

七、调整职称晋升结构

高职院校教师的职称与个人的待遇、声望等有着密切联系，因此，要考虑如何将职称的晋升与教师的学术水平、工作绩效有机结合起来，才能更好地提高教师的工作动力。比如，我国职称结构中从副高到正高的跨度和难度很大，可以考虑设立一个过渡性的职称平台，以缓和两个层次间的过大落差，缓解教师职称晋升的压力。从某种意义上来说，短期、易实现的目标比长远目标的实现更具激励作用。

八、教师考核应与报酬挂钩

对教师的教学能力、科研水平、政治思想、工作态度等进行考核并做出确切的评价，为教师的聘任、培养、晋升、奖赏提供主要依据。同时，考核也便于教师找出差距，明确努力方向，有利于调动广大教师勤奋进取的积极性。对教师的考核要注意以下基本几点：

1. 全面考核。不仅考核教师的业务、技术水平和能力，同时也要考核教师的政治思想道德和工作态度。

2. 分级考核。对担负不同职务的教师确定不同的考核标准。

---

① 张国才. 国外对高校教师的激励措施述评 [C]. 潘懋元. 高等教育论文集. 厦门：厦门大学出版社，1994：9.

3. 重点考核。对教师的考核，应根据他们的不同工作有所侧重。

4. 注重贡献。即对各级教师的考核应注重其在教学、科研、管理、社会服务等实际工作中的成就、贡献，只有这样才能调动教师勤奋学习和工作的积极性。

5. 考核要与使用、聘任、培养、晋升、奖惩相结合，激励教师的进取精神。

6. 考核需要定期或不定期进行，要有连续性，并把不断积累的考核数据作为晋级、提升的重要依据[①]。

九、树立榜样，营造氛围

根据马斯洛的需要层次理论，人的需要是多层次的，所以激励措施也需要多元化。学校管理者可以通过树立榜样、楷模，给教师以学习的目标导向，尽可能地营造良好的学习氛围。提高教师自我价值实现的满足感，使之成为教师一种内在的需要，而不是一种外在的规定或要求。

激励措施是发挥高职教师的主观能动性、积极性和创造性，调动教师积极作用的重要手段。高职院校需要对教师实施科学有效的激励与管理，在具体实施的过程中要巧妙地因人、因事而异，区别对待，以增强针对性，提高激励实效。同时要掌握时机、实事求是、恰如其分、把握尺度、适可而止。最后要注意公平、公正的原则，对所有教师一视同仁，凡事以实绩、才能为依据，切忌"感情用事"，只有这样，才能充分发挥教师潜能，调动教师的工作积极性。

---

① 王润. 高等学校管理 [M]. 北京：北京师范大学出版社，1989：11.

第七章

行业文化渗透高等职业教育

第一节　行业文化需渗透高等职业教育

我国高等职业教育经过三十多年的飞速发展，规模日益扩大，培养了大批急需的高素质技术技能应用型人才，为行业企业的发展提供了坚实的后备力量。当前，高等职业教育的发展已由规模扩张逐步转向内涵提升，这对高等职业教育的人才培养质量提出了新的更高的要求。高等职业教育人才培养目标的定位决定了高等职业教育与社会、与行业企业的联系必然是十分密切的。当前，行业之间的竞争已不局限于企业的规模，产品的数量、质量已经提升到文化的层面，行业企业文化的竞争已经成为不争的事实和不可阻挡的趋势。面对行业企业竞争的发展变化，高等职业教育应该积极应对，培养适销对路的后备人才。

一、行业文化对行业发展的重要性

文化是人类在社会发展过程中所创造的物质财富和精神财富的总和。文化一经形成，便会对人类社会的发展产生积极推动或消极阻碍的作用。行业文化是指该行业在人类文化、社会文化和经济文化背景中逐步形成的与本行业相关的价值观念、道德规范、理想情操，以及由此产生的行业经营理念、思维和行为方式，并为本行业员工所认可并恪守的精神体现。如果说文化是一个国家和地区综合实力的重要组成部分，那么，一个行业的文化发达程度和特质内涵也深刻影响着行业的发展模式、制度选择、政策取向，以及各种资源开发和生产要素组合的水平，从而也深刻影响着行业发展的速度、质量和水平。

文化作为人类物质财富和精神财富的总和，是人类社会日积月累、逐步发展的产物。每种文化都有其相对的独特性。文化的这种独特性使得某一文化群体在某些能力方面具有特别的专长和倾向，特别擅长于某一行业或某一工种。一旦这种文化特质与某一行业特性相吻合，他们就会自觉而又执着于此行业。因此，可以说，优秀的行业文化对行业的发展具有巨大的推动作用。

行业文化是行业发展的源动力，对行业的健康发展具有巨大的推动作用，主要表现在行业文化对行业的发展具有价值导向、群体凝聚、精神激励和辐射熏陶等功能。

行业文化作为一种价值规范和观念体系,当其内化为行业员工的行为规范后,就会使行业员工对行业目标产生坚定的信念和执着的追求,强化员工的进取心和使命感,激励员工为此付出努力,实现行业发展目标。

行业文化不仅在行业内部起作用,也会通过各种渠道对社会产生影响。行业在生产经营和商品交换的过程中直接反映出行业的价值追求和管理水平,必然会对他人和社会产生影响。如果某种行业具有优秀的文化底蕴,其他相关行业就会自觉效仿,甚至对整个社会产生辐射熏陶作用。

二、国内外高等职业教育应对行业发展的策略

当今世界,科技进步日新月异,综合国力竞争日趋激烈,国内外形势的变化都对高等职业教育提出新的更高要求。

在国外,职业教育为了培养适应企业要求的应用型技能人才,会密切与企业交流合作,并根据行业需求设置专业课程,改革教育教学模式。如德国采用"双元制"职业教育,学生既在企业里接受职业技能和与之相关的专业知识培训,又在职业学校里接受职业技能和普通文化知识教育,将企业与学校、理论知识与实践技能紧密结合,以期培养高水平的专业技术人才。新加坡借鉴德国"双元制"模式,结合本国国情,采用"教学工厂"的教育模式,使学校成为企业的科研开发中心,企业成为学校的生产、实习基地,融理论教学于实践中,融教学环境于企业环境中,融专业教学于行业要求中。这种模式能够确保有关课程的教学内容与工业界的需求挂钩,加强与企业的联系合作,并能培养学生的群体协作精神与实际应用能力,突出学生的主体地位,提高学生学习的主动性。这些人才培养模式有利于学生较好地适应行业文化。

目前,我国高等职业教育根据社会经济结构、行业结构的变化,主动灵活地调整专业设置和培养方案,加强与行业企业密切合作,不断改进专业建设,培养了数以千万计的一线技能人才,但仍存在"唯专业论"的倾向。职业教育不是简单的职业培训,它不仅要考虑行业对实用技能的需要,还要充分考虑学生的综合职业能力及行业的要求。为此,国内部分高职院校努力探索培养"全能型"人才,在教学实践中走出了一条专业技术教育与人文素质教育相结合、做人教育与做事教育相结合的成功育人之路。有的高职院校提出"和谐职业人"的概念,培养综合职业能力与职业人文素质和谐统一的人才。在专业教育中融入人文教育,对提升学生的文化素养、促进学生的全面发展发挥着重要作用。然而,高等职业教育要想培养"适

销对路"的行业人才，还要对行业文化进行研究，了解行业文化对人才的要求，并根据要求改进教育教学模式，将行业文化有机融入教育教学过程之中，使高职院校培养的人才对行业文化有一定的理解和感悟，学生就业后能够顺利融入行业文化氛围，从而促进学生自身更好地发展。

三、我国高等职业教育适应行业文化发展的必要性

高等职业教育直接为行业企业培养生产、建设、管理、服务一线的技能人才，其培养人才的质量高低，在于培养的人才是否适应行业企业的发展需求，是否与时俱进和"试销对路"。为适应行业文化发展的趋势，高等职业教育务必要审时度势，改革教育模式，优化教育教学内容，顺应行业文化发展需求，培养适应行业文化发展的后备人才。

（一）行业文化在高等职业教育中的缺失

2004 年 4 月 2 日，教育部关于《以就业为导向，深化高等职业教育改革的若干意见》（教育部〔2004〕1 号文件）中明确指出："高等职业院校要主动适应经济和社会发展需要，以就业为导向确定办学目标，找准学校在区域经济和行业发展中的位置，加大人才培养模式的改革力度，坚持培养实践能力强、具有良好职业道德的高技能人才。"而现在，由于历史的原因及其他因素的影响，高等职业教育缺乏职业教育应有的特色，与行业文化缺少联系，导致毕业生在就业岗位上不能适应行业的文化氛围，既影响学生自身的职业规划，也阻碍了行业的健康发展。为了更好地提高人才培养质量，使学校培养的毕业生能够"试销对路"，满足行业发展对人才结构的多元需求，高等职业院校的相关专业在教育教学中必须弥补这一缺失。

（二）高职生对行业文化的不适应

根据对高职院校毕业生的跟踪调查及用人单位反馈的相关信息，我们发现，当前很多高职院校的毕业生虽然较好地掌握了行业技能和技术，但缺乏对行业文化的理解，不能很好地适应本行业的工作环境、管理制度等，对基于行业发展的继承性文化、支撑行业发展战略的前瞻性文化、提高行业整体绩效的实效性文化、体现行业个性及管理个性的独特性文化不能融会贯通，因此，不能和谐地融入行业的文化氛围，既影响行业的发展，也影响高职生自身的成长。这与目前高等职业教育往往注重学生职业技能的训练、忽视职业文化的教育密切相关。目前，高等职业教育要实现可持续发展，就必须适应相关行业文化的发展要求，与时俱进，创新思维，把握行业对人才的多元需求，体现职业技能和行业文化的有机统一。在校高职

生长期接受校园文化的熏陶，对于相关行业文化了解甚少。从校园文化氛围直接步入行业文化氛围，绝大多数毕业生存在"断乳期"，很难适应，导致他们迟迟不能进入行业正常生产、管理的轨道。

（三）行业发展的迫切要求

从行业自身发展的角度分析，行业的生存和发展依靠人力资源和物质资源，其中人力资源起关键作用。行业对人力资源的需求状况是由行业的市场经济行为决定的，由于市场经济的发展变化加快，行业企业需要根据事态发展及时调整自身人力资源结构。高等职业教育要生存与发展，也必须时刻把握行业市场脉搏，根据市场经济和行业发展的新变化、新趋势，主动进行教育教学模式的改革创新，以适应行业发展趋势的多元需求，为行业提供"适销对路"的实用型人才，为行业可持续发展培养和储备满足需求的后备人才。职业教育既要有全球化的战略眼光，又要有本土化的战略战术，要根据入世后的行业结构调整变化及时做出结构性、局部性的调整。

四、行业文化渗透高等职业教育的可行性

高职院校学生在校期间所接受的校园文化，在文化本质、结构方面与行业文化有内在的一致性，这为行业文化渗透高等职业教育提供了可行性。

校园文化与行业文化同属于整个社会文化系统中的两种亚文化，尽管两者在某些方面存在一定的个性差异，但对于文化本质的内涵，即对人类社会物质文明和精神文明等意识形态的理解是一致的，本质的一致性决定了它们之间具备互相融通的共性，可以实现两者的有机结合。

就结构层面而言，校园文化和行业文化结构均可以分为物质文化、制度文化、精神文化等三个层面，因此，两种文化结构互相匹配，有利于实现两者的有机融合。就校园物质文化来讲，学校的实验实训基地可以设计成工厂的模式，学生可以感受行业物质文化的氛围。就制度文化而言，学校可以引进先进行业的管理制度来规范学生的各种行为，使学生在校内就能体会到行业相关的管理文化。

高等院校的文化是一个开放的文化体系，提高学生综合素质、促进学生全面发展的建设目标决定着它的文化必须具有包容性。高职院校的文化有其独具特色的专业技能性，同时也具有同本科院校一样的开放性与包容性。这两个特点为行业文化渗透高等职业教育提供了有利条件。

五、行业文化渗透高等职业教育的意义

（一）有利于我国高等职业教育人才培养目标的实现

我国高等职业教育的培养目标是培养面向行业生产管理一线所需要的高级应用型技术和管理人才，所以，高职院校必须立足经济社会对行业人才的规格需求，以行业需要作为办学目标，面向就业市场，面向生产一线，面向经济建设主战场，有的放矢地培养专业对口人才。培养目标的特殊性，决定了高职院校的学生应该在什么样的氛围中学习和锻炼。如何让学生毕业后迅速地适应现代行业的管理理念和方法，自然融入现代行业文化的环境氛围中去，完成从"自然文化"到"自觉文化"的顺利转变，实现"学生"到"员工"角色的平稳过渡，促进高等职业教育"实然状态"向"应然状态"迅速转变，这些都要求高职院校在教育教学过程中有效融入先进的行业文化教育。

（二）有利于行业企业的健康、可持续发展

剖析行业文化的内涵，对高职院校培养相关专业的学生具有重要的导向功能。学生在校受教育期间就能逐步感受行业文化的熏陶，有利于学生就业后顺利融入行业文化氛围。学校教育教学可以根据行业文化发展的要求，改进教育教学模式，完善培养目标。培养与行业发展相适应的优秀员工，促进行业实现可持续发展。

（三）有助于满足高职生自身生存与发展的需求

对高职生而言，生存的第一要务是就业，能否敲开成功就业之门，关键在于自身的条件是否符合行业企业的现实需求。由于行业企业的竞争已经上升至文化的层面，所以，高职学生有必要接受相关行业文化的教育，与时俱进地适应行业发展需求。高等职业教育应努力培养适应行业企业发展需求的人才，才能奠定自身生存与发展的基础，同时，学生的"适销对路"提高了他们的就业和发展潜力，促进了行业企业的健康发展，真正实现了行业、学校与学生三者共赢的良性循环。

第二节　构建行业文化教育的有效平台

高等职业教育作为一种与社会经济、行业企业密切相关的教育类型，

在培养高级技术应用型人才的过程中一定要适度增加相关行业的文化教育，在教育教学过程中，有效渗透行业文化，使学生间接或直接感受行业文化的熏陶，以利于学生在未来的职业岗位上能够很快"入乡随俗"，顺利融入行业文化氛围。高职院校需要创新办学理念，构建行业文化教育的有效平台，在教育教学活动中有效渗透行业文化教育，对高职院校的学生适应未来行业生活具有重要的现实意义。

一、树立开放创新的办学理念

高职院校必须以培养高级技术应用型人才为主要办学目标，把服务行业作为高职院校的目标价值取向。积极创造条件，推进产、学、研相结合。从师资培训、技术创新、课程研发，到校园文化与行业文化交流、行业管理与学校管理的融通等方面，实施全方位校企合作，加强密切交流。科学创新办学思想，针对行业发展对人才需求规格的变化，与时俱进地改进办学理念。

二、增强行业文化师资力量

目前，高职院校在培养"双师型"教师的过程中，由于有些措施方法不够得当，造成培养的教师只是"本本教师"——手上有证书，事实无能力，实际动手操作或指导能力依然停留在理论层面。与此同时，高职院校教师对于相应行业文化知识也知之甚少。笔者认为，只有教师深悉与专业对应的行业文化内涵，才能更深入地"传道、授业"，使学生在校期间就对未来的工作环境有初步的文化感受。因此，专业教师要在相关行业文化知识层面上继续充电，从而提高对学生相应行业文化知识传授的实效性。

三、编写行业文化教材

高职院校专业教材内容多涉及专业系统理论知识的编写，对于培养学生综合素质的教材内容多倾向于泛化的人文知识。当前，专业教材应提高内容的实效性，进一步精简教材教学内容。专业理论知识要以必须、够用为原则，强调实用性知识的传授。同时，在泛化的人文知识层面增加学生未来从事行业的文化知识篇章，加强行业文化知识传授的针对性。在当前高等职业教育教学过程中，涉及相关行业文化的教材太少，因此有必要根据实际需要和客观要求，编写相关行业文化的实用教材，内容可以包括行业发展的历史、现状或前景预测，行业发展过程中的典型人物介绍，行业的重大庆典活动，行业重要的礼仪习俗等相关内容。

四、贯穿行业文化教学

在专业课教学中，由于受课时的限制，高职院校教师往往集中于专业知识的讲授，这对于学生专业知识的学习与掌握是必要的，但是"任何专业课教学，都不只是简单地传授专业知识的问题，而应该还有更为丰富的内容，比如，影响学生的生活态度、训练学生的思维方法、培养学生的健康人格等"①。专业知识以必要为准则，教师应精简专业知识教学内容，在课堂教学中贯穿学生感兴趣的行业文化内容，比如行业发展的历史渊源、行业发展中的精英人物、行业的思维发展模式、行规行话等，调节教学气氛，提高教学效果。

高等职业教育需要推行"工学结合"的人才培养模式，教师在专业课的教学方法和内容上要做突破性的改进。适时适当地融入学生感兴趣的行业话题，激发学生求知欲。条件允许的话，可以组织学生观看优秀行业的专题片、纪录片或宣传片等，让学生感受行业的历史厚重与文化底蕴，既减轻学生不必要的专业知识负担，同时也让学生对行业文化的魅力"先知先觉"。

五、感受行业文化熏陶

高等职业教育必须注重学校与行业企业的密切联系，为学生提供实习实训的机会，培养学生动手操作的实践能力。在教育教学过程中，安排学生到优秀企业实训、实习等是必不可少的环节。在这个过程中，学生不仅能接触到相关的行业企业，还能身临其境感受行业企业文化的熏陶。

根据对文化感观的分类标准，行业企业文化可分为可视文化、可听文化、视听文化、可感文化。

1. 可视文化是"看得见"的文化。比如在实训车间墙壁的醒目位置书写"书上得来终觉浅，绝知此事要躬行"，告知学生从书本上得到的知识比较肤浅，要透彻地认识事物还必须亲自实践，从而提高学生对实践重要性的认识；在工作台上根据工作内容和要求制作不同的警示语、格言、警句等台标，比如"细节决定成败""时间就是效率""实践出真知"等；在工作服上印制厂徽、厂名甚至企业标志性的产品造型或建筑标志等，处处让学生感受到可视文化的洗礼和熏陶。同时，企业员工的着装、行为举止也在学生的可视范围之内。因此，在工学结合过程中，学校应尽可能为学生选择优秀的企业实习，这样，优秀的文化氛围可以对学生起到良好的教育

① 刘献君．专业教学中的人文教育［M］．武汉：华中科技大学出版社，2003：33.

效果。此外，行业企业的建筑格局、室内装饰，或者是企业宣传材料、管理制度、内部文件等都具有本行业的特色，这些都会对学生产生"润物无声"的效果。

2. 可听文化是"听得到"的文化。比如企业的广播传播行业企业的发展动态、行业企业的形象宣传等。同时，行业企业领导员工之间的交流语言或经常表达的"行话"也会对实训学生产生积极或消极的影响。因此，应重视行业企业的可听文化，选择积极健康的文化环境。虽然选择的标准难以把握，操作起来具有一定的难度，但我们应尽可能疏通渠道，做出慎重选择，因为文化环境的优劣对正在实习、成长的学生具有至关重要的影响。

3. 视听文化就是既能用眼睛看到又能用耳朵听到的文化。比如行业企业的会议、庆典、大型聚会等。"工学结合"过程中，学生深入企业实习，会有机会参加企业的一些活动。高职院校在教育教学过程中，应该努力寻找、创造机会，组织学生参加这些大型活动，以利于学生深入了解行业企业的礼仪习俗，便于学生就业后能够"入乡随俗"，顺利融入行业文化氛围。

4. 可感文化是我们看不到也听不见却能真实感受到的文化。这种文化"只可意会不可言传"，其实际上是前面三种文化的抽象升华。在"工学结合"的过程中，有效利用生产车间、教学工厂等职业场景对学生进行行业企业文化的渗透，充分利用"场"的效用，让学生感受行业企业文化，从而在潜移默化中培养学生的职业道德，提高学生的职业素养。

高职院校培养的是一线的高级技术和管理人才，学生必须具有过硬的专业技能和实干精神。学校除了在校园内培养学生吃苦耐劳的精神，还要多给学生创造实习锻炼的机会，让他们切身体会行业员工的"酸甜苦辣"。学校应建立或借助校外实训基地，为在校生提供参与实际工作的锻炼机会。学生通过与行业的零距离接触，解决实际问题，锻炼他们在将来工作岗位上应具有的基本素质，从理性和感性上都能够理解吃苦耐劳的精神实质。

六、拓宽行业文化宣传模式

高职院校需要"走出去"，即走出校园，走进企业，积极联络与学校专业对口的行业企业，挖掘行业企业文化资源，充分有效地利用多种宣传媒体，如校园网、校电视台、广播台、官微及传统的板报、宣传橱窗、校报、学报等资源，积极宣传优秀的行业文化，使得高职生在校期间就能够了解、熟悉相关行业企业发展的文化信息。同时，高职院校可以通过"请进来"

模式，邀请行业领导、专家来校授课或讲座，以他们丰富的理论知识与实践经验，介绍行业企业的发展运作与文化知识。此外，可以利用行业发展中"先进事迹"来宣传、教育学生，便于高职学生能够深入了解相关行业工作的特点，感悟敬业奉献精神，从而为将来顺利融入工作环境、适应行业文化氛围奠定基础。

　　高等职业教育培养目标的特殊性，决定了高职院校的学生应该在什么样的氛围中学习和锻炼。如何让这些"灰领（银领）人才"在毕业后迅速地适应现代行业的管理理念和方法，自然融入现代行业文化的环境氛围中去，成为现代行业文化的优秀建设者，完成从"自然文化"到"自觉文化"的顺利转变，从"校园学生"到"行业员工"角色的平稳过渡，这些都要求高职院校在学校教育教学中科学搭建各种有效平台，融汇优秀行业文化的教育。因此，高等职业教育在实现高等职业教育人才培养目标的过程中，要时刻关注和充分发挥行业文化对人才培养潜在的影响力，挖掘多种行业文化资源，借助校内外各种有效载体，采取各种有效措施，适时、适地、适人、适量地渗透行业文化教育，这些对于高等职业教育的可持续发展、高职学生的健康成长都具有重要的现实意义。

第八章

校园文化融入高等职业教育

第一节　校园文化的内涵

文化是一种历史现象，是人类社会长期活动的物质文明和精神文明的历史积淀和反映，它随着社会实践的发展而不断发展。一个民族的文化在其历史演进中逐渐积淀并形成了自己的传统，体现在这个民族的价值和伦理观念、思维和行为方式、生活习俗和审美情趣等方面。在高等学校这样一个文化环境中，校园文化是直接影响大学生成长的重要因素，也是高校教育机制中的一个重要环节。

校园文化有广义和狭义之分。广义的校园文化是指高校生活的存在方式的总和，它以生活在校园内的大学生及教职工为主要载体，是在物质财富、精神产品，以及活动方式上具有一定独特性的文化类型。狭义的校园文化则指一所学校在长期的教育实践中积淀和创造出来的并被其成员认同和遵循的价值观念体系，是行为规范准则和物化环境风貌的整合和结晶，它表现为学校的"综合个性"。高校校园文化主要表现为校园物质文化、校园制度文化和校园精神文化三种状态。

一、校园物质文化

校园物质文化，又称载体文化，是一种以物质为形态的表层校园文化，是校园制度文化和校园精神文化的显现与外在标志，是校园文化建设的前提条件。校园物质文化主要包括校园环境建设，环境建设是社会了解学校发展最直接的窗口，是承载物质文化的基础部分，也是透视学生文明程度和学生集体精神风貌的重要窗口。

二、校园制度文化

校园制度文化主要指以文字形式表达的学校的规章制度及固定的体制所体现的文化。学校制定的各种章程、规定、办法、实施细则等保证了学校秩序的正常运行，规范了学校成员的行为和作风，是精神文化在学校各方面管理上的体现。一所学校必须有明确的培养目标、办学方针，以及严格完整的规章制度和组织纪律，这样才能培养和锻炼师生严谨求实的治学精神和实事求是的工作态度，才有可能培养出高质量的人才①。

三、校园精神文化

校园精神文化是校园文化建设的灵魂，主导并制约着校园文化建设的发展方向。构建学校精神文化对内体现在创建一个积极健康、团结向上，影响校内成员价值取向、思维方式、精神面貌、道德情感等关系学校教学优劣的教育环境和组织氛围；对外体现在学校的价值观念、目标追求，以及学校的精神风貌、个性特色和社会魅力②。

第二节　校园文化的功能

在社会学中，"功能"指物质系统所具有的作用、效能。积极健康的校园文化是一种指导人们行为的潜在动力，它会成为一种组织力量和协调力量，成为领导者和管理者的"隐形助手"。

在人的生存与发展过程中，教育环境是一个不可或缺的现实存在，这种环境能够影响一个人一生的价值定向和生存方式的生成，对一个人的健康成长起着潜移默化的重要作用。

高校校园文化具有多方面的功能，具体表现在以下几个方面：

（一）导向功能

高校校园文化的导向功能是指高校校园文化可以通过自身各种文化要素集中、一致的作用，引导大学生主动接受一定的价值观和行为准则，使他们向着所期望的方向发展。导向功能体现在对学校师生整体和个体的价值观及行为取向起引导作用，使之符合学校所确定的目标。这种导向功能主要体现在两个方面：一是对学校成员的个体思想、行为起导向作用；二是对学校整体的价值取向和行为起导向作用。一所学校的校园文化一旦形成就会建立起自身的系统价值和规范标准，当学校群体成员的价值和行为取向与校园文化的标准不一致时，校园文化就能起到导向功能。这种导向是通过潜移默化来

① 李辉，钟明华. 大学精神的本质特征及其健身思路［J］. 中山大学学报（社会科学版），1999（13）.

② 教育部、共青团中央. 关于加强和改进高等学校校园文化建设的意见［Z］. 教社政〔2004〕16 号.

塑造引导其成员的行为、心理。良好的校园文化会把学生引导到正确的方向上来，使他们树立正确的世界观、人生观，进一步明确学习目的，积极适应社会发展的新要求。反之则会给学校的发展带来一定的负面影响。这种导向功能是通过各种具体的文化要素实现的。在现实的校园环境中，群体的精神风貌、校园的整体布局、学校的学术氛围等都给生活于其中的每个学生一个具体的参考系，并传递出一定的价值观念、信息，从而使大学生积极地从周围的环境中接受那些为人所公认的或学校倡导的价值观与行为准则。

（二）凝聚功能

高校校园文化的凝聚功能主要体现在巩固现有成员的团结，转化、融合新成员的功能。当校园文化中的一种价值观被学校成员认同后，就会产生一种黏合剂，把全体师生员工的思想和力量凝聚在一起，激发他们为共同的发展目标奋发进取的情感，进而内化为一种积极进取、开拓创新的巨大合力，使学校的每一个成员都能感受和认识到自己在校园文化建设中的主体地位，从而产生强烈的校园归属感、责任感和荣誉感，使得全体师生员工的精神凝成一道坚不可摧的精神长城。

（三）激励功能

高校校园文化的激励功能是指校园文化具有使成员从内心产生一种高昂情绪和发奋进取精神的效用。激发全体成员形成强烈的使命感、持久的驱策力。特别是在遇到挫折时，它会给人们以信念的支撑，并成为人们树立崇高理想、追求远大目标的力量源泉。

（四）规范功能

高校校园文化的规范功能，主要是指高校校园文化对学生行为具有重要的约束、规范作用，它借助各种文化因素的影响力，根据一定的社会行为方式，将大学生的行为表现规范到学校和社会所期望的轨道上来。学校采用共同的价值准则和规章制度来规范和约束全体师生员工，使他们的一切活动都统一到学校的目标上来。

（五）辐射功能

学校是社会组织中的一个重要细胞，作为一个开放的系统，必然要与社会的方方面面产生诸多联系而相互影响和渗透。校园文化一旦形成，不仅对校内产生重大影响，同时也会以各种形式、各种渠道对社会形成辐射，影响周围地区的文化取向。众所周知，高校的校园文化是居于相应地区文化的最高层次，其文化人的思维方式、行为方式、文化模式等在该地区人群中具有一定的引导示范效力。校园文化对社会的辐射功能主要表现在两个方面：一是发挥理论阵地优势，引领时代思维方向。大学通过直接的人文社会科学的研究和宣传为社会提供精神产品,如哲学、文学、思想道德建设等。二是以新思维、新观念去影响社会人的精神风貌。布鲁贝克曾说过,"60 年代以前的美国大学,不仅是美国的教育中心,而且是美国生活的中心,它仅次于政府,成为社会的主要服务者和社会变革的工具"。

(六)创新功能

校园文化的创新功能,是指校园文化本身所蕴含的创新因素及其对生活在其中的成员的创新意识、创新潜能、创新方法的萌动、激发和开发。丰富多彩的校园文化生活包括了多样的知识内容,充满了生动新鲜的创造活力,昂扬着探索进取的开拓精神,激发着生活于其中的成员的创造灵感;另一方面,校园文化对非智力的因素,如动机、兴趣、情感、意志、性格等的培养有着十分重要的作用。这些非智力因素是创新的胚胎,其培养需要一定文化氛围的熏陶、感染和潜移默化的影响。大学的校园文化不仅要传承,更重要的是在传承基础上的创新,不断开发文化产业的前沿课题。只有这样,才能为国家和社会培养既有国际视野又有创新精神和能力的高级人才,推动精神文明和物质文明向更高层次发展。

(七)娱乐调节功能

娱乐是校园生活的重要组成部分,它可以活跃教师和学生的生活,调节紧张、单调的工作节奏,增添生活的情趣。娱乐的同时也提高了人们的艺术欣赏能力和自娱能力,提高了人们的文化修养和道德情操,寓教于乐是校园文化教育功能的延伸。娱乐也有助于调节人们的精神状态,避免学习和工作过度疲劳,提高效率,保证身心健康。

校园文化的各项功能是相互渗透、相互影响的,重视它们之间的本质联系,采取合理有序的思考和设计,有利于充分发挥校园文化的综合功能和育人效果。实践证明,在其他条件相当的情况下,重视校园文化建设的学校,能为国家培养出更多的高质量人才。新世纪下的我们要不断探索和研究校园文化的潜在价值,更好地发挥其功能,充分发挥校园文化在人才培养中的重要作用。

第三节 创新校园文化建设的思路

积极健康的校园文化对于提升大学生的思想道德品质具有重要的作用。

高校应注重在物质文化、制度文化和精神文化三个层面进行深入挖掘，以健康的校园文化氛围去熏陶感染大学生的心灵，提升大学生的思想道德素质。大学生是青年群体中的优秀分子，是祖国的未来与民族的希望，大学生的健康成长和全面发展，直接关系到国家的命运和前途。

一、大学生思想道德现状

当前我国大学生思想政治状况呈现出积极、健康、向上的良好发展态势，思想道德和精神风貌积极向上，人生观、价值观务实进取，成长成才愿望迫切。大学生已开始跳出传统视野，在实践中进一步认识到党的路线、方针、政策的正确性，感受到了祖国的发展与进步，对中国改革和发展的前途充满信心。但是他们在政治思想和政治观念上也存在着一些不容忽视的问题。一些大学生不同程度地存在着政治信仰迷茫、理想信念模糊、诚信意识淡薄、社会责任感不强、艰苦奋斗精神淡化、团结协作观念较差、心理素质欠佳等问题。因此，加强大学生思想政治教育迫在眉睫。

大学生思想政治教育工作是一项极其重要且极具挑战性的系统工程。提升大学生的思想道德素质有诸多途径。在诸多途径中，由于校园文化对大学生潜移默化的作用，所以校园文化成为新时期思想道德教育的新路径。下文以此为切入点，从校园文化的视角探讨如何进一步加强大学生思想政治教育。

二、校园文化对加强大学生思想政治教育的功能

校园文化是指"校园人"在自身漫长的历史发展过程中，为实现自己的目标，在教学、科研、管理、学习、生活等各个领域衍生出来的活动方式与价值观念，经过凝练升华而形成的群体文化形态。一般来说，校园文化表现为三种存在形态：物质文化、制度文化和精神文化。其中，物质文化是基础，是学校之形；制度文化是保证，是学校之规；精神文化是核心，是学校之魂。

校园文化是一所大学赖以生存和发展的不竭动力。加强校园文化建设，对全面提高大学生思想道德素质、心理素质等将起到积极的作用。重视校园文化的育人功能，努力建设体现时代特征和学校特色的优秀校园文化，不断满足大学生日益增长的物质和精神文化需求，为大学生健康成长创造良好的文化环境，这是提高大学生思想道德素质的重要举措。

（一）物质文化的熏陶作用

物质文化是校园文化的外层表现，包括教学科研设施、建筑风格、工

作生活场所及校园绿化环境等，体现着大学的理想和人文精神。富有文化底蕴、格调高雅的大学校园对人格的影响在一定程度上超过了空洞的说教和僵化的训斥。哈佛大学文理学院前任院长罗夫斯基曾说："工作场所的物质环境，其影响是巨大的。对此，我每天早晨都能体会到，当我穿过市内肮脏的哈佛广场而进入庭院（哈佛大学校园）时，好像在沙漠中找到了一块绿洲，立即感到心旷神怡，使人清新地开始一天的工作。"

（二）制度文化的规范作用

制度文化是一种规范和习俗文化，包括教学科研的规章制度、组织管理的规范条例、学生行为准则和要求，另外还有习惯、礼仪、校风、班风和学风等。制度文化反映了高校的文化准则，它在发挥规范作用的同时，对学生进行导向、调控和纪律训导。严谨的规章制度和行为准则能对学生进行有目的、有计划、有组织的思想道德教育，加强了制度文化的有效性和方向性，减少了盲目性和自发性。在更深层次上，制度文化还将给学生带来一种独特的管理思想和教育理念，对个体人格的完善具有积极影响。

（三）精神文化的感染作用

精神文化是校园文化的深层内核，其核心是校园精神。一所高校的历史传统、精神氛围、理想追求、人文气象是最具凝聚力、向心力和生命力的，是学校最具特色、具有永恒价值的标志。它最深刻地、稳定地体现了校园群体的共同价值、理想、信念和情操，也最能在学生心灵上刻上印痕，让学生有种归属感、自尊感和使命感。北大的"爱国、民主、科学和创新"，清华的"厚德载物、自强不息、严谨求实"，使得这两大学府培养出了大批高素质的人才，创造出了大量高水平的科学文化成果。"蓬生麻中，不扶自直"，文化氛围的作用是潜移默化的。人的思想道德教育在很大程度上取决于人的自觉和环境的陶冶。发挥主体能动性、积极性和充分利用情境暗示性、熏陶力是开展思想道德教育的两个重要方式。校园文化正是这两种方式的统一，学生既是参与者和受教育者，又是创造者和教育者。实践证明，这种内在统一的方式能更有效地培养学生良好的道德素质，取得最大的教育效果。

三、拓宽校园文化建设的思路

环境心理学家认为，人的行为与环境是相互联系、相互作用的，人塑造了环境，但同时又受到环境的影响，环境对人的行为具有一定的导向和约束作用。一处处充满诗情画意的校园风景，一幢幢风格各异的校园景观好似"凝固的音乐"，体现出美学追求，能产生"润物无声"的熏陶效果。

（一）科学营造校园物质文化氛围

校园的物质环境是校园文化的"硬件"，没有完备的"硬件"系统，校园文化就得不到健康的发展。学校环境优雅，以自然美的景观来陶冶学生的性情，可以塑造学生美的心灵。因此，高等学校的物质文化环境的营造要符合育人的特点。既要有庄重、严谨的学术氛围，又要表现出青春的活力和典雅的美。当人们一走进校园就感到一种不同于社会其他场所的朝气、幽静、有序、整洁。这样的物质文化环境不仅包括校容校貌、校园的合理布局、建筑物的装饰、校园绿化美化等文化景观的建设建筑设施，还包括生活服务。所有这些都要围绕育人这一中心，结合本校的培养目标来设计，使它们既具有方便、宜人、实用的功能，又和谐、舒适，有益于紧张学习、工作后的休息，进而熏陶情感，启迪思想。

同时，要加强网络硬件建设，积极构建健康向上的校园网络文化环境，努力建设校园网络"绿色空间"，建立富有特色和影响力的网站。开展形式多样、生动活泼的网上文化活动，净化校园网络文化环境，开展网络道德教育。

（二）注重校园制度文化建设

文化制度包括学校颁布实施的《大学生守则》《大学生安全守则》等一系列规章制度，这是约束大学生的基本准则，是对高校学生的培养目标与发展方向的进一步规定和具体要求。大学生正处于身体成长和智力发展的高峰期，这个时期的突出特点是心理因素不稳定，他们关心国家大事，政治热情高，但阅历浅，对许多问题不能做出正确的分析与判断。他们自主意识强，不完全自觉地接受纪律的约束，致使不少学生学习马虎、自由散漫、虚度时光，不守校纪，个别的甚至不走正道、误入歧途。针对这些情况，我们应强化教育，严格管理，提高学生辨别是非的能力，用学院的校训、校风、学风严格要求学生，引导他们做合格、优秀的大学生。

华中科技大学的老校长朱九思先生说"管理也是教育"。严格管理是提高大学生思想道德素质的重要手段。学习成绩差的学生，除了本身基础较差外，还因长期旷课、不认真听讲、不认真完成作业，缺乏约束性和自觉性。因此，对学生必须进行严格管理，整顿学习纪律，使学生逐渐增强自律能力，形成自觉的学习习惯。要从学生上课、自习、实验等常规管理着手，保证正常的学习时间，坚决杜绝学生通宵上网、夜不归宿等现象。对拒绝接受教育和管理的个别学生要抓典型，以儆效尤。此外，学校应该加强对大学生日常生活的管理，强调大学生应从身边的小事做起，"勿以善小而不为，勿以恶小而为之"。守纪律，讲文明，遵守公共生活规则，爱护公共财物，避免"长明灯""长流水"现象。总之，学校应通过文化制度的建立健全来规范大学生的言行举止，形成良好的校园文化风貌。

（三）营造健康的校园精神文化氛围

我国著名高等教育家潘懋元先生说："大学的本意，是将追求科学知识和精神生活的人聚在一起而相互切磋与探究，大学之所以为大学，不仅在于它是一种物质的存在，更因为是一种精神的存在。"[①] 大学也正是依靠无穷无尽的精神魅力，激励着一代代学人为探求未知而百折不挠、奋力拼搏。大学自身所彰显的独特精神更是大学组织凝聚的灵魂和生存发展进步的动力源泉。正如美国著名学者和教育家弗莱克斯纳所言："总的来说，在保障大学的高水准方面，大学精神比任何设施、任何组织更有效。"[②]

人总是生活在一定的文化氛围之中，总是以周围群体和历史的传统为生活范式。如果一所学校历史积淀的虽不见诸文字却弥漫于校园时空的精神文化氛围是健康向上的、是符合时代发展要求的，那么，生活在这个文化共同体中的个体将受益无穷。所以，校园文化既要抓有形的制度建设，更要抓无形的精神培育，通过政策引导、舆论导向、师长作则、典型榜样等措施，倡导和确立群体认同的、正确的价值观念和价值取向。可以说抓制度建设较易，抓精神建设很难。而只有当无形的精神与有形的制度在对人的导向上保持一致的时候，制度建设才能收到最佳效果，所以，建设校园文化，校园精神文化建设是重中之重。

校园文化是学校的集体意识而非个人意识。优秀的校园文化是一种潜在的、隐性的教育力量。学生在特定的文化氛围中活动，接受各种有益的特定群体意识的熏陶和影响，其思想品质、道德观念都会得到进一步提升，学生学会调节、改变自身的行为习惯，逐渐形成与学校要求相适应的道德意识、是非观念，养成并自觉遵守爱国守法、明礼诚信、团结友善、勤俭自强、敬业奉献的基本道德规范；逐渐明确大学生全面发展的目标，促进思想道德素质健康协调发展，这也正是思想政治教育本身所追求的教育效果。只有充分认识到校园文化对于思想道德教育的重要性，在各个方面积极开展工作，才会逐渐建设成一种独具特色的、充满生机和活力的校园文化，在加强大学生思想道德教育中发挥越来越大的育人功效。

---

① 潘懋元. 多学科观点的高等教育研究［M］. 上海：上海教育出版社，2001.

② Abraham Flexner. Universities, American, English, German ［M］. Oxford：Oxford University Press. 1930.

第九章

大学精神融汇高等职业教育

20 世纪 90 年代，顺应经济发展的时代需求，高等职业技术教育应运而生。高等职业教育是我国高等教育大众化的重要生力军，作为高等教育的重要类型，高职院校应着力营造和建设大学精神，陶冶高职学生的道德情操，培养高等职业教育人才，实现高等职业教育人才培养目标。

第一节　大学精神的内涵及构成

大学精神作为一种深层次的文化，是学校生存与发展的源泉和动力，是学校灵魂之所在。深入理解大学精神的内涵及构成，是培育大学精神的前提和基础。

"精神"一词，指"人的内心世界现象，包括思维、意志、情感等有意识的方面，也包括其他心理活动和无意识的方面"①。它是对客观事物能动的反映，是实现理想目标的一种价值追求，可以用来指导人们的行动。"精神"带有一定的理想性，因而在一定程度上是源于生活而又高于现实的。

对于大学精神的界定，学界众多贤达都发表了颇有价值的见解。博采众家之长，笔者认为，大学精神具有广义和狭义之分。广义的大学精神是指所有"大学人"在传承和发展人类文明过程中所内化的大学价值取向，是经过长期历史沉淀而升华的一种群体精神状态。狭义的大学精神是指某一所具体的大学在自身长期的历史积淀和发展中所形成的独特精神风貌或群体生存心态。

大学精神是时代文化精髓和社会思想境界的体现，也是大学以自身独特的方式融汇着多种社会先进文化与精神特质的结果。它存在于"大学人"的理想信念并见诸他们的言行举止、教学实践及各种物质载体之中。笔者认为，作为当代高等教育机构的大学，其承载的主要精神特质应该包括人文精神、科学精神和服务精神三个方面。

一、人文精神

人文，就《辞海》上的解释，指的是"人类社会各种文化现象"②。人

---

① 辞海 [S]. 上海：上海辞书出版社，1999.
② 辞海 [S]. 上海：上海辞书出版社，1989.

文精神是整个人类文化所体现的最根本的精神，是一种以人的价值与存在为内核，注重人的发展与完善的价值信念和思想态度，它特别关注人生意义，关注人和社会、自然的和谐发展。孔子说："学问之道无他，求其放心而已矣。"① 意思是说，教育的目的不是别的，就是把人们丢失的心找回来。这里的"放心"指的是把人们丢失的善良纯朴的本性找回来。大学的人文精神就是指"大学所倡导的在处理人与自然、人与社会、人与他人、人与自己关系时的价值观，以及建立在这种价值观基础上的行为规范"②，它主要包括人本精神和自由精神。

（一）人本精神

人既是发展的第一主角，又是发展的终极目标。大学作为培养人的社会组织，必须以弘扬人性、维护人权为根本。因此，大学精神的首要精神应该也必须是人本精神。也就是说，大学的一切工作的开展都应围绕人、维护人和促进人来展开，以维护人的尊严、提升人的价值、发展人的本性为旨趣。西班牙的著名思想家加塞特在《大学的使命》中指出："时代本身和当前全世界的教育现状正在再次迫使把学生放在中心位置——为学生服务。"③ 时下，大学的人本精神，应该充分地体现在教育以生为本和办学以师为先两大根本价值取向上。学校的一切工作都要围绕服务和促进人的发展，把人作为大学最重要的资源，充分调动教师的积极性，以促进学生发展为中心，通过文化教育使个体社会化和个性化，培养社会所要求和个人所追求的高级人才；通过充实办学资源，创设良好氛围，尊敬信任教师，倾听他们的呼声等来凸显以师为先的理念；通过提高教学内容和方法的适切性，调动学生进行创造性学习的自觉性，把学生真正培养成为富有主体精神和创造力的人来体现以生为本的追求。

（二）自由精神

"大学之所以被称为大学，全在于一个'大'字。所谓'大'，不仅指知识的深度和广度，更重要的是指心灵自由的无限性，即那种'至大无边'的生命自由状态。"④ 自由精神是大学精神灵魂之所在，也是其他大学精神产生和发展之根基。具体地说，自由精神主要表现在以下三个方面：

① 刘献君.大学之思与大学之治［M］.武汉：华中科技大学出版社，2000：9.
② 刘宝存.论大学精神及其在大学发展中的作用［J］.青海师范大学学报（哲学社会科学版），2002（2）.
③ 奥尔特加·加赛特.大学的使命［M］.徐小洲，陈军译.杭州：浙江教育出版社，2001：70.
④ 王学谦.自由精神与大学教育——谈大学人文素质教育［J］.中国大学教学，2006（2）.

1. 学术自由

1988 年，联合国教科文组织在发表的《关于高等教育机构学术自由和自治的利马宣言》中指出，"学术自由"是指学术共同体成员，无论个人或集体，在通过探查、研究、探讨、记录、生产、创造、教学、讲演，以及写作而追求、发展、传授知识的自由。按照英国著名学者阿什比（E. Ashby）的观点，学术自由主要包括六个要素：在院校管理中免受非学术性干预的自由；分配经费的自由；补充教育并决定其工作条件的自由；选择学生的自由；课程设置的自由；设立学术成就标准及决定评估方法的自由。大学作为自由探索高深学问的场所，其学术自由主要包括教学、学习和研究的自由。教学的自由指教师学术观点表述、讲授方法使用的自由；学习的自由指学生接受何种学术观点、掌握何种学习、研究方法的自由；研究自由指研究领域、方向、内容、方法等的自我选择不受干涉，即学术研究无禁区。学术自由是追求真理的先决条件，任何横加束缚与干涉，都会扼杀学术的生机，影响学术的繁荣。学术自由的核心在于保护知识的研究与传播，其合理性是由高深学问的性质所决定的。美国高等教育的"三 A 原则"，即学术自由（Academic Freedom）、学术自治（Academic Autonomy）、学术中立（Academic Neutrality），也充分体现了大学自由精神的深刻内涵。

2. 思想自由

蔡元培先生在《北京大学月刊》发刊词中阐述"吾校必发行月刊者"的第三要点时，说："大学者，'囊括大典，网罗众家'之学府也。《礼记》《中庸》曰：'万物并育而不相害，道并行而不相悖。'足以形容之。如人身然，官体之有左右也，呼吸之有出入也，骨肉之有刚柔也，若相反而实相成。各国大学，哲学之唯物论与唯心论，文学、美术之理想派与写实派，计学之干涉论与放任论，伦理学之动机论与功利论，宇宙论之乐天观与厌世观，常樊然并峙其中，此思想自由之通则，而大学之所以为大也。"[①]大学是各种思想观念自由发展创新的乐园。思想自由，是学术研究的本质要求。思想不自由，人性不能得以充分彰显，便无从探求真理，也无法维护学者人格的独立和尊严。

3. 办学自由

自由精神体现在大学的办学自主权上，即大学具有面向社会自主办学的权力，是大学相对独立自治的体现。比如，1998 年，我国《高等教育法》

---

① 蔡元培. 北京大学月刊发刊词 ［A］. 杨东平. 大学精神 ［C］. 上海：上海文汇出版社，2003.

对高等学校办学自主权做出了明确的规定。我国高校主要拥有招生权、专业设置权、教学权、科学研究权、对外交往权、校内人事权、财产权等七个方面的自主权。为我国高校的自主办学提供了法律的保障。

二、科学精神

自 19 世纪中叶科学主义取代人文主义成为在大学中占支配地位的知识价值观以来，大学的科学精神逐渐走上"霸主"地位，人文精神几乎无立锥之地。科学精神是指科学工作者在科学研究和科学发展过程中所凝练、提升出来的治学态度与价值观念体系。它主要包括尊重客观规律、追求实事求是的严谨态度，独立思考、敢于怀疑的批判精神，对真理的追求、对未知的探索和对观念的创新精神。科学研究是大学的重要职能，大学是开展科学研究、培养科学人才的重要基地，科学家在科学研究中所形成的价值准则和行为规范通过教育、感染而内化为一代代学人的精神气质，形成了他们的科学良心和科学道德。前教育部部长陈至立在华中科技大学召开的全国第一次高校教学工作会议的讲话中谈到她在复旦大学学物理的时候，物理课程很难，她花了很大精力学习。而后来很多物理知识都忘了，但刻苦钻研的精神、科学的思维方式一直终身受益。所以说，科学精神既为我们提供了改造世界的物质力量，又为我们提供了改造主观世界的精神动力。总的来说，科学精神主要表现为批判精神和创新精神。

（一）批判精神

《21 世纪的高等教育：展望与行动世界宣言》中指出，高等教育要完成"对整个社会可持续发展和进步的促进作用"，就必须"提供批判性的及中立性的视角，能够完全独立并高度负责地就民族、文化和社会问题坦率地发表意见，成为社会所需要的权威，以帮助社会去思考、理解和行动"，"通过不断对新出现的社会、经济、文化和政治趋势进行分析，加强自己的批判性和前瞻性功能，成为预测、报警和预防的中心"①。不难看出，大学的批判作用对社会的发展起着重要的引警作用。大学的批判精神是指大学以真理为唯一标准的价值观，以及在此基础上所形成的批判错误、追求真理的行为规范和精神气质。大学的批判精神既蕴含着大学人对社会生活的超越性，也蕴含着他们对社会生活的审视。大学作为传承、创新文化的场所，对待任何文化活动，都要以批判的眼光审视和批判的态度吸收。同时，大学是各种学术思想彼此交锋、自由发展的场所，必须以批判的精神进行

---

① 朱清时 . 21 世纪高等教育改革与发展［M］. 北京：高等教育出版社，2002.

分析整合。作为探索高深学问的文化重地，大学理应在社会批判和监督中发挥自己的独特作用。美国高等教育家 A. 弗莱克斯纳所指出的"大学不是风标，不能什么流行就迎合什么。大学必须时常给社会一些它需要的东西（what the society needs），而不是社会所想要的东西（what the society wants）。"① 大学从产生之日起，就不是消极地顺应时代，而是以理性、智慧为武器剖析社会、促进社会健康发展。大学要以理性透析社会，引领社会发展，这应该是大学批判精神的精髓。

（二）创新精神

创新是人类社会发展的不竭动力。大学自产生之日起，就是传播、发现、探索新知识的场所。正是为了探索和发展高深学问，才有了"教师和学生共同探索学问的行会组织"这一最初意义上的大学。即使以坚守理性主义和古典主义者著称的英国红衣大主教纽曼，也认为大学乃是"一切知识和科学、事实和原理、探索和发现、实验和思考的高级保护力量"②。柏林大学确立教学与科研相结合的办学理念，以发现新知为目标的科学研究成为大学的重要职能，创新、开拓逐渐成为大学精神气质中重要的特征，创新精神也开始有了更为丰富的内涵。大学的创新精神，一是指向科学研究，它通过鼓励开拓科学这个无止境的领域，取得大量开拓创新性的成果；二是指向社会发展，大学以新思想、新制度来引导和改造社会，推动社会的进步；三是指向大学自身，一代代学人根据大学的理念和社会经济发展的需求来改造大学、发展大学，使大学成为时代精神的体现者；四是指向人才培养，作为人才培养重地，大学把培养具有开拓创新精神的人才作为自己最根本的任务。

21 世纪，我国高校不仅要立足本土，而且要放眼世界；既要立足于我国改革开放和现代化建设的实际，又要着眼于世界文化发展的前沿；既要发扬中华民族优秀的文化传统，汲取世界各民族的精髓，又要积极创新发展面向现代化、面向世界、面向未来的民族的科学的大众的社会主义文化，以不断丰富人们的精神世界，增强人们的精神力量。正如江泽民同志在1998 年庆祝北京大学建校一百周年大会上所言："为了实现现代化，我国要有若干所具有世界先进水平的一流大学。这样的大学，应该是培养和造就高素质的创造性人才的摇篮，应该是认识未知世界、探求客观真理、为人

---

① Abraham Flexner. Universities, American, English, German ［M］. Oxford：Oxford University Press. 1930：348.

② 克拉克·科尔. 大学的功用 ［M］. 南昌：江西教育出版社，1993：1.

类解决面临的重大课题提供科学依据的前沿，应该是知识创新、推动科学技术成果向现实生产力转化的重要力量，应该是民族优秀文化与世界先进文明成果交流借鉴的桥梁。"①

三、服务精神

弗里德曼曾经说过，"我相信，若要对我国教育体制动大手术，唯一的办法就是通过私有化之路，实现将整个教育服务中的相当大的部分交由私人企业个人经营。否则……也没有什么办法能给公立学校带来竞争，而只有竞争才能迫使公立学校按照顾客的意愿改革自身"②。把教育同服务连在一起，表面看似新鲜，实则在教育过程中久已存在。众所周知，市场经济是以知识经济为核心的经济状态，学校从本质上说是文化知识的生产、创新、传递、消费的文化组织。学校教育服务的目的、内容和方式需要改革，即由传统的以传授知识为目的、陈旧的内容和单一的服务方式转换为以创新知识为目的、现代的内容和安全的、智能性的、多样化的服务方式。

大学教育在教育过程中占有举足轻重的地位，其服务精神主要指大学利用自己的优秀文化及科研成果转化为现实生产力，为社会发展和人类进步做出应有的贡献。大学的服务职能应该说是源于美国的。康奈尔大学的创建者曾声称："这所学院将向社会的工业和生产阶级提供最好的设施，以使他们获得实用的知识和精神文化。"③ 威斯康星大学的办学理念也充分体现了大学的社会服务职能。1904 年，就任威斯康星大学校长的范·希斯明确指出：教学、科研、服务都是大学的主要职能，服务应该成为大学的唯一理想。伴随知识经济社会的到来，人才成为社会发展的主要动力，作为培养人才重要基地的大学与社会之间的关系愈加紧密，大学的社会服务职能在不断扩展，其服务精神也逐渐得到人们的认同。在当今时代，脱离社会的、纯粹的学术研究是没有任何价值的，得不到社会的认可和支持，大学的存在就会产生危机感。因此，大学除了承担高级专门人才培养的职能外，还承担开展科学研究和为社会经济发展服务的职能。博克的《走出象牙塔》指出，现代大学要从"象牙塔"中解放出来，为国家的利益和社会

① 江泽民同志在庆祝北京大学建校一百周年大会上的讲话．www.huaue.com.
② 罗伯特·G. 欧文斯．教育组织行为学［M］．窦卫霖，等译．上海：华东师范大学出版社，2001：488.
③ 王英杰．美国高等教育的发展与改革［M］．北京：人民教育出版社，1993.

的进步服务。因此，在 21 世纪，我国的大学应该"旁采西学"、批判吸收先进的成功经验。中国大学不应该也不可能将自己封闭在围墙之内悄悄地安心"修道"，而要走出象牙塔，认真研究当前社会中发生的一系列现实问题，将科研创新成果转化为现实生产力，服务贡献。

大学精神中的人文精神、科学精神和服务精神，三者必须同行并进、相互交融，相得益彰，形成一个有机的整体，方能更好地促进一所大学的健康发展。

第二节　大学精神的功能

伴随着经济全球化和知识经济的发展，大学逐渐成为现代科技进步的"孵化器"和社会经济发展的"加速器"。我国著名的高等教育家潘懋元先生说过，"University 的本意，便是将追求科学知识和精神生活的人聚在一起而相互切磋与探究，大学之所以为大学，不仅在于它是一种物质的存在，更因为是一种精神的存在。"[①] 的确，大学有其重要的物质因素，然而更应有其丰富的精神内蕴。它承担着传授、创新知识，展示伟大的精神力量，陶冶、净化人们的心灵等多重使命。大学也正是依靠无穷无尽的精神魅力，激励着一代代学人为探求未知而百折不挠、奋力拼搏。作为精神存在的大学，其自身所彰显的独特精神更是大学组织凝聚的灵魂和生存发展进步的动力源泉。

作为科学文化的传递与创新基地，大学在人类发展中具有重要作用。美国著名的高等教育家科尔曾经指出："大学在维护、传播和研究永恒真理方面的作用简直是无与伦比的；在探索新知识方面的能力是无与伦比的；综观整个高等院校史，它在服务于先进文明社会众多领域方面所作的贡献也是无与伦比的。"[②]

作为大学灵魂的大学精神，是学校生存与发展的源泉和动力。大学精神是一种深层次的文化，它不像物质文化、制度文化那样直观可视，但其精髓已渗透和附着在校园各种文化载体和行为主体上，并以其潜在的规范

---

① 潘懋元. 多学科观点的高等教育研究［M］. 上海：上海教育出版社，2001.

② Clark Kerr. The Uses of University［M］. Cambridge Mass：Harvard University Press，1963.

性支配着群体每个成员的行为，以一种无形的渗透力量对群体每个成员产生着重要影响。"大学精神并不与大学中的各种存在发生'刚性'接触，而是通过'柔性'方式在大学中发挥驱动功能、批判功能、凝聚功能、熏陶功能。它通过一种'柔性'的统摄指向大学中的各种存在，然后再通过个体发自内心的自觉而发挥于个体行为。"① 大学精神一经传播辐射到社会中去，对周围人群的思维方式、价值观念和行为规范都会产生积极的影响。

一、价值导向功能

大学精神是在大学办学理念的基础上经过凝练、升华而形成的，大学理念指导着大学的发展，因而大学精神对大学的发展起着一定的引导定向作用。曾长期担任浙江大学校长的著名科学家、教育家竺可桢先生说过，大学犹如海上的灯塔。大学精神引导着大学沿着正确的轨道健康发展，使大学在面对各种利诱时，能够坚贞不渝，始终朝向"探求真理"的终极目标前进。在历史上，牛津大学为了保护学术的自由与独立，不使大学庸俗化，曾拒绝沙特亿万富翁瓦菲支·塞义德340万美元的捐款，在牛津建一所"世界级的工商管理学院"。哈佛大学也曾拒绝授予时任总统里根荣誉博士学位，又是为什么？因为他们不愿依附于政治。这些大学之所以如此，是因为大学精神已深深地扎根于大学决策者和师生的心灵之中，他们守护着大学精神，如同守护着自己的灵魂，将自己的各种活动都指向并定位于大学的最终使命——探求高深学问。因此，大学精神是维护大学纯洁与高尚、民主与平等的坚强后盾。正是因为大学具有出淤泥而不染、超凡脱俗的精神气质，才为世人所仰慕，才在世人心目中占据如此神圣的地位，同时也为大学的健康发展赢得了应有的环境和氛围。

二、鼓舞斗志功能

大学精神作为一种价值规范和观念体系，当其内化为学人们的行为规范后，就会激励人们去探求知识、追求真理。一代代学人们为了探求真理，"板凳甘坐十年冷"而无怨无悔。正因为有了大学精神，大学才成为知识的阵地，智慧的源泉，学问的中心；正因为有了大学精神，大学才多了几分理性与规范、自由与宽容、继承与创新。大学精神赋予大学从学理和思想上的关注与思考、讨论和批判现实社会的权利。现代社会科学证实：经济

---

① 储朝晖. 大学精神与大学理念——中西大学的心灵差异［J］. 清华大学教育研究，2006（1）.

体制和社会体制对于社会的发展是不可或缺的，然而它们的运作必须与健全的文化精神相匹配，这样整个社会方能和谐健康发展。从很大程度上来说，这种精神主要来自大学的高等教育。大学一旦失去了精神，犹如人的生命失去了灵魂，那将意味着大学生命的枯竭。

三、群体凝聚功能

大学从事的是一种精神性活动，当然也非常重视精神的力量。在大学里探讨高深学问的人，他们追求的大多是精神生活的丰富和理想抱负的实现。因此，大学精神成为其吸引优秀人才的主要因素。大学之所以成为大学，不仅仅在于学校具有优越的硬件设施，更重要的是，大学所独具的精神气质和浓厚的学术氛围吸引了一大批大师级人物，在一起相互切磋，共同探索。大学作为高级人才的集聚地和多学科组成的松散联盟体，内部学科林立，学派纷争，学术思想彼此交锋，彼此之间既有合作与交流，也有争论与分歧。之所以能够将不同专业和学术思想的人才聚集在这样一个复杂的统一体中，靠的就是大学精神的维系，因为真正的学者对自己的学术专业会付出绝对的忠诚。大学精神以其强大的向心力和凝聚力，维系着大学的发展目标，协调着专家学者之间的人际关系和学术差别，鼓励着他们进行学术对话与思想交流，使得他们依据一定的规范进行有序的教学与研究，从而推进大学目标的实现。

四、氛围熏陶功能

大学是思想精英的集散地。大学在聚集文化精英的同时，也积淀了人类历史文化中的思想精髓，大学精神使得大学文化格调高雅而博大精深。学人在这种科学而又温馨的学术氛围中能够自由对话、平等交流、发挥特长、彰显个性，将大学精神内化成个人品质的一部分，从而养成坚定的智性追求和价值观念。大学精神不仅滋润着大学师生的精神、信仰，而且，当"大学人"步入社会的各个领域，他们的精神、行为会直接或间接影响到周围的人群，使得相应的人群受到熏陶，素质得以提升。同时，大学精神作为一种高雅的文化，通过媒体、学术交流或其他方式，广泛传播到社会的各个角落，对整个社会产生潜移默化的影响。我国要充分发挥高校精神文化基地的优势，积极传播人文精神和科学精神，坚持用科学的理论武装人，用正确的理论引导人，用高尚的精神塑造人，用优秀的作品鼓舞人，培养建设有中国特色和国际视野的社会主义合格人才。

第三节　创新教育理念　培育大学精神

"历史清楚地告诉我们，能够有所作为的只是那些拥有良好精神状态的群体，紧密团结、组织完善的群体。"① 因此，高职院校必须创新教育理念，培育高职院校大学精神，提升对高职生的教育功效。

一、坚持"以人为本"和"育人为先"的人本教育理念

教师是学校办学的主体，学生是学校的主人。因此，"以人为本"具体表现在"以生为本"和"以教师为本"两个方面。"以生为本"体现在各个方面，比如，学校开出多门课程供学生选择，把课堂办成课程的"超市"，学生自主选择感兴趣的课程，修满学分即可毕业，毕业时根据选课集中的专业确定具体专业。教师教学中将人文精神渗透到课堂中，不仅教"学问"，而且"育人"，这样的环境氛围才真正是以生为本。

同时，高职院校可以通过建立校系领导与骨干教师联系制度，创造各种交流的平台和有效途径，及时听取广大教师的意见和建议，并将教师的满意度作为评价学校工作的重要依据。学校可以采取一系列措施，提高教师待遇，稳定师资队伍，形成"事业留人、感情留人、待遇留人"的良好氛围。

二、坚持"科学精神"和"人文精神"相互渗透的全面教育理念

科学技术和人文关怀是人类进步不可或缺的"双翼"。科学技术给予人文关怀以新的理性工具，人文关怀为科学技术注入真、善、美的文化内涵。因此，在根本的价值取向上，二者有着共同的目标，那就是达到人类幸福和平、人类与自然和谐的理想境界。进入 21 世纪，科学技术正以其前所未有的广度和深度改变着世界的面貌。人类在享受科技进步带来的便利之时，也越来越多地面临精神道德领域的挑战。如核技术的进步可以为人类提供新的能源，但原子弹却会给人类带来毁灭性的灾难。科学技术通

---

① 奥尔托加·加塞特.《大学的使命》 [M]. 徐小洲，陈军译. 杭州：浙江教育出版社，2001：42.

过对资源的广泛开发利用，在极大地提高人们物质生活水平的同时，又使人类的生存环境急剧恶化。这一切都说明，培育大学精神一定要强调科学技术中的人文关怀，通过人文精神对科学技术的正确指导，保证科技进步造福人类。实现科学与艺术、科技与人文的完美结合，是现代大学成功的重要表征。

三、坚持继往开来和与时俱进的创新教育理念

大学在其发展过程中，不断认识教育的客观规律，总结历史经验形成了具有自己特色的办学思想，并以此来指导学校的办学实践，在继承传统的基础上全面推进教育创新。大学教育理念应与时俱进，伴随时代的发展而不断吸取时代精华，凝合时代能量，顺应时代要求，不断丰富升华其内涵。一所大学能否提出既符合教育规律，又反映时代要求，并具有自己特色的办学思想，是办好大学的关键。21世纪，中国高等教育肩负的历史使命在原来的基础上不断增加或改变，时代赋予高校诸多新的更高的要求，因而教育理念也应注入新的生机和活力。

四、坚持公平竞争和团结协作的集体教育理念

强烈的竞争意识来自当代高等教育的使命感、责任感和紧迫感。现代社会是一个充满竞争的社会，综合国力的竞争、科学技术的竞争、不同文化的竞争日趋激烈，这是一个不争的事实。一个多世纪的历史证明，大学创新能力的强弱，直接影响国家的兴衰。一直以来，中国大学承担着为民族振兴进行知识创新、科技创新和人才培养的多重历史重任。伴随着文化与科技国际化交流的愈加广泛，大学必须强化团结合作的意识，形成优势互补，更好地促进自身全面的发展。因此，现代大学精神的培育，务必要把竞争意识和团结合作的理念注入大学精神的建设之中，使之紧跟时代步伐，更具时代特征。

大学精神既是历史的，又是现在的，更是未来的。随着人类历史的推进，大学已从工业经济的边缘步入了知识经济的中心，大学在民族振兴和人类进步的历史进程中将占有愈来愈重要的地位。同样，大学精神作为引领社会前进的灯塔也理当放射出更加璀璨夺目的光芒。因此，我们不仅要继承和弘扬高职院校的大学精神，还应着眼大学精神的未来和创新，以便更好地提升精神层面的育人功效，更科学地引领人类社会和谐、健康、可持续地发展。

第十章

高等职业院校社招学生学习效率提升的策略研究

第一节　高职百万扩招政策出台的背景与意义

一、背景

李克强总理在第十三届全国人大二次会议上的《政府工作报告》中提出：改革完善高职院校考试招生办法，鼓励更多应届高中毕业生和退役军人、下岗职工、农民工等报考高职院校，2019 年大规模扩招 100 万人[①]。同年 5 月，教育部等六部委联合印发《高职扩招专项工作实施方案》，表明高职百万扩招进入实操阶段。据统计，2019 年全国高职院校共扩招 116 万人，其中社会生源 52 万人。高职百万扩招，最大的突破是使退役军人、下岗职工、农民工等社会生源进入高职校园，是国家稳定和扩大就业的重要举措，也是盘活盘优存量劳动力资源的全新尝试，具有服务国家全局发展的重大战略意义，体现了国家对高等职业教育的期待和认可。社会生源招录（以下简称"社招"）学生迈入校园，能否有充足的学习动力，能否始终有良好的学习状态，能否达成优质的学习质量，除了高职院校人才培养方案和人才培养模式因势而变外，如何根据社招学生的特征调动其学习积极性至关重要。

二、意义

（一）有利于缓解就业压力，满足经济社会发展之需

从高职百万扩招政策的出处来看，百万扩招政策被列为 2019 年政府工作任务的第一条"继续创新和完善宏观调控，确保经济运行在合理区间"中的"多管齐下稳定和扩大就业"部分；从高职百万扩招的部分经费来源来看，政府工作报告中提出"实施职业技能提升行动，从失业保险基金结余中拿出 1000 亿元，用于 1500 万人次以上的职工技能提升和转岗转业培训"[②]。可见，高职百万扩招政策与其说是解决升学或者生源问题的教育层

---

① 李克强．政府工作报告—2019 年 3 月 5 日在第十三届全国人民代表大会第二次会议上［M］．北京：人民出版社，2019：3.

② 李克强．政府工作报告—2019 年 3 月 5 日在第十三届全国人民代表大会第二次会议上［M］．北京：人民出版社，2019：3.

面政策，还不如说是国家缓解目前就业压力，提升就业实力，满足国家产业转型升级的宏观经济战略①。随着我国经济由高速增长阶段转向高质量发展阶段，传统产业转型升级和新兴产业发展步伐加快，技术创新型产业日渐取代劳动密集型产业，这就需要不断提高劳动者的技术技能与综合素质，满足新时代高质量发展的需要。百万扩招政策的提出，不仅能有效缓解现阶段就业难的现实问题，而且能弥补未来技术技能型人才的缺口，优化人力资源结构，推动新时代经济高质量发展。

（二）有助于促进现代学徒制人才培养模式改革落实落地

实施现代学徒制是国家职业教育改革的重要举措，其旨在通过校企深度合作、教师与师傅协同传授提升学生技术技能培养质量，是现代人才培养模式改革的一种创举。在前期试点单位的改革探索过程中，现代学徒制工作初见成效，但仍存在着学徒生源缺乏、企业导师聘用困难、学校教学过程与企业生产过程难以对接等问题。高职百万扩招政策的出台，让现代学徒制中的一些难题迎刃而解。

社会生源为了提升自己的技术技能水平，选择进入高职院校学习，自愿以"学徒"身份为起点，有效解决了现代学徒制的生源不足与路径缺乏问题；社招学生作为企业员工与高职学生的双重身份，破解了现代学徒制中因身份界定模糊而权益无法保障的难题，使他们既拥有被企业雇佣而应有的法律、福利待遇等基本保障，又拥有作为高职学生接受教育的权利；社招学生在企业里有技术成熟、经验丰富的师傅，进入高职院校后又有专业教师指导，解决了现代学徒制中"双导师"制度的构建难题；高职百万扩招政策对社招学生的经费支持，解决了现代学徒制中企业因成本分担问题而动力不足的现象，使企业降低了培训成本，愿意与学校共同育人②。因此，高职百万扩招政策的出台，能够切实推动现代学徒制落实落地，使校企双方在协同育人过程中相互服务，实现双赢。

（三）有益于科学践行终身教育人才培养理念

终身教育人才培养理念具有终身性、全民性、广泛性与灵活实用性的特征。高职百万扩招政策实行新的考试招生制度，降低了入学门槛，使青年、壮年、中年群体都能够接受高等教育，体现了终身教育的全民性与广

---

① 匡瑛，石伟平. 论高职百万扩招的政策意图、内涵实质与实现路径［J］. 中国高教研究，2019（5）：92-96.

② 孙翠香，毕德强. 困囿与突破：企业现代学徒制试点实施困境与解决策略——基于17家现代学徒制企业试点的分析［J］. 职教论坛，2019（3）：31-39.

泛性；而社会生源具有年龄跨度大的特性，又充分体现了终身教育的终身性；高职百万扩招政策必将给高等职业教育带来一系列教育教学改革，其中出现的弹性学制、学分银行等举措都将体现终身教育的灵活性和实用性。高职百万扩招扩大了高等职业教育受众群体的数量，缩小了受教育群体之间的差距，使高等职业教育得到了进一步的普及与深化。

第二节　社招学生的特征

社招学生很大一部分是已有社会生活经历的成年人，有着教育子女、赡养父母等生存压力，需要在企业工作中获得稳定收入，即使是下岗失业，也只是短暂性、阶段性的。因此，他们既是企业员工，又是高职学生，具有双元身份。而双元性的社招学生在学习需求、学习能力、学习时空和学习期待方面同样呈现出"双元化"特征。

一、学习需求共性化与个性化并存

一方面，社招学生有着提升自身学历和技能的共同需求。即期望通过在高职院校的学习，掌握适应社会岗位的技术技能，提升自己的学历与素质，以期得到更好的发展，这是社招学生的共性[①]。另一方面，社招学生又有各不相同的个体需求。退役军人某种程度上与社会脱节，急需取得相关学历证书与职业资格证书，以期重新融入社会；农民工中有的希望通过系统培训取得一技之长，加上学历的提升，能够获得更好的待遇，有的希望学习现代农业专业化生产、劳务经济等方面的先进知识与技术，成为生产经营型的新时代新农民；下岗职工则希望更新自己的知识储备，学到更加实用的新型技术，以期有更高的转岗技能。另外，部分社招学生具有创业理念与创业精神，期望接受创新创业相关教育，实现自主创业。因此，社招学生既有全面提升技能的总体需求，又有侧重于学历教育、证书教育或两者并举的不同需求，学习需求呈现共性化与个性化并存的状态。

---

① 黄远辉. 高职百万扩招背景下的下岗职工学历再教育［J］. 职业技术教育，2019（21）：24-26.

二、学习能力单一化与层次化并存

一方面，社招学生的学习能力普遍较差。社招学生自身文化基础知识薄弱，再加上大多离开校园多年，再踏入校园时，学习环境发生了巨大改变，很难及时融入校园生活而静心学习。另一方面，社招学生的社会背景和学习能力存在层次化。社招学生年龄区间在 18~45 岁，彼此差异较大；社会角色囊括了父母、子女、夫妻等家庭角色与下岗职工、退役军人、农民工等各种职业角色；经济条件方面，有的物质富足，有的基本解决温饱或存在生存危机。社会背景的层次化导致他们学习能力的层次化。一是学业基础层次化。知识基础各不相同，文化层次有高有低，社会能力参差不齐。二是实践操作技能层次化。社招学生中因所属领域、工作经验的不同，实际操作水平也有所差异。因此，社招学生普遍存在学习能力偏弱的问题，且又因为在年龄结构、文化程度、社会背景、工作经历、实践阅历、专业技能等方面的差异，导致学习能力又存在层次化差异。

三、学习时空稳定化与不定化并存

一方面，社招学生学习时间与空间相对稳定。社招学生进入高职院校后，学籍管理与传统高职生源学生一致，须在规定学习年限内修完规定学分或课程方能毕业。因此，其规定的学业年限、规定的学习场所等学习时空都具有相对稳定化特征。另一方面，社招学生又存在学习时空的不定化。一是从学制来看，高职院校学制通常规定为 3 年，但社招学生可实行弹性学制，根据学习情况可延迟至不超过 6 年毕业。二是从教学实施来看，社招学生由于社会角色多样化，导致学习时间与学习场所不固定。社招学生迫于维持家庭生计的经济压力，多数保持一边工作一边学习的状态，将有限的时间分配到学习与工作中，必然导致生活、工作与学习之间产生时间冲突、精力冲突与场所冲突。因此，社招学生学习时空的稳定化与不定化并存，他们必须处理好工作、学习与生活之间的关系。

四、学习期待明确化与模糊化并存

一方面，社招学生都有一定的社会阅历和工作经验，他们比传统高职生更加理解知识能力在实际生存中的重要性，更加了解企业对用人能力的具体需求，更加清楚社会发展对人才资源需求带来的变化，因此，社招学生都会对重新获得的学习机会与未来前景充满希冀，期盼获得更美好的职业发展前景。另一方面，高职百万扩招政策面向社会生源招生前所未有，经过未来几年的培养，社招学生能否真正学有所长、学有所获、学有所用，还处于未知状态。而如何在有限的时间里，加强自身职业修养、提升适应社会的能力，更重要的是未来能否达到自己的期许，能否在就业方面有所改观，能否改变自己的生活现状，这些都是社招学生的顾虑所在。因此，社招学生对能进入高职院校学习都有美好的明确的期待，同时又对未来的发展存在模糊化的认识。

第三节　多元举措提升社招学生学习效率

提高社招学生的学习效率，是调动学生学习积极性的有效路径之一。根据社招学生的特征，高等职业院校可采用分散式（时间分散、地点分散、学习成果分散）现代学徒制育人体系，在社招学生学习倾向产生阶段共建课程体系对接学习需求，在其学习行为展开阶段优化教学策略提升学习能力，在学习结果生成阶段建设学分银行拓展学习空间，在学习结果评价阶段开展多元评价满足学习期待，以全面调动社招学生的学习积极性。

（一）校企共建课程体系，对接学习需求

基于社招学生学习需求的共性化与个性化特征，建立适应分散式学徒制特点的课程体系①，采取校企合作方式培养社招学生。

第一，对接产业升级需求，基于企业岗位需要，设置相关专业。学校应在政府部门与行业协会的协助下，对行业企业开展深入、广泛调研，了解地方产业与经济结构的布局，了解人才供求情况，设置产业升级急需对接职业岗位的专业。

第二，基于岗位职业能力，构建具有职业岗位针对性的分散式现代学徒制课程体系。首先，校企共建个性化现代学徒制人才培养方案。高职院校是社招学生学历教育的责任单位，企业对社招学生的岗位技术技能、职业精神等有特定要求，高职院校有培养人才、企业有培养员工兼学徒的责任与义务。其次，构建现代学徒制模块化课程体系。依据企业岗位群要求，校企双方共同商讨制订理实一体化的教学内容与授课计划。将课程横向模

---

① 肖称萍，徐书培，卢建．百万扩招背景下高职院校社会服务能力提升策略思考［J］．职教论坛，2019（7）：42-46.

块化，由学校主导理论知识模块，企业主导师徒岗位实践模块；将课程纵向分级化，岗位群对应相应的模块课程，岗位群的级别对应课程的不同层级。而每个模块与每个层级都要明确培养目标与任务清单①。通过理实合一，模块之间互为补充、互相促进，真正提升社招学生的理论与实践水平。

（二）优化教学策略，提升学习能力

针对社招学生学习能力的层次性与差异性，学校应根据他们的知识水平、基本技能、潜力倾向与学习能力设置分班、分层教学，因材施教，不断优化教学策略。

第一，分类组班与分层授课同步实施。一方面，高职院校应基于学生的培养目标，以职业能力为导向，按专业分类型组建班级。学校要考察社招学生的教育基础与就业需求，企业也需考察社招学生的就业经历与现有岗位就职水平，校企联合定位学生的专业发展方向，并对学生进行个性化指导，帮助其全面认识自身的优势与劣势，选定合适的专业。另一方面，学校与企业从文化基础、技能水平、学习能力等方面对社招学生现有水平进行科学评估，将其划分为不同层级组班，并设定不同的教学目标、运用不同的教学手段，选择有所侧重的教学内容，开展针对性的教学活动，满足不同社招学生的学习需求，激发学习热情，让各层级学生都有学习成就感与获得感。

第二，职业素养与学习方法协同传授。一方面，要以企业为主体，培育社招学生的职业素养。企业派出培训讲师，培养社招学生勤奋踏实的职业态度、良好的人际沟通能力、勇于担当的职业责任等必备的职业素养。另一方面，要以学校为主体，引导社招学生掌握科学的学习方法。由于高职课程注重实践操作性，且知识结构具有层次递进性，加上社招学生是重回学生角色，所以，他们需要养成良好的学习习惯，掌握合适的学习方法，才能达到事半功倍的学习效果。因此，学校可开设具有高职特色的学习方法指导与学习习惯养成课程，传授解决问题的思维方式与学习方法，指导社招学生进行理论学习与技能学习，以帮助他们有效提升学习质量。

第三，课堂互动与课外关怀有机结合②。课堂上，教师要进行难易有别、类型各异的启发式提问，实现师生信息相互传送、相互吸收、相互反馈；要利用社招学生的个体差异进行小组讨论、组间合作等学习方式，实

---

① 黄文伟，吴琼．高职现代学徒制专业教学标准的框架设计——基于专业普适性与岗位特殊性融通的视角［J］．职业技术教育，2018（29）：19-23.

② 明庆华，石畅．应对社会分层挑战的因材施教［J］．教育科学研究，2015（5）：9-15.

现生生之间信息相互交流、双向流通；还要依靠现代信息技术，利用互动式载体，实现师生共同参与各种学习研讨活动。课外关怀不仅包括课后个别辅导答疑，更包含课后教师对社招学生的关心、鼓励和期望等。由于社招学生的学习能力参差不齐，有时需要教师或企业师傅进行个别指导，帮助答疑解惑；社招学生的社会压力较大，肩负着来自各方面的责任，也需要教师或企业师傅耐心倾听他们的心声，帮助他们适度释放压力、愉快学习。课堂有良性热情的互动，课外有理解关爱的交流，师生同频共振，社招学生也一定会在关爱中不断汲取知识营养。

（三）建设学分银行，拓展学习空间

社招学生由于角色的多元化，其学习时间和学习场所都存在不固定性。因此，学校需要构建基于社招学生的学分银行，使校企之间不同的教学形式、教学成果能得到及时传递、相互沟通，以拓展社招学生的学习空间。

第一，明确学分银行中学习成果的认定范围与学分互认互换的标准。校企共同研究确定课程内容、考核结果、学习时间、专利证书、技能大赛等哪些内容可以作为学分银行互认的成果，并根据重要性赋予其相应的学分。

第二，以社招学生取得的学历证书为主线确定学分互认互换的标准。一是确立为取得高职院校学历证书所需要的学分总数、学分构成等标准[①]。二是对标学历证书，确定校内学习与企业岗位实践之间、不同企业之间及个人取得的职业资格证书等方面的学分互认互换的制度和标准。社招学生的学习成果，涉及校内教育、企业实践和个人资格证书等方面。校内教育的学分标准制定相对容易实现，但是，社招学生所在企业、岗位不同，需梳理出可统一进行互认的元素，如工作年限、评定的优劣等级、职称晋升等方面，并制定兑换的标准，进行学分的互认互换，使学习成果得到公平、公正的评价[②]。

第三，创建社招学生学分银行的终生学习账户。学校可让每位社招学生注册申请一个学分银行的终生学习账户，不仅在高职院校学习阶段运用，而且可成为终生学习账户的铺垫与基础。当然这还需要得到国家学分银行的鼎力支持，单个的高职院校可以做铺垫尝试。账户内容包括三部分：一

---

① 陆燕飞，陈嵩. 百万扩招背景下高等职业教育供给侧改革的路径探析［J］. 职教论坛，2019（7）：32-36.

② 王春娟，李嘉林. 我国职业教育国家学分银行建设的必然、实然与应然［J］. 职教论坛，2019（6）：118-123.

是个人基本信息，包含社招学生的身份信息、教育背景、工作经历、账户创建单位信息等；二是社招学生在校的学习成果信息，包括个人学历、取得的职业资格、技能大赛获奖、已修课程的成绩证明等；三是社招学生在企业岗位取得的学习成果，包含业绩评定等级、职称晋升、培训成绩等。

高职院校在校企合作下共同构建学分互认系统，让社招学生自由选择学习时间与学习地点，若累计满一定学分，可兑换相应的技能证书或学历文凭，实现学分的"零存整取"，最终实现高等职业教育的高效学习与真正的终身学习。

（四）开展多元评价，满足学习期待

对社招学生进行学习评价的效度，直接影响他们的学习积极性。因此，高职院校应该因材施教、因材施评，校企共同构建合理优化的教学评价模式，应从"三横"（学校、企业、行业）"三纵"（诊断性评价、形成性评价、终结性评价）来改革教学评价模式，满足社招学生阶段性与长远性学习期待。

第一，诊断性评价要以"学校+企业"的方式进行。诊断性评价是在教学之前对教学对象的评价。在社招学生入校后，学校应主导开展针对社招学生的文化基础知识测试，相关行业企业专家也应对他们进行实际操作水平测试；另外，学校也可通过问卷调查与对企业访谈等方式了解社招学生的知识储备、已具备的技能水平等情况，初步形成对教学对象的诊断性评价。

第二，形成性评价要以"教师+师傅"的方式进行。形成性评价主要是在教学过程中对学生完成某一阶段某一特定学习任务的评价，注重过程考核与阶段性成果评定。依据具体的课程内容与授课计划的任务清单，教师与企业师傅一起对他们的学习进度、学习效果、学习态度等方面进行评价，了解其知识技能与行为素质。另外，考虑公平性原则，针对社招学生的形成性评价应立足于原有水平，侧重于对他们入校以来的增值特别是提升的知识和技能进行肯定与鼓励。

第三，终结性评价要以"多维度"的方式进行。终结性评价应侧重于学生专业知识和实际技能的综合性评价，应依照前文所述的分级分层的目标来组织。高职院校应成立专业的终结性评价考核小组，可采取"平时成绩+文化考试+技能测试+现场答辩+个性特长"相结合的综合性评价方式。"平时成绩"由教师与师傅对社招学生日常学习态度、工作表现等进行考核；"文化考试"由教师依据专业理论知识按分层分级的目标要求组织考核；"技能测试"由师傅对社招学生进行实操能力考查；"现场答辩"由行业专家、企业师傅、校内教师组成答辩导师小组，对社招学生进行职业能力、知识技能等方面的现场考察；在考核"个性特长"时，要注重社招学生的特长展示与个性化发展，包括项目成果、竞赛成绩等在专业技能方面的获奖及成果。

　　针对社招学生的独有特征，高职院校需因时因势而动、因材施教施评，采取更科学更合理的人才培养模式和弹性学制，这是当前高职院校面对百万扩招政策所能做出的最好选择。大多数社招学生兼具企业员工与在校生双重身份，他们需要企业与学校共同推进分散式现代学徒制教学，解决他们在学习需求、学习能力、学习时空、学习期待方面的困难。高职院校完全可以进一步强化校企合作，细分不同教师对接不同企业，通过实行分散式现代学徒制，真正调动社招学生的学习积极性，使社招学生在享受百万扩招政策利好的同时，也能真正做到在高职院校学有所得，学有所成。

参考文献

（一）专著类

[1] 顾明远. 教育大辞典 [M]. 上海：上海教育出版社，2002.

[2] 叶澜. 教育概论 [M]. 北京：人民教育出版社，2006.

[3] 联合国教科文组织总部中文科. 教育——财富蕴藏其中 [M]. 北京：教育科学出版社，1999.

[4] 联合国教科文组织国际教育发展委员会. 学会生存 [M]. 华东师范大学比较教育研究所译. 北京：教育科学出版社，1996.

[5] 约翰·洛克. 教育漫话 [M]. 傅任敢译. 北京：教育科学出版社，1999.

[6] 夸美纽斯. 大教学论 [M]. 傅任敢译. 北京：教育科学出版社，1999.

[7] 石伟平. 比较职业技术教育 [M]. 上海：华东师范大学出版社，2001.

[8] 马建富. 职业教育学 [M]. 上海：华东师范大学出版社，2007.

[9] 潘懋元. 多学科观点的高等教育研究 [M]. 上海：上海教育出版社，2001.

[10] 姚启和. 高等教育管理学 [M]. 武汉：华中科技大学出版社，2000.

[11] 薛天祥. 高等教育管理学 [M]. 上海：华东师范大学出版社，1997.

[12] 袁振国. 教育原理 [M]. 上海：华东师范大学出版社，2004.

[13] 徐国庆. 实践导向职业教育课程研究：技术学范式 [M]. 上海：上海教育出版社，2005.

[14] 杜威. 民主主义与教育 [M]. 王承绪译. 北京：人民教育出版社，1990.

[15] 袁振国. 当代教育学 [M]. 北京：教育科学出版社，2005.

［16］刘春生，徐长发. 职业教育学［M］. 北京：教育科学出版社，2002.

［17］钟启泉. 课程与教学概论［M］. 上海：华东师范大学出版社，2004.

［18］陈永芳. 职业技术教育专业教学论［M］. 北京：清华大学出版社，2007.

［19］陈英杰. 中国高等职业教育发展史研究［M］. 郑州：中州古籍出版社，2007.

［20］王策三. 教学论稿［M］. 北京：人民教育出版社，2002.

［21］姜大源. 职业教育学研究新论［M］. 北京：教育科学出版社，2007.

［22］黄甫全. 现代课程与教学论学程［M］. 北京：人民教育出版社，2006.

［23］吴康宁. 教育社会学［M］. 北京：人民教育出版社，1998.

［24］曾绍元. 高等学校师资管理概论［M］. 北京：职工教育出版社，1990.

［25］杨遁虹. 现代教育管理原理［M］. 北京：中国人事出版社，2001.

［26］窦胜功. 人力资源开发与管理［M］. 沈阳：沈阳出版社，2000.

［27］鲁洁. 教育社会学［M］. 北京：人民教育出版社，1990.

［28］皮连生. 教育心理学［M］. 上海：上海教育出版社，2004.

［29］方明. 陶行知教育名篇［M］. 北京：教育科学出版社，2005.

［30］周三多，陈传明，鲁明鸿. 管理学——原理与方法［M］. 第三版. 上海：复旦大学出版社，1999.

［31］潘懋元. 高等教育论文集［C］. 厦门：厦门大学出版社，1994.

［32］王润. 高等学校管理［M］. 北京：北京师范大学出版社，1989.

［33］裴娣娜. 教学论［M］. 北京：教育科学出版社，2007.

［34］苏霍姆林斯基. 给教师的建议［M］. 杜殿坤，编译. 北京：教育科学出版社，1984.

［35］辞海［S］. 上海：上海辞书出版社，1999.

［36］刘献君. 大学之思与大学之治［M］. 武汉：华中科技大学出版社，2000.

［37］奥尔特加·加赛特. 大学的使命［M］. 徐小洲，陈军，译. 杭州：浙江教育出版社，2001.

［38］蔡元培. 大学月刊：发刊词［A］. 杨东平. 大学精神［C］. 沈阳：辽海出版社，1999.

［39］朱清时. 21 世纪高等教育改革与发展［M］. 北京：高等教育出版社，2002.

［40］Abraham Flexner. Universities，American，English，German［M］. Oxford：Oxford University Press，1930.

［41］克拉克·科尔. 大学的功用［M］. 南昌：江西教育出版社，1993.

［42］罗伯特·G. 欧文斯. 教育组织行为学［M］. 窦卫霖，等译. 上海：华东师范大学出版社，2001.

［43］王英杰. 美国高等教育的发展与改革［M］. 北京：人民教育出版社，1993.

［44］全国十二所重点师范院校联合编写. 教育学基础［M］. 第三版. 北京：教育科学出版社，2014.

［45］柳海民. 教育学概论［M］. 北京：北京师范大学出版社，2015.

［46］吴庆麟. 教育心理学［M］. 上海：华东师范大学出版社，2003.

［47］高文. 教学模式论［M］. 上海：上海教育出版社，1998.

［48］艾尔弗雷德·诺思·怀特海. 教育的目的［M］. 庄莲平，王立中译. 北京：文汇出版社，2012.

［49］佐藤正夫. 教学论原理［M］. 钟启泉译. 北京：人民教育出版社，1996.

［50］刘典平，于云才. 人的发展与学习［M］. 北京：新华出版社，1995.

［51］王佐书. 向课堂教学要质量［M］. 哈尔滨：黑龙江出版社，1994.

［52］沈怡文. 学习方法［M］. 武汉：湖北教育出版社，1998.

［53］施良方. 学习论［M］. 北京：人民出版社，1998.

［54］健君. 哈佛牛津优等生的学习方法与细节［M］. 北京：东方出版社，2008.

［55］苏真，刑克超，李春生. 比较师范教育［M］. 北京：北京大学出版社，1991.

［56］金一鸣. 教育原理［M］. 合肥：安徽教育出版社，2000.

［57］刘道玉. 当代高等教育管理学［M］. 武汉：湖北人民出版社，1989.

［58］郭有. 教师教学技能［M］. 北京：首都师范大学出版社，2000.

［59］陈琦，刘儒德. 当代教育心理学［M］. 北京：北京师范大学出版

社，2007.

［60］刘献君. 专业教学中的人文教育［M］. 武汉：华中科技大学出版社，2003.

［61］伯顿·克拉克. 高等教育新论——多学科的研究［M］. 王承绪，等译. 杭州：浙江教育出版社，2001.

［62］高平叔. 蔡元培教育文选［M］. 北京：人民教育出版社，1980.

［63］潘懋元，王伟廉. 高等教育学［M］. 福州：福建教育出版社，1995.

［64］周明星. 职业教育学通论［M］. 天津：天津人民出版社，2002.

［65］R. M. 加涅，等. 教学设计原理［M］. 皮连生，等译. 上海：华东师范大学出版社，1999.

［66］中央教育科学研究所. 陶行知教育文选［M］. 北京：教育科学出版社，1981.

［67］王坦. 合作学习的理念和实施［M］. 北京：中国人事出版社，2002.

［68］韩玉志. 现代大学管理：以美国大学学生满意度调查为例［M］. 杭州：浙江大学出版社，2008.

［69］李秉德. 教学论［M］. 北京：人民教育出版社，1980.

（二）论文类

［1］陈敬朴. 教育的功能、目标及其特性［J］. 教育研究，1990（10）.

［2］练琪. 我国高等职业教育培养目标定位与办学导向［J］. 中山大学学报论丛，2005（6）.

［3］唐松林. 国外教师教学行为有效性研究综述［J］. 大学教育科学，2007（4）.

［4］刘长国，谭丽琼. 大学生非正式学习效率影响因素及提升策略［J］. 软件导刊（教育技术），2014（6）.

［5］纵奇志. 影响学生学习效率的因素研究［J］. 内蒙古科技与经济，2016（11）.

［6］樊福印. "主—导"互动模式下的数学学习——成人微学习支持服务研究［J］. 继续教育研究，2014（1）.

［7］猴继强. 转变教学观念，提升学习效率［J］. 中国校外教育，2015（2）.

［8］喻穹，张太生. 掌握学习规律，提高学习效率——桑代克学习规律

理论的启示［J］．湖南第一师范学报，2003（6）．

［9］滕勇．影响职校生学习效率的原因及对策［J］．职教论坛，2005（5）．

［10］徐国琴，章福彬．高职高专学生的学习动机影响因素及对策研究［J］．继续教育研究，2011（5）．

［11］巫婷，肖祖豪．浅谈如何提高高职院校学生学习效率和学习质量［J］．价值工程，2011（20）．

［12］崔雅莉．激发高职学生学习动机　提高数学学习效率研究——开展有效教学　激发学习动机［J］．科教文汇，2014（4）．

［13］罗庆红．运用迁移原理　提高高职学生学习效率［J］．广西职业技术学院学报，2010（8）．

［14］付中联．高职生学习状况调查及思考［J］．漯河职业技术学院学报（综合版），2004（6）．

［15］谭俊英，张凌洋．教师执教能力提升策略——源自 X 效率理论的启示［J］．教师教育学报，2017（2）．

［16］徐亚超．提高高职学生课堂学习效率的实践探索［J］．辽宁高职学报，2010（4）．

［17］殷剑平．影响学生学习效率的心理因素［J］．教育科学，2013（12）．

［18］杨树辉．浅谈如何提高学生的学习效率［J］．教法研究，2012（9）．

［19］张波．大学生学习效率的问题、原因及对策——运城学院大学生学习效率问题的调查研究［J］．运城学院学报，2005（6）．

［20］刘杰，庞岚．大学生学习状况调查及其对高校学风建设的启示［J］．中国地质大学学报（社会科学版），2004（3）．

［21］王明伦．高职本科人才需要哪些核心素质［N］．中国教育报，2017 年 11 月 14 日第 009 版．

［22］王明伦．高职本科人才培养定位模型研究［J］．职业技术教育，2017（7）．

［23］王明伦．不同主体组建职教集团要有不同治理架构［N］．中国教育报，2015 年 10 月 29 日第 009 版．

［24］王明伦．改造课堂切中高职教学改革"要害"［N］．中国教育报，2015 年 5 月 7 日第 015 版．

［25］王明伦．高职本科定位的价值逻辑［J］．中国教育报，2015 年 7 月 9 日第 009 版．

［26］王明伦. 高职本科发展定位研究［J］. 高教探索，2015（11）.

［27］王明伦. 高职本科发展路径研究［J］. 职业技术教育，2016（28）.

［28］壮国桢. 情境·协作·对话：高职思政理论课教学方法探讨［J］. 机械职业教育，2017（1）.

［29］壮国桢. 分布式领导：高职院校教学团队建设的基本路径［J］. 职业技术教育，2017（8）.

［30］壮国桢. 高职项目课程改革与校本实施——兼评"胡格教学模式"［J］. 职教论坛，2017（3）.

［31］壮国桢. 高职院校思想政治理论课三种教学模式的构建［J］. 淮海工学院学报（人文社会科学版），2016（4）.

［32］壮国桢. 错位与对接：高等职业教育人才培养的现实困境与突围路径［J］. 中国职业技术教育，2017（24）.

［33］匡瑛，石伟平. 论高职百万扩招的政策意图、内涵实质与实现路径［J］. 中国高教研究，2019（5）.

［34］孙翠香，毕德强. 困囿与突破：企业现代学徒制试点实施困境与解决策略——基于 17 家现代学徒制企业试点的分析［J］. 职教论坛，2019（3）.

［35］黄远辉. 高职百万扩招背景下的下岗职工学历再教育［J］. 职业技术教育，2019（21）.

［36］肖称萍，徐书培，卢建. 百万扩招背景下高职院校社会服务能力提升策略思考［J］. 职教论坛，2019（7）.

［37］黄文伟，吴琼. 高职现代学徒制专业教学标准的框架设计——基于专业普适性与岗位特殊性融通的视角［J］. 职业技术教育，2018（29）.

［38］明庆华，石畅. 应对社会分层挑战的因材施教［J］. 教育科学研究，2015（5）.

［39］陆燕飞，陈嵩. 百万扩招背景下高等职业教育供给侧改革的路径探析［J］. 职教论坛，2019（7）.

［40］王春娟，李嘉林. 我国职业教育国家学分银行建设的必然、实然与应然［J］. 职教论坛，2019（6）.

［41］刘宝存. 论大学精神及其在大学发展中的作用［J］. 青海师范大学学报（哲学社会科学版），2002（2）.

［42］王学谦. 自由精神与大学教育——谈大学人文素质教育［J］. 中国大学教学，2006（2）.

［43］刘海珍. 大学教育必须遏止专业总课时增长趋势［J］. 现代企业教育，2007（2）.

［44］杨忠辉. 论影响学生学习质量的因素［J］. 浙江万里学院学报，2002（3）.

［45］丁华. 重视学习过程发掘主体资源［J］. 新教育，2010（12）.

［46］杨易. 浅析大学生学习策略的培养［J］. 焦作师范高等专科学校学报，2004（3）.

［47］韩玉芬，费斯威. 高职生学习动力问题探究［J］. 中国高教研究，2005（3）.

［48］翁嘉佳，张天宇，孙宏伟，等. 影响大学生学习效率的环境因素的调查研究［J］. 学术探讨，2013（12）.

［49］周志明. 试论学习效率及其提高的途径［J］. 南京广播电视大学学报，2001（3）.

［50］袁祖望. 高校教师需要转变哪些教学观念［J］. 中国大学教育，2004（8）.

［51］王金珍. 试论大学生学习方式的转变［J］. 吉林工程技术师范学院学报，2005（4）.

［52］李翠泉. 大学生学习方式研究的回顾与反思［J］. 大学教育，2013（8）.

［53］肖园. 我国当代大学生学习素质培养浅探［J］. 学理论，2014（6）.

［54］崔卫国. 学习压力和最佳学习状态分析［J］. 湖州师范学院学报，2003（4）.

［55］刘生梅. 形成自主参与意识，提高自主学习能力［J］. 青海教育，2010（7）.

［56］王荔. 浅谈情感目标的评价意义［J］. 文山师范高等专科学校学报，2002（1）.

［57］许冬妹. 创设探究教学情境　提高学生学习效率［J］. 教育教学论坛，2010（20）.

［58］王蓁蓁. 大学生学习方法研究［J］. 中国电力教育，2013（22）.

［59］李小锋，但红侠. 浅谈高校课程教学课时的设置［J］. 考试周刊，2016（23）.

［60］周海涛，景安磊，李子建. 大学生学习策略使用水平及其影响因素分析［J］. 中国高教研究，2014（4）.

［61］唐洁. 大学生学习策略与学习方法分析［J］. 吉林省教育学院学报，2015（3）.

［62］李亚林. 大学生学习策略的分析与研究［J］. 山西高等学校社会

科学学报，2003（12）.

[63] 单传春. 人生境界的思想政治教育价值及其实现［J］. 重庆工学院学报，2008（4）.

[64] 李宪武. 信息化：职业教育的必然趋势［J］. 现代企业教育，2006（15）.

[65] 杨金土. 我国高等职业教育形势刍议［J］. 中国职业技术教育，2003（26）.

[66] 顾明远. 对教育定义的思考［J］. 北京大学教育评论，2003（1）.

[67] 姜大源. 基于全面发展的能力观［J］. 中国职业技术教育，2005（19）.

[68] 姜大源. 基于学习情境的建设观［J］. 中国职业技术教育，2005（28）.

[69] 徐国庆. 课程涵义与课程思维［J］. 中国职业技术教育，2006（7）.

[70] 徐国庆. 工作本位学习初探［J］. 教育科学，2005（4）.

[71] 潘懋元. 我对高等职教的看法［J］. 职业技术教育，2004（18）.

[72] 李华. 高职人才培养目标模式探析［J］. 职教通讯，2003（11）.

[73] 马庆发. 职业教育课程发展理论基础［J］. 职教通讯，2000（1）.

[74] 雷正光. 高职人才培养目标模式探析［J］. 职教论坛，2005（6）.

[75] 雷正光. 德国双元制模式的三个层面及其可借鉴的若干经验［J］. 外国教育资料，2000（1）.

[76] 龚放. 聚焦本科教育质量：重视"学生满意度"调查［J］. 江苏高教，2012（1）.

[77] 袁江. 基于多元智能的人才观［J］. 中国职业技术教育，2005（1）.

[78] 张伟江. 构筑优秀的教学体系［J］. 山海高教研究，1995（5）.

[79] 罗曼菲. 国外高教大众化及其经验与教训［J］. 惠州大学学报（社会科学版），2001（3）.

[80] 史秋衡，郭建鹏. 我国大学生学情状态与影响机制的实证分析［J］. 教育研究，2012（2）.

[81] 杨晓明. 英国大学生满意度调查及启示［J］. 北京科技大学学报（社会科学版），2008（3）.

[82] 廖旭金. 思维导图——改善教学效果的利器［J］. 中国校外教育，2009（9）.

[83] 王功玲. 浅析思维导图教学法［J］. 黑龙江科技信息，2009（4）.

[84] 李玥瑶. 思维导图在高中英语写作教学中的应用［J］. 教育教学

论坛，2013（50）.

[85] Baeten M, Kyndt E, et al. Using Student-centred Learning Environments to Stimulate Deep Approaches to Learning: Factors Encouraging or Discouraging Their Effectiveness [J]. Educational Research Review, 2010 (3).

[86] Ro H K, et al. Between-college Effects on Students Reconsidered [J]. Research in Higher Education, 2012 (1).

[87] Ferron J, Dailey R, Yi Q. Effects of Misspecifying the First-level Error Structure in Two-level Models of Change [J]. Multivariate Behavioral Research, 2002 (3).

[88] Prosser M, Trigwell K. Perceptions of the teaching environment and its relationship to approaches to teaching [J]. British Journal of Educational Psychology, 1997 (1).

[89] Marsh H W, et al. Use of student ratings to benchmark universities: Multilevel modeling of responses to the Australian Course Experience Questionnaire (CEQ) [J]. Journal of Educational Psychology, 2011 (3).

[90] Ramsden P. A performance indicator of teaching quality in higher education: The course experience questionnaire [J]. Studies in Higher Education, 1991 (2).

[91] Marton F, Saljo R. On qualitative differences in learning I-Outcome and process [J]. British Journal of Educational Psychology, 1976 (1).